부모의 자격

일러두기

1. 이 책은 「주간경향」 '우리 모두가 행복한 교육'에 연재한 필자의 글을 정리하여 새롭게 엮었습니다.
2. 책에 등장한 인물은 가명을 사용하였으며, 실명을 사용한 경우는 '*' 표시를 붙였습니다.

내가 제대로 키우고 있는 건가

부모의 자격

최효찬·이미미 지음

책머리에

막상 닥치면
너무나 힘든 '부모의 길'

"아이를 키우는 일은 때로는 즐거움이고 때로는 게릴라전이다."

자식을 키우는 부모라면 이 말이 실감날 것입니다. 우리 사회에서 학부모는 때로는 게릴라가 되어야 합니다. 가만히 있으면 속수무책으로 당하기 때문이죠. 자식교육은 까딱 잘못하면 갈팡질팡할 수 있다는 것을 새삼 절감합니다.

자식을 키우면서 공교육의 심각성을 온몸으로 느끼고 있을 즈음 때마침 경향신문에서 교육 시리즈를 요청했습니다. 이때 아내가 "아들을 키우면서 우리도 느낀 심각한 공교육의 문제를 공론화해서 우리나라 부모들을 교육에서 해방시켜 줄 수 있는 있는 교육 이야기를 써보세요"라고 조언했습니다. 어릴 때부터 아이를 교육시켜 명문대 보내는 것을 성공이라고 생각하는 세상이지만, 실은 명문대를 가는 학생은 1퍼센트도 안 되는 실정이죠. 명문대에 가지 못해 좌절감을 안고 사는 '99퍼센트'의 아이들과 엄마들에게 희망의 메시지가 필요하다 합니다.

중·고생 대상 영어학원을 8년 동안 운영해온 아내는 자신의 경험도 많이 들려줄 수 있다고 했습니다. 저는 내친김에 아내에게도 글을 한번 써보라고 했습니다. 이렇게 해서 「주간경향」에 '우리 모두가 행복한 교육' 시리즈의 부부 공동 글쓰기가 시작되었습니다. 우리 부부가 아들을 키우면서 느낀 모든 즐거움과 괴로움을 글 속에 녹이기로 했습니다.

우리 사회에서 부모들의 가장 큰 괴로움은 자녀의 대학 입시입니다. 그런데 대학 입시가 이미 '괴물'이 되어 있습니다. 대다수 부모들은 이 '괴물'을 이길 수 없습니다. 더욱이 요즘은 꼴등 아이를 둔 엄마뿐만 아니라 일등 아이의 엄마조차 자녀교육 스트레스에 이만저만 시달리는 게 아닙니다. 일등을 해도 명문대에 간다는 보장이 없습니다. 입시전형 방법이 워낙 다양하고 변화무쌍하니 따라가기가 힘듭니다. 명문대에 진학하면 세상을 다 얻은 듯 착각하게 만들지만 명문대 들어갔다고 끝나는 게 아닙니다. 명문대 들어가면 그때부터 더 열심히 공부해야 합니다. 끝이 아니고 또 시작입니다. 그래서 요즘 엄마들은 입시와 자녀교육 스트레스를 하소연하고 위로받을 수 있는 곳을 찾아 나서는 기막힌 현실에 살고 있습니다.

명문대 의대에 학부모회가 생겼는데, 이 모임에 다녀오면 너무 기분이 좋다는 의대생 자녀를 둔 어머니에 대한 기사를 본 적이 있습니다. 비슷한 고민을 나누면서 어느 정도의 자존심을 살릴 수 있는 공간이기 때문이겠지요. 하지만 다른 엄마들은 그런 모임 이야기를 들을수록 '엄친아'와 자기 자식을 비교하면서 고비용 사교육 시장으로 내몰리며 '에듀 푸어'로 떨어집니다. 엄마들은 입시 위주의 교육에 심신이 지쳐가고 있는 실정이죠.

...

요즘 "아빠가 S대, 엄마가 Y대 나오면 그 자식은 정말 재수 없는 아이"라는 우스갯소리가 있다고 합니다. 부모가 모두 내로라하는 명문대를 나오면 자녀들은 기가 더 죽는다는 겁니다. 이런 걸 불행하다고 생각하는 게 요즘 아이들입니다. 부모 세대에서는 명문대 나온 부모를 자랑스럽게 생각했는데, 요즘 아이들은 그렇지 않다는 것이지요. 참 기가 막힌 농담입니다. 왜 이런 농담이 아이들에게 유행할까요? 이른바 명문대를 나온 부모들은 자식이 자신처럼 으레 공부를 잘 할 거라고 생각하기 때문입니다. 그러다 자녀의 성적이 좋지 않다면 억장이 무너집니다. '내 자식이 이렇게 공부를 못해?'라고 말이죠.

지금까지 교육의 방향은 모두 공부 잘하는 10퍼센트에 초점이 맞춰져 있습니다. 학교에서도 가정에서도 10퍼센트에 들어야 한다고 말입니다. 학교마저 입시 위주 교육이 진행되면서 10퍼센트의 공부 잘하는 학생들을 우대합니다. 그러다 보니 나머지 90퍼센트는 10퍼센트의 들러리로 존재한다고 해도 과언이 아니지요. 90퍼센트가 소외되고 학교 가기가 싫어지는 교육 환경이 굳어진 것입니다. 그래서 학부모들은 90퍼센트에 해당하는 들러리가 될 수 없다며 공부에 '올인' 하고 있습니다.

학부모들은 내 자식만큼은 서럽고 치사한 학력 콤플렉스를 겪게 하지 않으려고 죽도록 공부를 시키는 '모진 부모'가 되고 있습니다. 명문대를 나온 부모는 이름도 생소한 대학에 자식이 입학하는 것을 용납하지 않습니다. 어디 가서 자식 이야기만 나오면 주눅 들기에 무조건 명문대에 들어가기를 강요합니다.

그러나 공부를 잘 하는 것과 행복하게 사는 것은 별개의 문제입니다. 요즘 아이들은 다른 무엇보다 '부자'가 되는 게 꿈이고 목표입니다. 자녀들의 생각이 이렇게 바뀌어 가는데 학교와 학부모의 생각은 바뀌지 않고 있습니다.

요즘 여성들의 배우자 선택 기준은 사랑이 아니고 경제력이 1순위로 꼽힙니다. 역설적이게도 미국에서 억만장자는 대부분 공부를 잘하지 못했고 좋은 대학을 나오지 못한 자영업자들이라고 합니다. 공부를 잘해 명문대를 졸업한 사람들은 그 이후의 삶이 행복하고 성공했을까요? 명문대 출신이 모두 사회적으로 성공하고 경제적으로 여유가 있고 또 행복한 것이 아니라면, 왜 공부를 죽도록 해야 할까요?

우리 부부는 '우리 모두가 행복한 교육'을 연재하면서 우리나라 교육 문제에 눈을 떴고 심각성을 알게 되었습니다. 특히 수많은 엄마들과 아이들을 인터뷰하면서 함께 마음 아파했습니다. 어떤 엄마는 자식에 대한 배신감과 실망감에 우울증을 앓고 있었습니다. 어떤 엄마는 그토록 싫어하던 애완견을 키우며 억눌리고 배신당한 모성 본능을 해소하고 있었습니다. 이게 다 자식교육 때문에 벌어지고 있는 우리 이웃 엄마들의 모습입니다. 체면 때문에 터놓고 말을 못 했는데 알고 보니 그 속마음은 모두 시꺼멓게 타 있습니다. 다들 말을 안 하고 있을 뿐이지 성적에 관계 없이 모든 아이와 학부모들이 힘겨워하고 있습니다. 중·고등학생을 둔 대부분의 가정에서 자녀문제가 곪아 터지고 있습니다. 나만의 문제가 아니라 우리 주변의 문제였습니다. 사회 저명인사들은 자식이 공부 못하면 유학을 보내 체면을 유지하고 있고, 가난한 부모는 그 가난으로 인해 자식에게 늘 마음의 빚을 지고 있습니다.

우리 사회는 유독 자식의 성적표로 부모의 어깨에 힘이 들어갑니다. 공부를 잘하는 아이의 부모는 어깨에 잔뜩 힘이 들어가지만 대부분의 부모는 자식 이야기만 나오면 새가슴이 되곤 합니다. 비교하면 더 주눅이 듭니다. 비교는 경쟁을 조장합니다. 모든 학부모들이 경쟁에 뛰어들고 경쟁으로 인해 지쳐갑니다. 대한민국은 '교육피로 사회'로 신음하고 있습니다. 학부모와 학생들은 너도나도 서로 비교하고 비교당하며 '만성 교육 피로증'에 시달리고 있습니다. 학교와 학부모, 학생이 모두 행복한 교육은 '서로 비교하지 않기'에서 출발해야 합니다. 그렇지만 쉽지 않습니다.

요즘 저희 아들은 교내 UCC동아리 활동에 푹 빠져 있습니다. 청소년 자살을 주제로 공모전에 출품한다며 추운 밤 칼바람을 맞으며 친구들과 신나게 동영상 촬영을 하는 걸 보면서 역시 자신이 좋아하는 일을 하는 게 가장 중요하다는 사실을 알았습니다. 아들은 처음으로 자신이 좋아하는 게 무엇인지 안 모양입니다. 영어 수행평가 때 직접 제작한 동영상을 제출해 동상을 수상한 적이 있었는데 그때 자신이 이 분야에 재능과 관심이 있다는 것을 알았답니다. 재능과 적성을 찾으니 공부도 더 잘해야겠다는 생각이 드는 모양입니다. 가고 싶은 대학에 가려면 성적을 더 올려야겠다며 '열공'하고 있습니다.

...

아이를 키우는 과정은 기나긴 시간일 것 같지만 정말 눈 깜짝할 사이에 지나갑니다. 길어야 10년입니다. 우리 부부는 아이를 두셋은 낳을 거라고 생각했었는데 외동아들 하나만 두고 더 이상 아이를 안아볼 기회를 갖지 못했습니다. 초등학교 3학년이 될 때까지 아이가 제 무릎에 올라서면 안아 올리는 것을 하루에 몇 번이고 했습니다. 이것이 제가 아이와 즐겨 했던 스킨십입니다. 그런데 아들이 4학년이 되자 더 이상 안아 올릴 수 없게 되었습니다. 아이가 다 자랐다는 신호였죠.

아들이 초등학교 6학년이 되자, 여름방학 때부터 아빠와 아들은 도보여행을 떠났습니다. 지난 6년 동안 11회에 걸쳐 방학마다 아들과 함께 모두 합치면 1천 킬로미터 정도 전국의 산하를 걸었습니다. 특히 사춘기의 '중2병'에는 도보여행만한 치유책이 없습니다. 자녀를 더 큰 세상으로 이끌어주는 세상의 안내자 역할을 하는 아버지와 자녀가 함께 떠나는 도보여행은 그 자체가 인생의 산 교실이며 최고의 인성교육입니다. 길을 걷다 보면 어떤 날은 뙤약볕이 내리쬐고, 비가 내리기도 했고, 흐린 날도 있었고, 지리산 굽이굽이 재를 넘기도 했습니다. 겨울 바람이 몰아치는 해변을 걷기도 했습니다.

아들과의 도보여행에서 얻은 게 있다면 그것은 다름 아닌 '아이의 재발견'입니다. 아이는 한 번도 "아빠, 힘들어 죽겠어요. 좀 쉬었다 가요!"라고 먼저 말하지 않았기 때문이죠. 아들과 함께 잠을 자는 것이 제일 즐거운 일이기도 했습니다. 사실 집에서 다 큰 아들놈과 같이 자기란 힘들죠. 초등학교 6학년 때 도보여행을 시작한 아들은 이제 건장한 청소년이 되었습니다. 첫 여행의 앳된 소년은 어느덧 훌쩍 자라 아빠와 같은 키가 되었지요. 도보여행 덕분에 아들은 사춘기의 터널도 별 일 없이 빠져나올 수 있었습니다 "아빠와 함께 해줘서 고마워!" 저는 매번 도보여행을 다녀오면 이런 말을 해줍니다. 그리고 지난해에는 『아들을 위한 성장여행』(글담)을 아들과 함께 출간했습니다. 우리 부자간의 즐거운 추억담이기도 합니다. 도보여행으로 아들에게 최고의 선물을 해주었다고 생각합니다. 물론 아들은 아직 그렇게 생각하지 않겠지만, 언젠가는 아버지와 함께 한 도보여행을 그리워하며 눈시울을 적실 날이 있지 않을까요?

아이와 반드시 도보여행을 다녀오기를 추천합니다. 자식이 공부를 잘하는 것도 중요하지만 그보다 먼저 부모와의 유대감이 더 중요합니다. 오늘 어떤 노부인이 자식을 셋 키웠는데 다들 공부를 잘하더니 모두 외국에서 살고, 자신은 독거노인이 됐다고 하소연했습니다. 부모와 자식 사이에 유대감이 없다면 아무 소용이 없습니다. 부모와 자식 간의 유대감 쌓기에는 도보여행이 제격입니다. 자녀와 함께 도보여행을 한번 다녀오기 바랍니다!

공동 저자 **최효찬**

부모니까 불안하지만
아이의 눈높이가 중요해요

 살아간다는 것이 만만하지 않음을 알게 된 부모들은 아이의 미래가 불안하기만 합니다. 또한 자신이 이루지 못한 욕망을 자식을 통해 대리 만족하려는 욕망이 큽니다. 아이가 어릴수록 이런 불안은 가능성이라는 기대 심리와 뒤섞여 경쟁을 유발합니다. 옆집 엄마에게서 그 아들의 한껏 부풀려진 영웅담을 듣고, 이제 중학교 1학년이 된 자녀의 엄마는 "우리 아이는 너무 늦은 것 같아요"라며 절망합니다.
 모든 부모는 아이가 인생을 긍정적으로 바라보는 행복한 사람으로 자라나기를 소망합니다. 원만한 사회성을 가진 아이, 친구들을 배려하는 아이, 작은 것에서 행복을 찾는 아이, 호연지기를 품은 아이가 되기를 바랍니다. 하지만 학교라는 공동체에 들어서면서 소박하고 아름다운 소망은 이내 깨지고 맙니다. 주변 아이와 비교하는 것을 시작으로 부모는 아이에게 엄청난 억압을 가하게 됩니다. 내 소중한 아이가 다른 아이에게 뒤지는 모습은 견딜 수 없습니다. 아이를 잘 키워야겠다는 일념으로 돈을 들이기 시작합니다.

학교 엄마들을 통해 듣는 소문들은 불안을 자극합니다. 누구는 어학연수를 했고 영어를 엄청나게 잘한다, 누구는 수학을 벌써 중학교 과정까지 공부한다, 고등학교 문제집을 푼다, 특목고에 가려면 유치원 때부터 준비해야 한다, 어떤 유치원은 태어나기 전부터 예약을 해야 한다, 명문대를 보내려면 얼마가 필요하다……. 더욱이 사교육 시장에 '불안 마케팅'이 확대되면서 부모의 자격지심까지 공격받고 있습니다. 그래서 방학이면 1천만 원이 넘는 미국 영어 캠프에 아이를 보냅니다. 이 정도는 해줘야 제대로 부모노릇을 하는 것이랍니다. 부모는 끊임없이 갈등합니다. '과연 내가 잘하고 있는 것일까? 이러다 아이를 바보로 만들 수도 있다던데…….'

한편 호랑이 엄마 등쌀에 공부하는 아이들은 지쳐갑니다. 선행학습이 유행입니다만 공부는 나이에 맞춰 해야 합니다. 어렸을 때부터 선행학습하는 아이들은 공부에 흥미를 잃어버립니다. 심지어 책 읽기도 싫어합니다. 공부 잔소리를 일삼는 부모에게 적대감을 드러냅니다. 사춘기 때에는 가출을 하기도 합니다.

원래 아이는 뭔가를 배운다는 사실에 흥미를 느끼고 즐거워하는 존재입니다. 하지만 강요된 학습에 아이는 지치고, 부모는 돈과 에너지를 쏟으며 속이 타버립니다. 아이가 기대에 부응하지 못하면 부모는 화가 납니다. '성적이 인격'인 듯 아이의 성적을 집안의 자존심으로 여깁니다. 이것이 요즘의 분위기입니다.

초등학교 때부터 이어지던 엄마들 모임은 중학교 초반에 가장 활발하다가 하나둘 빠져나가기 시작합니다. 아이 자랑으로 모임을 주도하던 어떤 엄마가 우울증에 대인기피증까지 걸렸다는 소문이 돌기도 합니다. 자식문제는 누구에게도 말할 수 없는 고민거리입니다. 부모 입장에서 '자식이 공부 못한다'는 사실만큼 받아들이기 힘든 것도 없습니다. 하지만 어느 집이나 자식 문제는 거의 비슷합니다. 마치 '임금님 귀는 당나귀 귀'라는 사실을 알면서도 모두가 침묵하듯이, 우리의 교육 문제는 오늘도 수많은 모순을 안고 굴러가고 있습니다.

얼마 전 만난 지적 장애인 재활센터 원장님은 봉사활동을 하러 온 요즘 아이들의 이야기를 들어보면 기절할 정도라고 합니다. "부모가 헌신해서 키운 아이들 90퍼센트 이상이 부모가 늙으면 내다버릴 아이들"이라며 걱정합니다. 부모가 인생을 즐기면서 노후 준비도 하며 살아야 하는데, 오로지 아이에게 전념하는 것이 문제랍니다. 인성교육이 제대로 되어야지 뭐가 중요하냐며 열변을 토하셨습니다.

온갖 명품과 고액 과외, 해외 캠프나 유학 등으로 아이들의 눈이 높아져, 돈을 척척 쓰지 않는 부모는 더 이상 부모 취급조차 하지 않습니다. 로스쿨이나 의학전문대학원까지 생겨 뒷바라지가 만만치 않습니다. 로스쿨에 입학하기 위한 학원비가 월평균 150만 원입니다. 대학 입학 이후에도 자식 공부에 돈이 들어갑니다. 유학까지 다녀오려면 어마어마한 돈이 필요합니다. 부모가 주택 자금을 보태주지 않으면 결혼조차 하지 않으려고 합니다. 사교육에 길들여진 아이들은 취업이든 결혼이든 부모에게 돈을 요구합니다. 부모는 빚을 내서라도 아이들을 뒷바라지하는 시대입니다.

최근 벽에 부딪친 교육 현실에 많은 변화가 시도되고 있습니다. 공부보다 인생을 풍요롭게 살아갈 수 있는 지혜가 중요합니다. 아이들은 지식은 많지만 지혜는 부족합니다. 무엇보다 부모의 체면 때문에 아이들에게 미래를 강요하지 말아야 합니다. 가장 중요한 것은 아이 스스로 선택해야 한다는 것입니다.

이제 우리 모두가 안녕함의 안부를 서로 전할 수 있기를 바랍니다. 자식 문제든 자신의 문제든 말입니다. 인생을 얼마나 오래 살겠다고 늘 남편에게 바가지 긁고 또 자식에게 잔소리를 하면서 살아가나요? 부부가 화목하게 지내는 행복한 집안에서는 결코 문제아가 생기지 않는다고 합니다.

공동 저자 이미미

• • • CONTENTS

책머리에_ 막상 닥치면 너무나 힘든 '부모의 길' 4
부모니까 불안하지만 아이의 눈높이가 중요해요 12

01 대한민국은 지금 '교육피로 사회'

모든 불행은 비교하기에서 시작한다 20
포기를 강요당하는 아이들 26
명문대 못 가면 낙오자인가요? 32
교육 미아를 만드는 조기유학 후유증 38
교육에서도 빈익빈 부익부 45
예체능이든 뭐든 합격만 하고 보자 51

02 학부모라서 불안하다

학교 폭력에 멍드는 아이들의 꿈 58
공부 잘하면 로열석에 앉으세요 64
90퍼센트 일반고 학생들이 위험하다 70
왜 학교 선생님보다 학원 강사를 더 좋아할까 76
삼수해서라도 꼭 명문대 간다 83
너무 잘난 여자는 싫다? 89
나는 평생 공부만 하는 사람입니다 94

03 사춘기, 이 또한 지나가리라

사춘기 터널, 어두울수록 출구는 밝다 102
달라져도 어쩌면 이렇게 달라질까 108
키 작은 남자는 루저라고 생각해요 114
외모, 아이들의 가장 심각한 고민 121
지켜봐주는 사랑이 필요해요 128
부모가 자녀를 가르치지 말라 134

04 부모 욕심을 버려야 아이는 비로소 꿈꾼다

마음을 내려놓으니 아이의 인생이 풀린다 142
인정받지 못하는 딸, 이성 교제에 빠지다 148
자식에 대한 환상에서 벗어나지 못하는 엄마들 156
아빠의 자리는 엄마가 만들어주세요 162
호랑이 엄마 등쌀에 공부하는 아이들 168
등대 같은 부모, 신사임당처럼 177

05 명문대 아니면 어때요, 행복한 게 최고야

아이의 도전을 응원해 주세요 186
나에게는 꿈이 있습니다 192
원하는 것을 공부하고 싶어요 198
우리 아이는 어떤 재능을 가지고 있을까 204
스스로 선택한 길, 절대 포기하지 않아요 211

06 부모의 자격 : 뚝심 있는 부모가 되기를

절제된 사랑 : 어떻게 아이의 홀로서기를 도울까 218
경제적인 독립 : 귀한 자식일수록 부족하게 키워라 225
욕심 버리기 : 기다리고 또 기다리며 부모가 된다 232
단호함 : 절제된 부성애가 필요하다 238
냉정함 : 더 큰 사랑으로 감싸는 모성 243
긍정 마인드 : 꿈조차 가난할 수는 없다 250
결핍과 끈기가 꿈을 이루게 한다 256

글을 맺으며_ 사윗감이나 며느릿감 고를 때를 생각하며 자식을 키우자 262

행복한 가정은 모두 엇비슷하고
불행한 가정은 불행한 이유가 제각기 다르다.
톨스토이의 소설 「안나 카레니나」의 첫 문장

우리는 마음으로 보아야만 잘 볼 수 있다.
본질적인 것은 눈에는 보이지 않는다.
생텍쥐페리의 소설 「인간의 대지」 중에서

알고 보면 인생이란 남들이 생각하는 것처럼
그렇게 행복한 것도 아니고
그렇게 불행한 것도 아닌가 봐요.
모파상의 소설 「여자의 일생」의 마지막 문장

01

대한민국은 지금
'교육피로 사회'

모든 불행은
비교하기에서 시작한다

현대 소비사회의 가장 큰 불행은 서로 비교하게 만드는 '차이의 욕구'에 있다고 프랑스의 사회학자 장 보드리야르가 말한 바 있다. 현대인들은 미디어 등의 영향에 따라 '비교당하기'에 노출되어 있다. '비교하기'는 끝없이 경쟁하는 사회가 안고 있는 숙명과도 같은 덫이다. 따라서 학교와 학부모, 학생 등 우리 모두가 행복한 교육은 바로 '서로 비교하지 않기'에서 출발해야 하지 않을까?

매년 입학 시즌을 앞둔 이사철이면 천정부지로 솟은 전셋값으로 이른바 '대치동 엄마'가 되어보려는 엄마들의 마음을 울린다. 언론에서는 비싼 전세값이 자식을 위해 모든 것을 접고 대치동으로 이사를 가려는 학부모의 마음에 생채기를 내고 있다고 보도한다. 우리 부부도 아들이 중학교 입학을 앞두고 그런 시도를 했었다. 아내는 '목동 엄마'가 되어보려고 했다가 낭패감만 맛보았다. '대치동 엄마'와 함께 '목동 엄마'는 우리 사회에서 자녀교육에 열성적인 엄마의 상징어가 된 지 오래다. 아들이 중학교에 들어갈 때 아내가 심각하게 말했다. 목동이 교육특구로 소문났으니 우리도 목동으로 이사를 가서 아이에게 좋은 환경에서 공부하도록 했으면 한다는 거였다. 아내의 말에 일단 알아보자는 뜻에서 이튿날 목동으로 향했다. 목동으로 집을 보러 가면서 아내는 벌써 '목동 엄마'가 된 듯 호기를 부렸다.

우리 부부는 당당하게 부동산중개업소 문을 열고 들어가 시세를 물어보았다. 당시 27평은 2억 5천만 원, 30평대는 최소 3억 5천만 원 이상이었다. 금액이 예상했던 것보다 비쌌다. 아내는 금세 풀이 죽었다. 중개업자가 권해 마지못해 아파트 구경에 나섰다. 27평 아파트는 방 두 개에 화장실 한 개였다. 언뜻 구조가 좀 이상했다. 안방 바로 앞에 두 번째 방이 있었다. '어, 이렇게 방이 붙어 있으면 곤란한데?' 하는 생각이 들었다. 엄마가 아이를 감시하는 것 같기도 하고, 아이가 오히려 부모의 사생활을 감시하는 것 같기도 했다. 이곳에 이사 오면 중·고등학교를 마칠 때까지 6년 동안 살아야 하는데 아내는 부부생활을 '희생'해 가면서까지 살 수 없다고 했다. 새삼 이런 구조에서 자식교육을 위해 헌신하는 '목동 엄마'들이 대단해 보였다. 30평형대 아파트는 전셋값이 턱없이 비쌌고 구조도 마음에 들지 않았다. 모처럼 자녀교육에 열성인 '목동 엄마'가 되어 보려던 아내의 꿈은 이상한 아파트 구조와 높은 전셋값 때문에 무참히 무너졌다. 이것이 아들의 중학교 입학을 앞두고 우리 부부에게 일어난 작은 일화였다.

훌쩍 3년이 흘러 이번에는 고등학교 진학 문제가 눈앞의 현실로 다가왔다. 아들의 중학교 진학을 앞두고선 아내가 열성 엄마로 나섰지만, 이번에는 필자가 열성 아빠를 자청했다. 그 이유는 다름 아니라 필자가 살던 지역에는 고등학교가 모두 남녀공학밖에 없었기 때문이다. 남녀 분반을 하는 곳도 있었지만 그 학교에 배정된다는 보장이 없었기에 서울로 이사를 가자고 했다. 남녀공학에서 남학생은 여학생보다 좀 불리한 면이 있다. 흔히 여성은 청각에 민감하고 남성은 시각에 민감하다고 한다. 특히 남성은 성적性的으로 시각에 민감하다. 남성이 시각에 민감하다는 것은 '눈의 음욕'이라는 말에서도 알 수 있다. 남자들이 거리를 지나가면서 미모의 여성들에게 슬쩍슬쩍 곁눈질을 하는 것을 바로 눈을 통한 음욕의 충족으로 해석하기도 한다.

그런데 짙은 화장에 소녀 같지 않은 '소녀시대'의 영향인지 요즘 중·고등학교에 다니는 여학생들의 패션이나 화장은 가히 여대생 수준이다. 꽉 끼는 상의, 아슬아슬한 미니스커트, 짙은 화장, 그게 요즘 10대 여학생의 모습이다. 필자는 세계의 명문학교를 취재하기 위해 지난 1년 동안 6개 교육 선진국의 20개 학교를 방문했지만 한국 여학생들보다는 화려하지 않았다. 여학생들의 자극적인 패션이나 짙은 화장은 남녀 합반인 교실 분위기에 큰 영향을 미칠 수밖에 없다. 함께 생활하는 남학생들에게는 가히 유혹적이다. 다시 말해 '시각'에 민감한 사춘기 남학생들에게 끊임없이 성적 호기심과 욕망을 자극해 학업을 방해할 수 있다는 것이다. 그래서인지 남녀공학인 고등학교에서는 공부 잘하는 여학생이 남학생보다 월등히 많다. 성적性的인 문제뿐 아니라, 학습 면에서도 남녀공학은 남학생에게 불리하다. 중·고등학교 수행평가에서도 남학생들은 꼼꼼하게 준비한 과제물과 노트 필기에서 여학생을 당해내지 못한다. 이는 바로 내신 성적과 직결된다. 남학생들은 여학생들의 꼼꼼한 성적관리에는 적수가 되지 않는 것이 현실이다.

그래서 우리 부부는 중학교까지는 남녀공학을 찬성하지만 고교는 남녀 분반 내지는 남녀 분교가 바람직하다고 생각한다. 남녀공학 시행 이후 여러 자료들을 검토한 후에 내린 나름대로의 결론이었다. 최근에는 선진국에서도 남녀 '따로 수업'이 확산되는 추세다. 미국의 경우 1990년대 중반까지만 하더라도 남녀 분반 공립학교는 두 곳에 불과했지만 차츰 늘어나 곧 500개 학교가 될 것이라고 한다. 우리나라는 남녀공학이 중학교 82퍼센트, 고등학교 61퍼센트에 달하고 대부분 남녀 합반이다. 세계적인 추세만 보아도 우리 부부가 남녀공학을 선택하지 않을 이유는 충분해 보였다.

결국 우리 부부는 학교 선택권이 거의 없는 지역을 떠나 남자 고등학교 선택권이 많은 서울로 이사 가기로 했다. 남고로 전학 가기까지의 과정은 마치 한바탕 '작전'을 치르는 기분이었다. 아들은 결국 서울 소재 남고에 배정받는 데 성공했다. 입학식을 하던 날, 우리 부부는 남산이 보이는 교정에 서서 감격의 눈시울을 붉혔다. 부디 이 학교에서 자랑스러운 아들로 성장해 주기를 바라면서 말이다.

이런 일을 겪으면서 "아이를 키우는 일은 때로는 즐거움이고 때로는 게릴라전이다"라는 말이 실감났다. 우리 사회는 학부모들을 게릴라로 내몬다. 가만히 있으면 속수무책으로 당하기 일쑤다. 두 가지 일을 겪으면서 자식교육은 까딱 잘못하면 갈팡질팡할 수 있다는 것을 새삼 절감했다.

자녀교육 작가조차 이러니 일반인들은 오죽할까. 이때 필요한 것은 나름대로의 원칙과 주견일 것이다.

우리 사회는 유독 자식의 성적표로 인해 부모의 어깨에 힘이 들어가는 경향이 강하다. '공신'(공부의 신) 자녀를 둔 소수의 부모는 어깨에 잔뜩 힘이 들어가지만, 대부분의 부모는 자식 이야기만 나오면 괜히 새가슴이 된다. 비교하면 더 주눅 든다. 비교는 경쟁을 조장한다. 모든 학부모들이 그 경쟁에 뛰어들고 그 경쟁으로 인해 지쳐간다. 대한민국은 '교육피로 사회'로 신음하고 있다. 학부모와 학생들은 너도나도 서로 비교하고 비교당하며 '만성 교육피로증'에 시달리고 있다고 해도 과언이 아니다.

현대 소비사회의 가장 큰 불행은 서로 비교하게 만드는 '차이의 욕구'에 있다고 프랑스의 사회학자 장 보드리야르가 말한 바 있다. 현대인들은 미디어 등의 영향에 따라 '비교당하기'에 노출되어 있다. '비교하기'는 끝없이 경쟁하는 사회가 안고 있는 숙명과도 같은 덫이다. 따라서 학교와 학부모, 학생 등 우리 모두가 행복한 교육은 바로 '서로 비교하지 않기'에서 출발해야 하지 않을까? 비교하기 시작하면 그만 자신도 모르게 덫에 걸리고 허우적거리기 십상이다. 이때 비교를 하지 않으려면 자식교육에 임하는 나름대로의 뚜렷한 소신과 원칙이 있어야 한다. 비교하기의 덫에 걸려 있는 부모라면 자녀교육의 성공 방정식을 다시 공부해야 한다.

재능은 비교의 대상이 아니다. 내 아이의 능력이 다른 아이의 능력과 같을 수 없기에 비교 대상이 되어서는 안 된다. '공부 좀 못해도 괜찮아!

성적과 성공은 비례하지 않아!' 이런 말을 잘 하는 부모가 자녀를 더 성공시킨다. 그러나 부모들은 그와 반대로 자녀에게 요구하고 있다. 어쩌면 자녀교육의 문제는 여기서부터 꼬이기 시작하는 것인지도 모른다.

포기를
강요당하는 아이들

"어려운 환경 속에서도 잘 자란 아이들은 공통적으로 아이 입장에서 무조건적으로 이해해 주고 받아주는 어른이 적어도 한 명은 있었다." 회복 탄력성 개념을 정립한 워너 교수의 주장처럼 사람은 누구나 자기를 지지해 주고 응원해 주고 이야기를 들어주는 존재를 반드시 필요로 한다. 아이가 성장하는 청소년 시기까지는 응원해 주는 지지자가 절대적으로 필요하다. 부모가 이 역할을 해주면 가장 바람직하지만 이모나 고모, 삼촌이나 외삼촌 등도 가능하다.

뜬금없는 소리로 들리겠지만 때로 우리나라 자녀교육은 '태권도 학원'이나 '피아노 학원'을 닮았다는 생각마저 든다. 태권도는 초등학생 때 다니고 중학교에 들어가면 거의 다니지 않는다. 피아노 학원도 비슷하다. 아이가 초등학교에 들어가면 시작해서 길어야 초등학교를 졸업하면 이들 학원도 모두 졸업한다. 필자는 아들에게 중·고등학교를 마칠 때까지 줄곧 피아노 학원에 보내 배우게 하려고 했다. 중학교 1학년에 들어갈 때 어렵게 중학생을 가르치는 학원을 찾아 등록을 했다. 당시 피아노 학원장은 "아이를 음대에 보내려고 그러세요?"라고 물었다. "음악을 전공하려는 게 아니라 취미로 피아노를 칠 수 있게 해주고 싶다"고 말했다. 통사정하다시피 해서 6개월 정도 다녔다. 아들은 중학생은 자기 혼자라며 다니기를 꺼려했고 결국 그만두었다. 그런데 태권도나 피아노 학원의 '조로_{早老} 현상'은 교육에서도 그대로 이어지는 것 같다. 일부 부모들은 자녀가 중학생 첫 시험 때 성적을 기대만큼 내지 못하면 곧바로 공부에 소질이 없는 아이로 결론 내기도 한다. 가정 형편이 어려울 경우 비싼 사교육비를 감당하지 못해 자녀를 방치하기도 한다.

초등학교에 다닐 때까지는 성적표에 등수가 나오지 않아 대부분의 부모들은 막연한 기대감을 가지고 있다. 자신들의 자녀가 영재는 아니어도 다른 아이들보다는 공부를 잘하겠지, 앞으로는 더 잘할 거라는 막연한 기대감이다. 하지만 중학교부터는 성적 순위가 나온다. 중학교 첫 성적표를 받아본 부모들은 그제야 아이의 '현실'을 알게 된다. 물론 성적이 기대한 만큼 나오는 아이도 있겠지만 대부분 그렇지 않을 것이다. 그때 부모의 대응은 경제력에 따라 달라진다. 겨우 생활비를 버는 수준의 서민 가정에서는 과외나 학원비 문제에 본격적으로 부딪치게 된다. 이때 아이가 10점, 20점짜리 성적표를 가져오면 바로 '이젠 공부를 포기해야 할 때가 아닌가' 하는 생각에 사로잡히게 된다. 경제력이 있다면 과외다 학원이다 시키면서 뒷바라지에 나서겠지만 그럴 수 없기 때문이다. 아이도 부모도 자괴감에 빠지고 눈치 빠른 아이는 스스로 공부를 포기하게 된다. 물론 부모가 고생하니까 공부를 더 열심히 해야겠다는 아이도 있지만 극소수다.

그러니 집안 사정이 좋지 않은 데다 아이가 공부까지 못하는 경우 엄마들은 '죄인'이 된 것만 같다. 형편이 힘들어 아이에게 공부 틀을 잡아주지 못한 것이 이미 아이의 운명을 결정지어버린 것이 아닌가 민감하게 생각한다. 수학학원을 운영하는 지인은 "아이들이 정말 별것도 아닌 수학점수 때문에 학교에서 고개도 잘 들지 못하고 심지어 중학교 1학년 때부터 모든 걸 포기하려는 걸 보면 마음이 아프다"고 말한다. 다세대 주택가에 있는 학원이어서인지 엄마들은 대부분 '배우지 못한 한'이 있는 사람들이어서 없는 형편이지만 아이한테 나름 지원을 해주려고 애를 쓴다. 그러나 저렴한 '동네학원'에 보내다 보니 아이들은 학원에 다니면서도 점수는 오르지 않고 오히려 자존감만 낮아진다고 한다. 해도 안 된다고 생각한다는 것이다. 그는 "아이들 성적 올리는 데 가장 어려웠던 점이 자세를 잡아주고, 할 수 있다는 희망을 주는 것이었다"고 털어놓는다. 또 주변에 자신을 믿어주는 사람이 있다는 것도 중요하다고 한다.

이는 좌절해도 오뚝이처럼 일어나는 이른바 '회복 탄력성' 개념을 제시한 에미 워너 교수가 주장한 것이다. 열악한 환경에서 자란 모범적이고 열의에 찬 아이들이 있는데 이때 그 옆에는 자신을 '믿어주는 사람', 즉 지지자가 반드시 있었다는 것이다. 지지자는 아버지가 될 수도 있지만 삼촌 등이 될 수도 있다. 회복 탄력성이란 원래 제자리로 돌아오는 힘을 일컫는 말로, 심리학에서는 주로 시련이나 고난을 이겨내는 긍정적인 힘을 의미하는 말로 쓰인다. 몸의 근육이 강해지면 행동이 민첩하고 건강해지듯이, 마음에도 근육을 키워주면 힘들고 어려운 일에 대응하는 힘이 강해진다는 것이다. 회복 탄력성이 높은 아이는 마음이 강한 아이라고 할 수 있다.

　1954년 워너 교수는 하와이의 카우아이 섬에서 태어난 아이들 중 아주 열악한 환경에 놓여 있는 201명의 아이들을 40년 동안 추적, 연구하였다. 그 결과 모두의 예상을 깨고 3분의 1 정도에 해당하는 72명은 학교 성적이 우수하며 모범적이고 진취적으로 살아가고 있음이 밝혀졌다. 일부 아이들은 뛰어난 학업 성적과 능력을 보이기까지 했다. 다시 말하면 그들은 열악한 가정환경과 상관없이 훌륭하게 성장한 것이다. 그 이유에 대해 연구를 주도했던 워너 교수는 "이 학생들은 공통적으로 회복 탄력성이 높다"고 밝혔다. 그리고 회복 탄력성의 핵심적 요인은 인간관계에 있으며, "어려운 환경 속에서도 잘 자란 아이들은 공통적으로 아이 입장에서 무조건적으로 이해해 주고 받아주는 어른이 적어도 한 명은 있었다"고 한다.

　한 수학학원의 원장은 자신이 방치된 아이들에게 '지지자' 역할을 해야겠다고 생각했다. 그래서 여름방학 때 아이들을 학원에서 열심히 가르친 결과 중간고사에서는 대부분이 80점대가 나왔고 그중에 수현이라는 아이는 90점이 나왔다. 그러자 반신반의하던 엄마들이 아이에게 희망을 갖게 되었다. 하지만 학원을 찾아오는 엄마들 중에는 "중 1인데 이 점수면 그냥 공부를 포기해야 하는 거 아닐까요?" 하면서 한숨짓는 경우가 많다고 전한다. "사실 요즘 아이들이 조기교육을 받고 영어를 엄청나게 잘하고 수학을 영재 급으로 하는 아이들도 있지만 그런 아이는 소수에 불과하죠. 부모가 돈을 들이고 정성을 쏟는다고 해서 다 잘되는 것도 아니고요."

우리 사회에는 "이젠 더 이상 개천에서 용이 나지 않는다"는 신드롬이 퍼져 있다. 돈만 있으면 아이는 저절로 잘 되는 거라고 생각한다. 그럴수록 돈 없는 부모들은 자녀교육에 자신감을 잃고 자괴감에 빠진다. 명문대를 보내려면 얼마를 투자해야 하고, 서울에 있는 대학에 보내려면 얼마를 투자해야 한다는 속설 앞에 지레 체념한다. 돈이 오히려 독이 되고 자녀를 더 망치게 되는 경우도 많은데 말이다. 그러나 '없는' 부모들은 바로 그 돈 때문에 너무나 일찍 아이들을 포기하게 만들기도 한다. 공부에 대한 진짜 열의를 보이는 시기는 어쩌면 그 이후일 수 있다. 누구나 성인이 되면 느낄 테지만, 공부는 스스로 마음속으로 하고자 하는 의욕이 생기면 언제든지 할 수 있는 것이다.

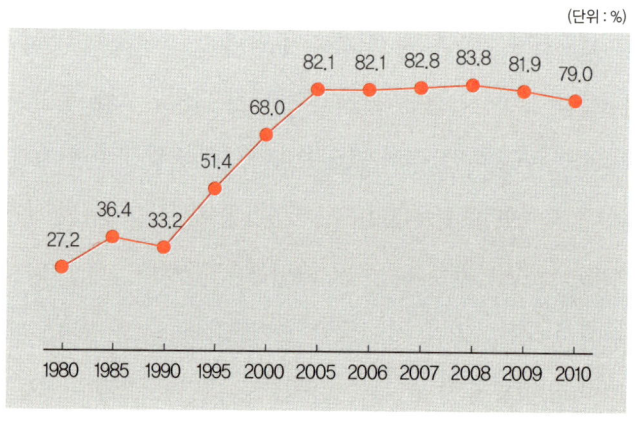

대학 진학률

• 자료: 한국교육개발원

공부에 뜻이 없는 아이라면 중학교 때라도 태권도나 피아노를 배우게 해보는 것도 좋을 것이다. 운동이나 음악 연주는 자존감을 느끼게 하는 원동력이 된다. 운동과 음악을 통해 자신감을 가질 수 있다면 그 자신감으로 뭐든지 해낼 수 있고, 잠재력도 일깨워낼 수 있다. 혹여 자녀가 공부를 못한다면 역으로 생각해 볼 필요가 있다. 공부 이외에 다른 재능이 있다고 말이다.

"우리는 마음으로 보아야만 잘 볼 수 있다. 본질적인 것은 눈에는 보이지 않는다." 생텍쥐페리의 이 말처럼 자녀야말로 바로 부모가 '마음'으로 보아야만 잘 볼 수 있는 대상이 아닐까!

명문대 못 가면
낙오자인가요?

"일반고에 가서 얼마든지 1등급을 받을 자신이 있었지만, 외국어고 졸업하기를 바라는 엄마의 고집을 꺾을 수 없었다"는 고백처럼 '엄마를 위해서' 외고에 다녔던 한 학생은 외고를 졸업하고도 명문대에 들어가지 못해 스스로 '낙오자'라고 생각한다. 엄마의 이기심이 딸을 불행하게 한 것은 아닐까? 지금 자녀에게 외고나 특목고 타령을 하고 있는 엄마가 있다면 생각을 바꾸시길!

수십 년간 교육개혁을 외치면서도 갈피를 잡지 못하고 오락가락하는 한국식 교육에 아이들도 부모들도 지쳐버렸다. 아이들은 무한 경쟁이라는 지독한 시스템 아래서 상상을 초월하는 선행학습을 강요당하고, 마치 하루하루가 인생 전체를 결정하는 중대한 순간인 듯 어른들이 조성한 긴장 속에서 살아가고 있다. 엄마는 자녀를 좋은 학교에 보내기 위해 공부 뒷바라지를 하고, 자녀는 삶의 모든 것을 유예한 채 공부만 하며, 아빠는 그 비용을 대느라 밤낮없이 바쁘다. 우리나라의 가정은 자녀를 좋은 대학에 보낸다는 목표로 결집한 프로젝트 공동체와 다를 바 없다. 프로젝트 공동체는 아이들을 괴물로 만들고 있다. 여기에 부모들도 아이들을 괴물로 만드는 데 앞장서고 있다. 아이들과 부모들을 괴물로 만드는 또 하나의 괴물이 있는데 그건 특목고라는 괴물이다. 외국어고교와 과학고교, 영재학교, 국제고교 등이 명문대 입시를 휩쓸고 있어 학부모들은 너도나도 이들 특목고에 보내려고 혈안이다. 자녀가 특목고에 입학이라도 하면 부모들은 세상을 다 가진 듯 으스댄다. 또래 엄마들 모임에 나가 자식자랑으로 다른 엄마들의 눈총을 받기도 하지만 은근히 그런 시선을 즐기기도 한다.

하지만 정작 특목고에 진학한 자녀들은 '괴물'이 되지 않으면 살아남지 못하는 가혹한 생태계에 갇히고 만다. 괴물이 되어야만 이른바 명문대에 들어갈 수 있기 때문이다. 특목고를 졸업해 이 그룹에 합격하지 못하면 '낙오자'라는 멍에를 스스로 짊어지고 산다. 특목고에 들어간 영재급 학생들이 명문대에 합격하지 못하면 낙오자가 되는 웃기는 현실이다.

여대에 재학 중인 송미선 양은 백화점에서 명품 매장을 운영하는 부모님 덕에 늘 유복하게 살았다. 중학교 때 수학을 잘해서 수학 특기자 전형으로 외국어고에 합격했다. 남들이 보기에도 공부 잘하고 날씬하고 예쁜 부잣집 딸이라 공주처럼 보이는 아이였다. 하지만 외고 영어가 너무 어려웠다. 시험은 해외 잡지 등에서 문제가 나왔다. 공부를 해도 해도 실력은 하나도 오르지 않았다. 영어에 자신이 있었던 미선이는 내신이 나오지 않자 이상한 버릇이 생기기 시작했다. 자신도 모르게 손톱을 물어뜯는 버릇이 생긴 것이다. 어떨 땐 하도 물어뜯어 피가 줄줄 흘렀다. 기숙사 룸메이트는 연필 깎는 칼로 자해를 하기도 했다. 서로 심하게 경쟁하다 보니 스트레스가 극에 달했다. 주말에 집에 오면 쉴 시간이 없었다. 토요일과 일요일 꼬박 과외를 하고 학원 다니느라 정신이 없었다. 다른 학생들도 다 그렇게 하기 때문에 안 하면 오히려 더 불안하여 하지 않을 수 없었다. 공부한 만큼 성적은 오르지 않았다. 등록금과 기숙사 비용도 만만찮았다. 외고 다니는 3년 동안 한 달에 평균 450만 원 정도를 교육비로 썼다. 엄마는 그 비용이 아깝지 않다고 했다. 딸이 다른 외고생들처럼 명문대 그룹에 합격하리라 믿었기 때문이다.

하지만 결과는 참담했다. 내신 5, 6등급에 수능 점수까지 거의 3등급이라 서울에 있는 대학에 지원하기도 힘들었다. 엄마는 남들 보기에 너무 창피해서 딸을 미국으로 보냈다. 미국 대학에 들어가면 친척이며 주위 사람들에게 '체면'이 설 것 같았기 때문이다. 하지만 딸은 미국에서도 적응이 쉽지 않았고, 잘못하면 딸의 인생을 망칠 것 같아 귀국을 시켰다. 서울 강남에다 원룸을 얻어 재수 전문학원에 등록해 공부를 시켰다. 미선이가 재수까지 해서 결국 간 곳은 '인 서울' 수준의 대학이었다. 외고 다닐 때 화장실에서도 공부를 했던 아이였지만, "외고를 간 게 인생 최대의 실수였던 것 같다"고 눈물을 글썽거린다. 미선이는 자신보다 성적이 좋지 않은 학생도 들어간 명문대에도 들어가지 못한 자신을 '낙오자'라고 했다. 내년에는 교환학생으로 미국에 가서 마음의 짐을 풀어볼 계획이라고 한다.

박세원 양은 중학교 때 전교 1, 2등을 할 정도로 공부도 잘했다. 성격도 밝고 얼굴도 성격만큼 예쁜 아이였다. 명문대 영문학과를 나온 엄마의 전폭적인 지지를 받으며 열심히 공부했다. 세원이의 행복은 외고에 합격했다는 소식을 들은 그때까지였다. 외고 합격과 동시에 행복 끝이었다. 합격을 하고서는 세상을 다 얻은 것 같았는데 외고에 들어가서는 내신이 나오지 않았다. 힘들게 공부해도 5등급 턱걸이 할 정도였다. 내신 5등급으로는 엄마가 원하는 대학에 지원하는 것이 불가능했다. 매년 정시를 줄이고 수시를 늘여가는 현실에서 희생양이 되는 기분이었다. 하지만 그대로 주저앉을 수 없어 결국 재수를 했지만 또 실패였다. 결국 세원이는 삼수 끝에 여대에 들어갔다. 하지만 박세원 양 역시 송미선 양처럼 자신이 '낙오자'라는 생각을 지울 수 없다. 자신보다 중학교 때 공부를 못했던 친구도 명문대에 들어갔다면서 친구들과 비교하면 억울해서 잠이 안 온다고 한다. 그래서 세원이는 중학교 친구들을 만나지도 않는다. 늘 운동복 바지에 화장 한 번, 데이트 한 번 못 해 보고 침침한 독서실에서 삼수까지 했는데 그에게 외고와 삼수의 5년 동안은 지우고 싶은 시간이다. 그는 대학에 입학하고 신체검사를 할 때 또 한 번 씁쓸한 기분에 휩싸였다. 뒤에 있던 학생들이 하는 이야기를 엿들었는데, "우리 학교에도 외고 출신 애들 올까?"라고 하니까, "미쳤냐! 그런 애들이 여기 오게"라고 하더라는 것이다. 세원이는 지금도 학교 친구들에게 외고 출신이라고 말하지 않는다.

게다가 엄마는 특목고 입시 때부터 삼수 비용까지 대느라 수천만 원 대출을 받았는데 몇 년이 흐르도록 원금 한 푼도 갚지 못하고 있다. 옷한 벌 사지 않고 오로지 아이들만 바라보고 산 결과다. 그런데도 세원이 엄마는 아들이 중학교 3학년이 되자 큰 집을 팔고 목동으로 이사를 했다. 그래도 특목고에 들어가야 하고 혹시 특목고에 떨어지더라도, 일반고 학군이 좋은 곳에서 학교를 다녀야 할 것 같아서다. 특목고라는 괴물이 엄마를 괴물로 만들고 있는 것이다. 세원이는 동생이 특목고에 떨어지기를 오히려 바라고 있다고 속내를 털어놓았다. 일반고에 가서 얼마든지 1등급 받을 자신이 있었지만, 외고에서 졸업하기를 바라는 엄마의 고집을 꺾을 수 없었다고 한다. 엄마 친구 딸은 외고에서 5등급이었는데 일반고로 전학을 가서는 전교 3등을 했고 원하는 대학에 들어갔다고 한다. 그는 "이게 우리나라의 웃기는 입시 현실"이라고 말을 맺었다.

나임윤 연세대 문화협동과정 교수는 "우리나라의 가정은 자녀를 좋은 대학에 보낸다는 목표로 이뤄진 프로젝트 공동체"라고 주장한다. '애정 공동체'여야 할 가정이 극심한 경쟁교육의 수단으로 변질된 것이다. 가족을 입시 프로젝트 공동체로 내모는 정점에는 '명문대'라는 괴물이 있고 그 하위단계에 특목고라는 괴물이 있다. 물론 그 하위단계는 유치원까지 내려간다.

사회현상을 체계와 관계에 주목해 분석하는 구조주의의 선구자 루이 알튀세의 표현을 빌면, 우리나라 교육은 모순이 누적될 대로 누적돼 그 모순의 구조가 가히 '중층결정'이라고 할 만하다. 중층결정이라는 말은 복잡한 전체 내에 있는 모순의 존재 조건들이 다시 그 모순 속에 반영되는 것을 말한다. 예컨대 특목고에 보내기 위해 아이에게 죽어라 선행교육을 시키는 것은 아이를 행복하게 하기보다 입시의 모순을 더 심화시킬 뿐이다. 즉 모순적인 교육제도 속에서 살아남기 위해 우리나라의 학부모와 학생들은 그 모순의 바다에서 결사항전을 벌이는 양상이 아닐까? 외고를 나와도 명문대에 들어가지 못했다는 이유만으로 '낙오자'의 멍에를 스스로 짊어지고 살아간다. 대한민국에서 학부모들과 학생들은 모순적인 교육제도에 꿈과 행복을 저당 잡히고 있는 것이다.

교육 미아를 만드는
조기유학 후유증

서울 소재 대학의 경우 외국어 특기자 전형으로 합격하려면 영어는 필수이고 중국어 등 제2외국어 또한 필수적으로 고득점을 받아놓아야 한다. 즉 영어 토플과 중국어 HSK에서 모두 최고 수준의 점수를 얻어야 합격할 수 있다. 공부에는 지름길이 없는 것 같다. 쉬운 길이 있으면 또 그곳으로 누구나 몰리기 때문이다. 그렇다면 '정공법'이 최고의 공부법이 아닐까?

'영어 콤플렉스'가 망령처럼 떠도는 우리 사회에서 유창하게 영어회화를 잘하는 아이를 보면서 부럽지 않은 엄마는 없을 것이다. 특히 초등학교 저학년 때는 영어실력을 가늠할 수 있는 것이 회화밖에 없기 때문에 너도나도 아이에게 영어회화를 배우게 한다. 그러다 보니 유아까지 영어회화 붐이 일고 있다. 어느 정도 형편이 되면 조기유학이나 단기 어학연수를 생각해 보게 된다. 그러나 외국에서 대학까지 다닐 계획이 아니라면 이것은 '신의 한 수'가 결코 아니다. 최고의 악수惡手가 될 수 있다. 서울 소재 대학의 경우 외국어 특기자 전형으로 합격하려면 영어는 필수이고 중국어 등 제2외국어 또한 필수적으로 고득점을 따놓아야 한다. 즉 영어 토플과 중국어 HSK에서 모두 최고 수준의 점수를 얻어야 합격할 수 있다고 한다. 말하자면 조기유학도 외국어 특기자 전형에 유리하지 않다는 말이다. 그래서인지 조기유학을 다녀온 학생은 2006학년도 2만 9천 511명으로 정점을 찍은 이후 급감해 2011학년도에는 1만 6천 515명으로 집계됐다.

1990년대부터 불기 시작한 조기유학 열풍은 이제 국가적으로 그 득실에 대해 중간결산을 해볼 때가 된 것 같다. 흔히 빛은 강렬하지만 그림자는 드러나지 않기 마련이다. 지금 우리 사회에서는 조기유학을 하고 귀국해 국내에서 중·고등학교를 다니는 학생들 중 적응을 제대로 못해 방황하는 학생들이 부지기수다. 물론 나름대로 성공한 경우도 있을 테지만 그리 많지 않은 게 현실이다.

중학교 3학년생인 윤선우 군은 초등학교 6학년 때 필리핀으로 엄마와 함께 1년 유학을 다녀왔다. 윤선우의 엄마는 "남들 다 가는 어학연수도 안 보냈었기에 이때를 놓치면 평생 후회할 것 같아서 필리핀을 갔었다"고 말한다. 하지만 한창 감수성이 예민한 초등 6학년 때 1년 동안 해외 생활을 하고 한국으로 돌아왔는데, 한국 교육에 적응하지 못하고 있다고 한다. 무엇보다 수학은 수업을 따라가기가 어려워 아무리 비싼 과외를 시켜도 성적이 오르지 않았다. 지금은 수학을 포기한 상태라고 한다. 교육 정보를 잘 몰라 새로 생긴 '혁신학교'에 들어갔는데 이게 또 아이의 학업태도를 완전히 무너뜨리고 말았다. 친구가 없어 친구관계에도 어려움이 많았다. 노는 아이들과 어울리다 보니 지금은 오토바이도 타고 담배도 피워 문제가 여간 심각한 게 아니라고 한다. 보다 못해 최근에 혁신학교가 아닌 일반 중학교로 전학을 시켰다. "정말 정성껏 아이를 키운다고 키웠죠. 초등학교 때 중요하다고 생각한 영어회화는 막상 중학생이 되고 보니 별로 중요하지도 않아요. 회화 위주의 교육이 아니라 문법과 독해 위주의 교육이기 때문이죠. 주변 얘기를 들으니 수학능력시험(수능)은 독해나 문법, 단어가 중요하다고 해서 어떻게 해야 할지 앞이 캄캄해요." 엄마는 아들만 생각하면 여간 마음이 심란한 게 아니라고 한다. 1년 동안 '기러기' 생활을 하며 힘들게 버텨준 남편한테도 면목이 없고 미안하단다.

고등학교 2학년생인 김민석 군은 초등학교 4학년부터 중학교 1학년까지 말레이시아에서 국제학교를 다녔다. 엄마와 동생과 함께 3년 동안 조기유학을 하고 왔다. 이 학교는 영국계 학교여서 학교 규율이 엄격해 신고 다니는 운동화 색깔까지 정해져 있을 정도였다. 매일 아침 7시 20분이면 조회를 했다. 유학 덕분에 영어회화 실력도 많이 늘었다. 넉넉지 않은 형편에도 부모가 그나마 '영어 스펙'을 키워줬다고 민석이는 생각한다. 하지만 한국에 돌아와서 보니 한국 학교는 말레이시아 학교보다 매우 자유로웠다. 민석이는 "자유는 규율이 나름대로 지켜질 때 유지되는데, 한국 학교는 규율도 없는 그야말로 방종에 가까웠다"고 말한다. 교실에서 잠을 자도 어떤 교사도 지적하지 않았다. 공부시간에 친구와 떠들어도 그만이었다. 학교 규율도 있으나마나 했다. 학교에서 담배를 피워도 그만이었다. 그런데 민석이는 한국 학교가 오히려 말레이시아 국제학교보다 자유롭게 느껴지지 않았다. 특히 실망한 것은, 학교는 여전히 성적순으로 학생들을 대한다는 것이었다. "중학교는 특목고를 강요하고 모든 걸 성적순으로 처리하려 했고 한 달마다 성적표를 주며 부담스럽게 했어요. 말레이시아에서는 규율이 엄격했지만 성적표는 '리포트 북'이라고 해서 일 년에 한 번만 주고 넓은 시각을 갖게 해줘서 공부가 재미있었어요." 민석이는 "말레이시아에서는 수업시간에 집중해서 들으면 다 알아들을 수 있는 수준으로 수업을 하는데 한국에서는 선행학습을 하지 않으면 따라갈 수 없는 수업을 했다"고 불만을 터뜨렸다. 선행학습을 강요하는 교육에 적응하지 못했고 순위를 매기기 위한 시험도 싫었다.

학교에 적응을 하기가 힘들어 중학교 2학년 때부터 자퇴도 생각했지만 엄마가 펄쩍 뛰는 바람에 마음을 접었다. 엄마의 반대에도 민석이는 지금 심각하게 자퇴를 생각 중이다. 결석을 너무 많이 해서 3학년 진급이 가능할지 알 수 없는 상황이다. 결석이 70일이 넘으면 진급이 안 되는데 벌써 60일에 이른다고 한다. 담배는 말레이시아에 있을 때부터 피웠고 지금은 하루에 한 갑씩을 피운다. 학교에 가서도 잠만 자다 온단다. 자신 있는 유일한 과목이 영어인데 학교 내신은 무려 7등급이다. 모의고사는 그래도 점수가 나오지만 썩 좋은 편도 아니다. 수학은 이미 포기한 지 오래다. 영어 특기자 전형으로 가기도 힘들다. 민석이의 엄마는 "이제는 아이에 대한 모든 기대를 접은 지 오래"라면서 "자퇴하지 않고 고등학교나 졸업해 주었으면 소원이 없겠다"고 한다. 주변에서 외국어 특기자 전형을 노리라고 하지만 '기막히게' 영어를 잘하는 아이들이 너무 많아서 높은 경쟁률을 뚫을 자신도 없다.

최근 수시모집에서 외국어 특기자 전형에 지원한 민성혁 군은 거의 만점에 가까운 토플 점수를 받고도 서류전형에서 떨어졌다. 내신과 제2외국어 점수가 부족해서다. 성혁이는 아버지 직장으로 인해 초등학교 때 캐나다에서 4년 동안 학교를 다녔고 현재 외국어고등학교에 다니고 있다. 성혁이의 어머니는 "서류전형에는 될 줄 알았는데……." 하며 말문을 잇지 못했다. 물론 조기유학을 다녀와서 특기자 전형에 합격하는 이들도 있지만, 본인의 노력과 부모의 엄청난 지원을 받아야 한다. 허준영 군은 필리핀에서 3년간 최고급 사립학교에 다니며 유학을 했다. 교수인 아버지와 음악가 엄마의 전폭적인 지원을 받으며 유학생활을 했는데 마지막 3개월을 버티지 못하고 귀국해 버렸다. 할 수 없이 2년 동안 검정고시를 준비해 고교 졸업 자격을 얻었다. 그리고 월 1천 500만 원씩 들여 강남에서 특별 영어 과외를 받고서 올해 외국어 특기자 전형으로 서울 소재 대학에 합격했다.

부산에 사는 이태화 씨는 네 살 터울의 두 아들을 두고 있다. 이들 형제는 부모와 함께 호주로 이민을 가서 7년 동안 살다 귀국했다. 호주 시민권도 있다. 하지만 아이들은 귀국한 다른 아이들과 마찬가지로 한국 학교에 적응하지 못하고 힘들어했다. "도대체 왜 미국, 캐나다, 호주 등 선진국에서 공부하다 돌아온 아이들은 대부분 한국 교육에 적응하지 못하는 걸까?" 엄마는 생각했다. 아이들 말로는 호주에서는 교사가 학생 수준에 따라 숙제를 내주고 칭찬을 자주 해주며 수업을 진행했는데, 한국에서는 체육시간도 즐겁지 않았단다. 결국 큰아들 지운이가 먼저 다시 호주로 보내달라고 했다. 이번에는 혼자 호주로 가야 했지만 지운이는 그래도 가겠다고 했다. 결국 중학교 때 다시 호주로 유학을 갔다. 지운이는 한국말을 하긴 했지만 수업을 따라갈 정도는 아닌 상태에서 한국 중학교에 와서 힘들어했고, 그래서 다시 호주로 간 것이다. 그리고 다시 한국에 있는 국제학교로 와서 1년 반 정도 공부했지만, 대학은 호주 대학으로 갔다. 우리나라 대학 교육은 허술하고 별로라는 결론을 내렸단다. 한국 대학에 외국어 특기자 전형에 지원했더라도 내로라하는 대학에는 서류전형에서 떨어졌을 것이라고 말한다. 중국어 등 제2외국어를 안 했기 때문이다.

동생은 학교에 적응해 보겠다고 했다. 하지만 동생도 일반 학교는 도저히 다니지 못하겠다며 다시 유학을 보내달라고 했다. 이 씨는 남편과 상의 끝에 시민권이 있으니 한국의 국제학교에서 다닐 것을 제안했다. 동생은 현재 국제학교에 다니고 있다. 어머니 이 씨는 동생도 원하면 호주 대학으로 유학 보낼 생각이라고 한다. 한국의 대학 입시를 보면 서울에 있는 대학에 지원하는 것을 생각조차 할 수 없기 때문이라고 한다.

왜 조기유학을 갔다 돌아온 아이들 대부분은 한국 교육에 적응하지 못하는 걸까? 이 문제 역시 교육 당국은 심각하게 고민하고 해결책을 강구해야 할 것이다.

외고 1학년인 정연서 양은 "한 반에 외국에서 4, 5년 살다온 애들이 반 이상이고 영어회화 시간에 토론수업을 하면 그 아이들이 다 주도를 해서 기가 죽는다"고 토로한다. 초등학교나 중학교 때 엄마들은 유창하게 외국인과 대화하는 아이의 모습을 이상적으로 생각한다. 그러나 우리나라 고교 교육이 대학 진학에만 초점을 맞추기 때문에 조기유학을 다녀와서 국내 중학교나 고등학교에 다닐 경우 적응하기가 쉽지 않다. 더욱이 일반계 고교는 수능 준비로 인해 대부분 회화보다 독해력 위주로 수업을 진행한다. 이런 현실이기에 아이를 조기유학 보낼 부모들은 중도 귀국해서 국내 중·고교에 다닐지, 외국에서 대학까지 공부할지 여부를 미리 치밀하게 검토하고 보내야 할 것이다. '묻지마 투자'식의 조기유학은 아이를 자칫 국내 학교에 적응하지 못하는 '교육 미아'로 전락시킬 수 있기 때문이다.

조기유학 추세

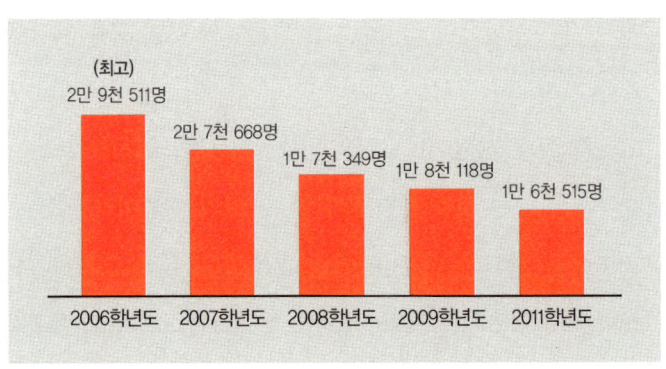

• 자료: 교육과학기술부조사

교육에서도
빈익빈 부익부

> "아이비리그 합격은 6개의 리더 활동을 하고, 3개의 스포츠에 능하고, SAT에서 놀라운 점수를 받으며, '두 명의 엄마'를 가지고 있는 특출한 아이들에게나 해당되는 것이다." 미국에서도 명문대 보내는 게 하늘의 별따기처럼 힘든 모양이다. 우리나라도 마찬가지다. '돈이 많은 부모'가 아니라면 또는 '두 명의 엄마' 역할을 해줄 수 없다면 이제는 '간판'을 기준으로 선택해서는 안 된다.

"아이비리그 합격은 6개의 리더 활동을 하고, 3개의 스포츠에 능하고, SAT(미국 대학 입학 자격시험)에서 놀라운 점수를 받으며, '두 명의 엄마'를 가지고 있는 특출한 아이들에게나 해당되는 것이다." 한 미국 고교생이 프린스턴대, 예일대 등 아이비리그 입학에 실패하고서 이런 도발적인 글을 신문에 기고했다. '두 명의 엄마'란 한 명의 엄마만으로는 자녀의 스펙 쌓기나 봉사활동 등 뒷바라지를 제대로 할 수 없는 현실을 비꼬아 한 말이다. 이 기사를 보면 왠지 자녀교육에 극성인 이른바 '강남 엄마'들이 오버랩 된다.

미국의 경우 중산층 부모 밑에서 자란 학생이 아이비그리에 합격해도 다니기 벅차지만, 어지간해서는 봉사활동이나 스포츠 스펙을 쌓을 수 없어 합격조차 힘들다. 말하자면 미국에서 중산층 자녀들은 이런저런 이유로 아이비리그에 다니기 어려워 교육의 '빈익빈 부익부' 시대가 본격화되었다는 것이다.

우리나라는 어떤가? 민족사관고등학교(민사고)에 들어갔다고 하면 모두들 천재라고 부러워한다. 하지만 미국을 포함한 외국 대학으로 유학을 가는 학생들이 많은 민사고에서도 경제력이 뒷받침되지 않으면 국내 대학을 목표로 삼아야 한다. 그래서 교육현장에서는 민사고에 가고 싶다고 하면 제일 먼저 물어보는 게 있다고 한다. "아버지 뭐하시니?" 여기서 대답이 시원찮으면 "어머니는 뭐하시니?"로 이어진다. 민사고는 대부분이 유학을 준비하고 또 아이비리그를 목표로 하고 있으니 당연한 질문일 수 있다.

조기유학으로 인한 교육 미아 문제는 대부분 경제력이 부족한 가정에서 주로 직면하는 문제일 것이다. 그런데 조기유학의 또 다른 면이 있다. 바로 경제력이 있는 부자 부모를 둔 학생들의 경우다. 한국에서 성적이 바닥을 헤매는 학생은 부모가 내버려둘 경우 인생의 출발 자체부터 힘겨울 수밖에 없다. 어딜 가나 "어느 대학 나왔어요?"라는 질문이 꼬리표처럼 붙어 다니는 한국 사회에서 이를 아예 무시하기란 참 힘겹다. 이런 서러움을 당해본 부모들은 자녀교육에 묻지마식 투자를 한다. 경제력을 고려하지 않고 성적 올리기에 혈안이 되는 이유가 바로 여기에 있다. 내 자식에게는 삼류 대학을 나온 설움, 아니 대학을 나오지 못한 설움을 물려주고 싶지 않아서다. 못 먹는 서러움도 서러움이지만, 못 배운 서러움, 간판 있는 대학을 못 나온 서러움은 그보다 더 사람을 기죽게 하는 서러움이기 때문이다. 그 현실을 알기에 자식이 공부를 못하면 애가 타고 속이 무너진다. 하지만 돈이 많은 집들에겐 그리 큰 문제가 아니다. 선택의 여지가 많기 때문이다. 가장 흔한 게 바로 '외국 유학'이다. 특히 한국에서 성적이 바닥권에 있을 경우 돈 많은 집 아이들은 언제든 외국으로 유유히 떠날 수 있다. 조기유학은 가진 자들이 마지막으로 선택할 수 있는 '한 수'인 것이다.

이영현 군은 공부는 늘 뒷전이었고 '중2병'을 심하게 앓았다. 학교에서나 집에서나 하루 종일 잠만 자고 의욕도 없고 짜증만 냈다. 게다가 중학교 2학년 때 노는 애들이 매일 때리고 괴롭혔다. 그냥 맞았다. 집에 와서 말도 하지 않았다. 이럴 경우 돈이 없는 집 아들이었다면 영현이의 인생은 '뻔한 코스'를 밟을 수밖에 없다. 하지만 영현이 부모는 부자였다. 서울 도심에 대규모 음식점이 있다. 아버지는 할아버지에게 음식점을 물려받아 운영했다. 아버지는 좋은 대학을 나오지 못했다는 열등감에 시달렸고, 결국 마흔 다섯의 나이에 미국의 칼리지로 유학을 떠났다. 아버지는 영현이를 데리고 갔다.

영현이는 미국 중학교에서 럭비부에 들어갔다. 운동을 하면 영어를 잘 못해도 애들이랑 금방 친해질 수 있다고 생각했다. 같이 뛰고 샤워하고 하면서 영어도 늘어갔다. 코치가 영현이 몸이 럭비하기에 안성맞춤이라고 했단다. 대회에 나가서 상을 받으면서 성격도 바뀌었고 삶에 대한 의

욕도 생겼다. 비만이었던 몸도 근육질로 바뀌었다. 그는 다른 집 아이들처럼 대기업에 취직해서 돈을 벌어야 한다는 부담감 자체가 없다. 물려받을 유산, 즉 음식점이 있기 때문이다. 하지만 영현이의 꿈은 한국에 와서 체육 교사가 되는 것이다. 영현이 엄마는 방학 때마다 아들을 보면서 엄청 행복해한다. 심한 사춘기도 미국 가서 잘 넘기고 의젓한 아들이 되어 돌아왔기 때문이다. 경제력이 뒷받침된 부모 덕분에 미국 유학이 전화위복이 된 경우라고 할 수 있다. 돈 많은 집이 아니면 불가능한 일이다. 더욱이 학벌 콤플렉스에 시달리던 아버지가 늦깎이로 유학을 떠날 수 있었던 것도 돈이 아니면 생각지 못할 일이다.

윤재원 양도 비슷한 경우다. 고등학교 1학년을 다니면서 성적도 어중간하고 두드러지지 않는 외모에 자존감도 높지 않았다. 예체능을 잘하고 다재다능한데다 성격도 좋은데 늘 공부가 문제였다. 공부 하나 때문에 얼마나 상처 받을까, 부모는 그것이 늘 고민이었다. 아버지가 사업에 성공하여 경제적 여유가 있던 재원이 집에서는 우연히 이영현 군의 사례를 듣고 고교 1학년 때 급하게 유학을 결정했다. 강남에서 유학을 가려는 아이들을 위한 단기코스에 들어갔다. 하루에 여덟 시간 수업하는 학원으로, 영어 한 과목에 300만 원 정도였다. 석 달 정도 다니면 미국 중학교 3학년 정도로 편입했을 때 큰 어려움 없이 적응할 수 있다고 했다. 물론 재원이의 실력은 영어수업을 소화하기에는 턱없이 부족하지만, 그나마 미국 중학교 3학년 과정이기에 상대적으로 해볼 만하단다. 수학도 한국에서 포기했던 아이들이 미국에 가면 똑똑하단 소리까지 듣는다. 재원이는 미국에서 자존감도 다시 생겼고 공부를 썩 잘하지 못해도 행복해한다.

자기가 하고 싶은 것을 하며 사는 인생도 이제는 '돈이 있어야 가능한' 세상이다. 마이클 샌델 교수가 『돈으로 살 수 없는 것들What Money can't Buy』이란 책을 썼지만 세상엔 돈으로 살 수 있는 것들이 너무 많다. 물론 경제력이 있는 집안의 아이들이 유학을 가서 방탕과 향락에 빠져 인생을 망치는 경우도 많지만 말이다. 그래도 돈이 있는 집 아이들은 한국에서 안 되면 미국 등 외국에 가서 또 한 번의 기회를 가질 수 있다. 말하자면 '가진 자'들의 '패자 부활전'이라고 할까. 이런 경우를 보면 자식교육에도 돈의 위력을 결코 무시할 수 없다. 미국에서 부모가 경제력이 넉넉하지 못하면 아이리비그에 합격해도 포기하듯이, 한국에서도 점점 돈이 많은 집 아이들이 명문대를 '점령'하고 있다. 이것이 무한경쟁의 신자유주의, 세계화의 그늘이라는 분석도 있다. 세계적으로도 신자유주의로 인한 중산층의 몰락은 교육의 몰락으로 이어지고 있기 때문이다.

한국에서 중산층의 교육 몰락은 금융위기 이후 더욱 가속화되고 있는 실정이다. 그래서 우리 사회가 아무리 교육제도를 개선한다 하더라도 오히려 제도 개선으로 가장 피해를 보는 측은 바로 중산층과 그 자녀들인 셈이다. 특목고 제도가 그렇고, 수시 전형이 그렇고, 입학사정관 전형이 그렇다. 로스쿨도 그렇고 외교관 선발도 그렇다. 새로운 교육제도들이 기존 제도를 개선하기 위해서라지만 점점 돈 많은 집 자녀들에게 유리해지고 있다. 돈이 없으면 지원조차 못한다. 제도 개선이 도리어 '개천에서

용 나지 못하는 사회'를 만들고 있는 것이다. 과연 누구를 위한, 무엇을 위한 제도 개선이란 말인가. 그래서 차라리 1980년대의 입시제도나 고시제도가 더 좋았다는 말이 나오는 것이다. 그때는 개천에서 용이 나올 수 있었으니까 말이다. 다시 '가지지 못한 자'들을 위한 '패자 부활전'을 허하라!

예체능이든 뭐든
합격만 하고 보자

"입시의 당락에 실기시험이 차지하는 비율이 낮아지고 있어 재능을 따지지 않고 '예체능이라도 합격하고 보자'는 풍조가 번지고 있다." 법륜스님이 강조하듯이 자식은 부모 뜻대로 되지 않는다. 재능을 따지지 않고 대학을 보내면 평생 자식을 먹여 살려야 할지 모른다. 필자의 고교 친구는 공부를 잘하지 못해 명문대에도 들어가지 못했는데 자식은 서울대에 보냈다. 비결이 뭐냐고 하자 "내버려두니 잘 크던데…"라고 했다. 허접한 말 같지만 그게 정답이기도 하다.

최근 입시에서는 체육관련 학과가 인기다. 입시에서 '체대 열풍'은 마치 특목고 열풍을 닮아가고 있는 것 같다. 예체능 입시에서 경쟁률이 가장 높은 학과 중 하나로 체육관련 학과가 꼽힌다. 실제로 2013년 입시에서 서울 주요 7개 체육학과 경쟁률이 6.5 대 1에 이르는 등 이상 과열 현상을 빚기도 했다. '스카이(SKY, 서울대·고려대·연세대)'나 '인 서울'이라는 말이 유행하는 것처럼 대학간판이 중요하다는 분위기가 확산되면서 학부모들도 아이가 성적이 안 좋으면 체육학과라도 보내서 간판이라도 따야 한다는 생각을 갖는 것이다. 대학이 간판 따는 게 목표가 되어버린 입시 현실에서 이런 유혹을 버리기가 어려울 것이다. 이런 분위기로 수도

권의 한 일반고교에서는 체육학과를 지망하는 학생들이 늘어나다 보니 학교에서 아예 '체육학과 진학반'을 만들어 대비하고 있다. 여기에 들어가면 한 달에 별도로 40만 원을 부담해야 한다.

그런데 체육학과 진학반 학생들은 다른 학생들로부터 곱지 않은 시선을 받기도 한다. 이 학교 체육반의 김현서 군은 "친구들이 공부 못하니까 운동한다는 시선으로 바라보는 게 곤혹스럽다"면서 "친구들에게 이런 경멸적인 시선을 받을 때 가장 기분 나쁘다"고 말한다. 어떤 학생은 갑자기 운동을 시작해 몸을 다치고 깁스를 하기도 하고, 운동량이 많아지면서 이를 체력적으로 이겨내지 못해 그만두기도 한다. 연세대 체대 입시학원을 운영하는 원장은 "예전에는 체대를 공부 못하는 학생이 가는 곳으로 인식하던 때도 있었지만 요즘은 공부 못해서는 체대를 가기가 어려운 현실"이라고 한다. 그는 "연세대 체대는 1.5등급, 용인대는 3등급은 받아야 갈 수 있다"면서 "요즘에는 공부 못하는 아이들은 체대도 갈 수도 없다"고 강조한다. 체육대학 입시는 학교 내신과 수능 성적의 반영 비율이 높은 편이다. 실기고사의 비중도 20~50퍼센트 수준으로 결코 무시할 수 없다. 그러나 미대처럼 체대도 실기에서는 큰 차이가 없어 결국 당락은 내신이나 수능 성적으로 결정된다는 것이 입시학원의 분석이다. 학원비만 보통 월 150만 원 정도 든다고 한다.

예체능 가운데 음악이나 무용은 돈이 제일 많이 드는 분야다. 돈이 제일 덜 든다는 피아노만 해도 그것은 옛말이라고 한다. 예고 피아노과에 다니는 심은경 양은 "엄마가 최근 명문대학에 합격한 학생으로부터 입시 3개월 전 레슨비가 무려 1억 원이 들었다는 말을 듣고 지레 돈 걱정을 하신다"고 털어놓았다. 피아니스트를 꿈꾸는 아이들은 초등학교 고학년이나 중학교 방학 때 피아노 강사 인솔로 이탈리아 연수를 가기도 한다. 은경이 또한 거액을 들여 다녀왔다. 이로 인해 실력이 갑자기 상승하는 것도 아니지만 말이다.

은경이는 초등학교 1학년 때부터 피아노가 좋아졌고 피아니스트가 되겠다는 꿈이 생겼다. 부모님과 함께 다니는 큰 규모의 교회에서 중학교 때부터 중·고등부 예배에서 피아노 반주를 했다. 매주 일찍 가서 오케스트라부와 함께 연습을 하고 반주를 하다 보니 무대에 서는 게 자연스러워졌다. 어학원을 운영하는 부모님은 그리 넉넉한 편은 아니었지만 1천만 원이 넘는 그랜드 피아노도 사주고 700만 원을 들여 피아노가 있는 방에 방음벽도 설치해 주었다. 은경이 음악 교육비 부담이 큰 상황이다. 게다가 중학교 때부터 공부를 하지 않고 놀려고만 해서 중국으로 유학을 보낸 은경이 오빠 교육비까지 합치면 어마어마하다. 어머니는 "남매 교육하느라 집 두 채 값은 쓴 것 같지만 애들이 원하는 걸 해줬으니 미련은 없다"고 말한다. 그러나 앞으로가 걱정이라고 속내를 털어놓는다. 속된 말로 음악은 돈이 장난 아니게 드는 분야다. 또 하다 그만둘 수도 없다. 아이가 하고 싶다면 부모는 돈을 대야 한다. 그러나 거액을 들여 피아노를 배워도 앞날이 보장되는 것도 아니다.

다른 아이보다 뒤늦게 서울의 한 예술중학교에 진학시키기 위해 미술을 준비한 초등학교 6학년 배유진 양은 중학교 입시가 다가오자 점점 수업료가 비싸져 마지막 석 달은 한 달 학원비만 380만 원씩 내야 했다. 또 엄마는 아이를 매번 강남으로 실어 날라야 했다. 아이의 로드매니저가 되어야 해 다른 일은 할 수 없었다. 강사는 입시가 다가올수록 배우는 시간을 더 늘려야 한다고 말했다. 가슴이 철렁했다. 그것은 강사료를 더 올려야겠다는 말이다. 부모 입장에서 거절하기란 어려운 일이었다. 나중에 딸이 예술중학교 입시에 떨어지자 엄마는 오히려 딸아이에게 고맙다는 생각이 들었다고 한다.

요즘 고등학생들 중에는 성적이 안 나오거나, 수능으로는 명문대를 가기 힘들다고 생각하면 쉽게 예체능을 준비하겠다고 한다. 하도 서울에 있는 대학에 지원조차 힘드니 일종의 고육지책이라는 생각마저 들지만 학생들도 재능보다 '간판'을 따지는 현실에 서글퍼진다. 예체능 입시를 준비하는 학생들이 많은 어느 일반고는 우스갯소리로 'OO예고'로 불릴 정도다. 요즘은 예체능 입시가 예전과 많이 달라져서 실기시험이 당락을 좌우하지 않는다. 그래서 재능을 따지지 않고 "예체능이라도 해서 대학에 합격하고 보자"는 풍조가 번지고 있는 것이다. 실기 비율이 점차 낮아지고 있는 것이 이러한 풍조에 한몫하고 있다.

2012년 입시까지는 실기시험을 체육관에서 치러 선발했던 홍익대는 2013년부터 아예 실기시험을 전면 폐지했다. 그러자 수시 전형에서 경쟁률이 4 대 1에 육박했다. 서울대는 디자인학부에서 2014년 수시(정시는 없음)에서 실기전형으로 23명을 선발하지만 비실기전형으로도 6명을 선발한다. 6명은 아예 실기를 보지 않고 내신으로만 뽑는다는 말이다. 이에 대해 미대 입시학원 관계자는 "요즘은 미대 수험생도 수능 3등급에 실기가 탄탄해야 상위권 대학에 입학할 수 있다"고 전한다. 이는 예체능 전공자에게도 인문학적 소양을 높인다는 측면에서는 바람직하지만 문제는 수험생과 학부모에게 이중의 부담을 준다는 데 있다. 말하자면 결국 입시 준비에 돈이 더 들어가게 되고, 그렇게 되면 경제력이 있는 부모를 둔 학생이 더 유리해진다는 말이다. 그렇잖아도 미술과 음악 등은 부잣집 아이에게 유리했는데, 예체능에서는 더욱 '빈익빈 부익부' 현상이 심해질 것이라는 뜻이다. 홍익대 미대의 경우 실기를 폐지하는 대신 '미술활동 보고서'로 평가하는데 이러한 포트폴리오를 준비하는 데는 상당한 비용이 들 것이 뻔하다. 포트폴리오를 고액의 '컨설팅'을 받아 준비할 수도 있기 때문이다.

예체능은 초등학교나 중학교부터 돈을 쏟아 부어 재능을 키우는 구조였는데 최근에 더 심화되고 있다. 내신과 수능 비중이 갈수록 늘어나 예체능 재능만 있다고 되는 것도 아니다. 여기에 또 딸을 둔 극소수 학부모들은 '예체능을 하면 좋은 데 시집갈 수 있다'면서 재능을 고려하지 않고 간판 따기를 부추긴다. 즉 예체능이든 뭐든 명문대를 나와야 한다며 재능을 따지지 않고 합격만 하고 보자는 식이다. 사회적으로 이런 풍조가 거세질수록 모든 학부모의 부담과 지원은 늘어나고 경쟁은 과잉상태로 빠진다. 마치 특목고를 재능 있는 소수의 학생들이 준비하다가, 모든 학부모들이 자녀를 특목고에 보내겠다고 가세하는 바람에 전국적으로 특목고 열풍이 분 것처럼 말이다. 예체능 입시도 특목고 열풍을 닮아가고 있는 것이 아닌지 심히 걱정스럽다.

   대한민국에서 학부모로 살아가다 보면, 좀 과장해서 말하면 교육이 개인과 가정을 힘들게 하는 사회악의 근원이라는 생각마저 든다. 필자만의 생각이라면 다행한 일이다.

02

학부모라서 불안하다

학교 폭력에 멍드는
아이들의 꿈

고등학교 2학년 동생은 축구를 좋아해서 축구부에 들어갔는데 축구부는 마치 '일진' 같았다. 한번 축구부에 가입하면 '보복'이 두려워 빠져나올 수 없었다. 하루는 축구부 선배들이 불러 인근 학교 아이들과 패싸움을 하는 데 앞장서라고 했다. 하는 수 없이 패싸움에 휘말렸다. 누구든지 이러한 상황에 휘말릴 수 있다고 생각해야 한다. '설마 내 아이에게는 일어나지 않겠지'라거나 '내 아이가 설마 가해자는 아니겠지'라고 생각해서도 안 된다.

작년인가 우연히 드라마 〈학교 2013〉의 한 장면을 보았는데 여학생과 교사의 역할이 바뀐 것 같은 태도와 말투가 잊혀지지 않는다. 교사가 학생에게 "장래 희망이 아나운서던데 너 왜 아나운서를 하려고 하니?"라고 물었다. "아나운서 되면 시집 잘 가잖아요. 재벌가 며느리도 될 수 있고." 여학생의 태도와 말투에서 교사에 대한 예의는 찾아볼 수 없었고 무례에 가까웠다. 친구 사이도 아닌 교사에게 어떻게 시집 잘 가기 위해서라고 거침없이 말할 수 있으며 더욱이 재벌에게 시집갈 수도 있다고 뻔뻔스럽게 말할 수 있을까. 여교사는 껄렁하게 앉아 대답하는 여학생에게 교사의 권위를 보여주지 못했다. 마치 학생에게 절절매는 태도였다. 여학생은 "지금 가봐도 되죠?" 하며 휙 가버렸다. 옆에 있던 동료 교사들은 "우리가 뭘 키워서 밖으로 내보내는 건지…"라고 허탈해했다.

비록 드라마지만 이 한 장면에 우리 교육의 현주소가 들어 있다는 생각마저 들었다. 폭력은 비단 물리적인 폭력만이 아니다. 태도와 말투에도 폭력의 요소가 들어 있다. 학교에서 용인되는 이러한 학생과 교사 사이의 태도와 말투야말로 어쩌면 학교라는 거대한 공적 시스템이 망가져가는 느낌마저 들게 한다. 학생이 교사를 무시하는 태도를 대수롭지 않게 생각하고, 교사는 학생의 그런 태도에 마치 기가 죽은 모습을 보인다면 여간 심각한 상황이 아닐 것이다. 교사 앞에서 학생들의 거만한 태도와 말투가 횡횡한다면 그것은 학교 시스템에서 폭력성을 용인하는 꼴이 되고 만다.

학교에서 방관하다시피 하는 폭력문화는 한 학생의 꿈을 뒤흔들어놓을 수 있을 뿐만 아니라 한 가정의 행복을 뒤흔들 수 있다. 고등학교를 졸업한 홍현석 군은 관행적으로 용인되었던 학교의 폭력문화에 자신의 꿈마저 접어야 했다. 그는 고등학교 1학년 때 교내 밴드부에 들어갔다. 어머니는 합숙훈련을 간다기에 보냈는데 아들이 합숙훈련을 다녀와서 갑자기 밴드부를 그만두겠다고 했다. 선배들이 그동안 관행적으로 내려온 신입부원 '군기 잡기'를 위해 구타를 했다고 한다. 급기야 아들은 학교에 가지 않겠다며 전학을 시켜달라고 했다.

어머니는 학교에 가서 이 일을 논의하면서 교사들의 태도에 크게 놀랐다. 교사들은 "선후배 간에 군기를 좀 잡을 수 있지 않느냐"는 투로 폭력을 당연한 것으로 받아들이고 있었다. 학생이 선배의 군기 잡기에 질려 꿈을 키우고 싶어했던 음악마저 포기하고 그 학교가 싫다며 전학을 가겠다는데도 이상 없다는 투였다. 군기를 잡기 위해 폭력을 행사했던 학생에 대한 처벌 요구는 말도 꺼내지 못할 상황이었다. 어머니는 학교 측의 태도를 이해할 수 없고 분통이 터졌지만 하는 수 없이 아들을 전학시키기로 했다. 어머니는 "아들이 가장 상처를 받은 것은 바로 자존심인데, 구타를 묵인하는 학교에서 상처 난 자존심을 추스르며 어떻게 공부를 지속할 수 있겠느냐"고 했다. 하지만 아들은 전학 간 학교에서 적응하기가 힘들었다. 다시 집 부근 학교로 전학시켜달라고 했다. 또 한 번 전학을 온 아들은 음악가의 꿈을 다시 키우지 못하고 고교 시절을 보냈다.

입시 위주의 한국 사회에서 특히 고교 시절은 그 어느 시기보다 중요하다. 열정과 노력의 열매로 대학에 진학하거나 자신의 소질과 적성을 찾아 미래로 나아가야 한다. 홍현석 군은 고교를 세 군데 옮겨 다니면서 적응하는 데 많은 시간을 보내야 했다. 공부에 집중할 수 없었던 현석이는 결국 원하는 대학에 들어가지 못했다. 부모는 잘못 끼워진 첫 단추가 못내 원망스럽기만 하다. 현석이는 바로 관행적으로 용인되거나 방관되다시피 한 학교 폭력문화의 희생양인 셈이다.

그런데 현석이의 동생은 인물이 잘생기고 성격이 좋아 아이들에게 인기가 많았다. 이런저런 친구들과 어울리기 시작한 동생은 어느새 '노는 아이'로 바뀌어갔다. 동생은 그런 아이들과 함께 방과 후 활동으로 축구부에 들어갔다가 패싸움에 휘말리며 홍역을 치렀다. 형제가 나란히 학교 폭력으로 얼룩진 기억을 갖고 있는 것이다. 어머니는 비슷한 시기에 연거푸 일어난 두 아들의 일로 혼비백산했던 기억이 아직도 생생하다.

고교 2학년생 동생은 축구를 좋아해서 축구부에 들어갔는데 축구부는 마치 '일진' 같았다. 한번 축구부에 가입하면 보복이 두려워 빠져나올 수 없었다. 하루는 축구부 선배들이 불러 인근 학교 아이들과 패싸움을 하는 데 앞장서라고 했다. 하는 수 없이 패싸움에 휘말렸다. 얼굴에 피멍이 들어 온 아들에게 자초지종을 듣고 난 어머니는 또 한 번 치를 떨었다. 이번에는 아들이 패싸움을 벌인 당사자라 학교에 찾아갈 수도 없었다. 생각 끝에 패싸움을 벌인 양측 학생들에게서 아들을 떼어놓기 위해 그들을 설득하기로 했다.

두 패거리의 학생 십여 명을 차례로 집으로 불렀다. 계단을 올라오는 소리에 어머니는 긴장되고 겁도 덜컥 났다. 덩치가 큰 아이들에게 주눅이 들 정도였다. 하지만 어머니는 마음을 다잡고 학생들을 맞았다. 미리 열 판씩 준비해 둔 피자를 학생들에게 먹였다. 그러고는 '더 이상 내 아들을 싸움판에 끼워 넣지 마라'는 각서를 쓰게 했다. 다행히도 학생들은 어머니의 '피자 환대'에 정신을 빼앗겨서인지 요구대로 따라주었다. 결국 어머니의 용기로 아들을 일진 같은 축구부에서 구출할 수 있었다. 고교 진학을 앞둔 어머니는 아들을 패거리들로부터 떼어놓기 위해 집에서 먼 고교로 전학을 시켰다. 혹시 오며가며 패거리 학생들을 만날까 두려워서다. 지금도 어머니는 두 아들이 집에 돌아와야 마음을 놓을 수 있다고 한다.

두 형제의 사례에서 알 수 있듯이 학교 방과 후 활동 혹은 동아리 활동이 학교 폭력의 사각지대임을 알 수 있다. 더욱이 학교 당국은 선후배 간에 관행적으로 일어나는 폭력문화를 방치하면서 문제를 키우고 있다. "그 정도는 할 수 있는 거 아니냐"는 안이한 인식이 폭력학생을 만들고 폭력이 난무하는 동아리를 만들고 있다. 그러는 사이에 그 폭력에 어쩔 수 없이 가담했거나 피해를 당한 학생은 청소년 시절을 폭력으로 생채기 난 자존심과 어두운 기억으로 지새우게 되는 것이다.

우리 모두가 행복한 교육의 생태계를 만들기 위해서는 무엇보다 학교 당국이 결연한 실행 의지를 갖고 교내의 관행적인 폭력문화와 행태에 대처해야 한다. 교장과 교사들은 자신에게 혹시 불리하게 작용할까봐 폭력을 감추기에 급급해서는 안 된다. 또한 드라마의 한 장면처럼 교사는 교

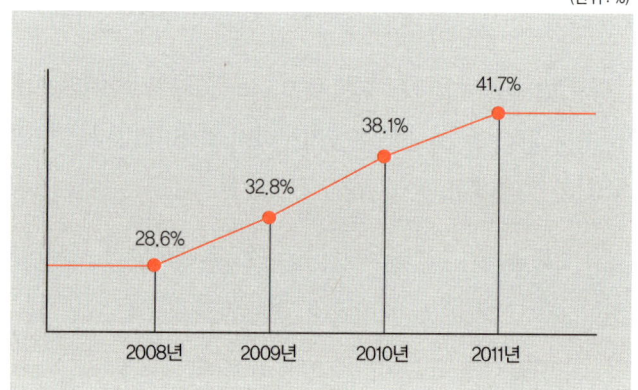

학생들이 체감하는 학교 폭력 심각성 인식도

(단위 : %)

- 2008년: 28.6%
- 2009년: 32.8%
- 2010년: 38.1%
- 2011년: 41.7%

• 자료: 청소년폭력예방재단

사다운 언행으로 다시금 자세를 가다듬어야 한다. 그래야 학생들의 비교육적 태도와 말투를 교사들의 부드러운 카리스마로 순화시킬 수 있을 것이다.

공부 잘하면
로열석에 앉으세요

요즘 많은 고등학교에서 반마다 '로열석'이라는 걸 만들어 운영하고 있어요. 대체로 반에서 10등 안에 드는 아이들을 교실에서 수업 듣기에 좋은 좌석에 성적순으로 앉게 함으로써 성적으로 아이들을 계급화하는 것이죠." 10등 밖에 속하는 아이들은 자존심이 구겨져 항의할 줄 모르고, 로열석에 앉아 있는 아이들은 차별적인 교실 운영에 대해 문제의식이 없다

방학이 다가오면 학원이다 과외다 동분서주하는 엄마들의 정보전이 시작된다. 방학을 잘 활용해 성적 상승의 발판을 마련할 수 있다는 생각에서다. 더러는 방학 한 달 동안 수백만 원이 드는 기숙학원을 찾기도 한다. 하지만 이 모든 것들이 소위 '어느 정도 먹고 살 만한' 중산층들의 고민이라는 게 홍민정 교사의 생각이다. 서울 변두리 일반 공립학교에서 교직생활을 오래하면서 깨닫게 된 것이라고 말한다. 즉, 부모의 경제력이 있고 본인 능력도 있는 아이들, 부모의 경제력은 있지만 본인 능력이 떨어지는 아이들은 부모가 경제력을 앞세워 이 방법 저 방법 다 동원해 본다. 심지어 고액 기숙학원을 보내거나 이마저도 안 되면 해외유학을 보내

기도 한다. 말하자면 경제력이 있는 집안에서는 자녀교육에서도 '플랜 B' 와 같은 대안이 있지만, 가난한 집안에서는 그런 대안마저 없기에 더 힘들다. 결국 우리나라의 모순적인 교육제도에서 가장 많이 희생당하는 계층은 바로 가난한 집안의 자녀들이다.

어쩌면 우리나라 교육은 철저하게 승자의 법칙이 적용되는 정글과 같다. 집안에 여유가 없고 본인의 능력도 떨어지는 아이들은 학교 이외에는 공부할 곳이 없다. 이들은 학교에서도 가정에서도 방치된다. 홍 교사는 "엘리트 육성에만 치중하고 성적이 좋지 않은 학생들은 방치하는 잔인한 교육 시스템으로 인해 성실하고 착한 학생들이 좌절하고 무기력해지는 걸 바라보면서 교사로서 회의감이 들 때가 많다"고 말한다. 그는 "학교와 사회는 결과로만 아이를 평가하고 결국 성적 등급에 따라서 '인간의 값'도 매겨진다"면서 사회뿐만 아니라 교육현장까지 만연한 결과지상주의의 살풍경을 지적한다.

"요즘 많은 고등학교에서 반마다 '로열석'이라는 걸 만들어 운영하고 있어요. 대체로 반에서 10등 안에 드는 아이들을 교실에서 수업 듣기에 좋은 좌석에 성적순으로 앉게 함으로써 성적으로 아이들을 계급화하는 것이죠." 그는 10등 밖에 속하는 아이들은 자존심이 구겨져 항의할 줄 모르고, 로열석에 앉아 있는 아이들은 차별적인 교실 운영에 대해 문제의식이 없다면서 "그런 학생들이 나중에 사회에 나와 어떤 사람이 될지 생각해 보지 않고 교육하는 것 같다"고 말한다. 결국 그런 교실에서 공부한 아이들은 무기력한 사람과 이기적인 사람, 특권을 당연시하는 사람,

결과만 보는 사람들이 될 거라는 말이다.

　또 많은 학교에서 방과 후 야간 자율학습도 전교 석차를 기준으로 시설이 좋은 독서실을 별도로 최상위 학생들에게 제공하며 경쟁을 유발한다. 어떤 학교는 상위 2퍼센트 학생만 들어가는 특별실도 있다. 전교 100등이나 150등 이내에 들어야 그나마 교사들이 감독하는 '야간 자율학습실'에서 공부할 수 있다. 여기에도 들지 못하면 그냥 교실에 남아서 공부를 해야 한다. 속된 말로 '버려지는' 거다. 달리 말하면 절반 이상이 학교에 의해 공개적으로 방치되고 있다는 말이다. 공부 좀 못하는 학생들은 성적 때문에 두 번이나 자존심이 짓밟히는 꼴이다. 공부 못하는 학생들만 모여 있는 교실의 풍경은 상상만 해도 아찔하다. 한쪽은 음담패설로 왁자지껄하고, 다른 한쪽에서는 장난치는 아이들, 그리고 또 한쪽에서는 이것도 저것도 포기하고 잠만 자는 학생들……. 그 와중에 어떤 학생은 성적을 올려 학교가 관리하는 방과 후 학습반에 들어가려고 할 것이다. 그런데 난장판인 교실에서 마음을 다잡고 공부를 한다는 것은 어지간한 의지가 아니고선 불가능할 것이다. 결국 한번 성적이 추락하면 졸업할 때까지 낙오자가 되고 마는 것이다.

　문제는 여기에 대한 학부모들의 반응이다. 특별한 야간 자율학습실에 들어가는 자녀를 둔 학부모들은 별생각이 없이 특별실 운영을 환영한다. 여기에 들지 못하는 학부모들도 자기 아이가 자극을 받아 특별실에 들어가기를 바랄 뿐이다. 홍 교사는 "인간 가치의 평등을 교육해야 할 현장에서 입시라는 미명하에 인권유린이 벌어지고 있고 학부모나 학생들도 침묵을 배우는 것 같다"고 말한다.

홍 교사에 따르면 교육부는 대학진학 실적에 따라 고등학교 등급을 3단계로 나누어 학교 간 성과급을 지급하고 있다. 학교 평가가 성과급으로 이어지면서 학교에서는 공부를 잘 가르치는 것보다 실적을 많이 내는 데 집중한다. 수업을 잘 해서 좋은 학교라는 평가를 받으려고 하기보다 수업 이외의 것으로 실적을 내려는 현상마저 빚어지고 있다. 교사들도 '수업'이 중심이 아니라 '업무'가 중심일 정도로 수업 이외의 일에 더 많은 시간을 보낸다. 그는 업무가 예전보다 두 배 이상 많아진 것 같다면서 "수업보다 업무를 잘 보는 교사가 더 평가를 잘 받기도 한다"고 지적한다. "교사에 대한 평가는 가장 먼저 수업을 잘하느냐 여부를 지표로 삼아야 합니다. 수업을 잘할 수 없게 제도를 만들어놓고 그런 엉뚱한 지표로 교사를 평가해요." 그러다 보니 학기 중에 연수를 가는 교사마저 생겨나고 있다. 결국 수업이 아닌 업무나 실적 중심으로 교사와 학교를 평가하는 시스템이 공교육 붕괴를 가속화시키는 요인인 셈이다.

아이러니한 것은 이런 와중에도 가장 중요한 교사평가 기준은 대학진학 실적이다. 학교와 교사에게 수업보다 업무를 잔뜩 짊어지게 해놓고 평가는 대학진학 실적으로 한다. 대학진학 실적은 학부모들 또한 가장 중시하는 평가이기도 하다. 결국 우리 사회에서 교사들만 샌드위치 신세가 되고 있는 것이다. "교사라는 직업은 수업을 잘하고 아이들에 대한 관심과 사랑이 있어야 하는 것이 기본 사항이지만, 이런 것들은 눈에 보이지 않아 지표로 매길 수 없죠 그래서 평가에 반영되지 않아요. 반면 입시는 결과에 따라 교사들에게도 성과급이 주어집니다. 명문대를 몇 명 넣으면 얼마를 주는 식이죠. 또 좋은 학교를 간 아이들은 학교에 현수막이 내걸립니다. 아이들이 더 이상 같은 인간이 아니죠. 아이들이 헐값 취급받고 들러리 취급을 받고 있어요."

그는 자립형 공립고 같은 경우는 연간 2억 원 정도 지원금을 받아 리더십 전형, 논술 전형 같은 상위권 학생들 수업을 위해 쓰는데 사실 이런 돈은 실력이 떨어지는 하위권 학생들을 위해서 써야 취지에 맞다고 지적한다. 정작 정부 지원금이 필요한 90퍼센트의 아이들은 외면당하고 상위 10퍼센트의 아이들 위주로 돌아가는 게 우리 교육의 현실이라는 것이다. 대학진학 실적이 최고의 기준이다 보니 일부 학교들은 체육대회, 현장학습 같은 입시와 상관없는 것들을 없애고 있다고 한다. 또 '집중이수'라는 교육정책 때문에 예체능 교육 또한 실종되었다. 음악이나 체육 과목을 1학년 때 몰아서 일주일에 4시간씩 수업을 하고 학년이 올라가면 입시 과목 위주의 수업에 전념 할 수 있도록 하는 것이 집중이수 제도다. 인생을 풍요롭게 해주는 음악과 미술, 체육마저 아이들에게서 빼앗아가고 있는 현실이다.

"이미 특목고니 자사고니 해서 상위권 아이들은 다 빠지고 입학 성적부터 확연히 차이가 나는 아이들을 배분해 학교 등급을 매겨놓고는 진학실적이 마치 교사들의 실력이라며 책임 소재를 교사들 탓으로 돌리고 있어요. 일선 교사 특히 변두리 학교 교사들의 자괴감은 말로 표현할 수 없을 정도입니다." 홍 교사는 그 누구보다 행복하게 살 권리가 있는 아이들의 손을 잡아주고, 방치되어 있는 학생과 학교를 위해 예산을 써야 한다고 강조했다. 학교도, 교사도, 학생도 모두 죽어가는 교육 현장의 목소리를 가감 없이 들려준 홍민정 교사는 "지금 우리 사회에서 가장 필요한 것은 교육혁명"이라고 강조했다. 그 교육혁명을 위해 우리 사회의 모든 구성원들이 '촛불'을 들어야 하지 않을까 하는 생각마저 들었다.

90퍼센트
일반고 학생들이 위험하다

"모든 교육정책이 특목고나 자사고에게만 유리해요. 특목고나 자사고에서는 수능시험 수준에 걸맞게 수업을 할 수 있지만 일반고에서는 결코 수능 수준으로는 수업을 진행할 수가 없습니다." 그런데 90퍼센트가 넘는 아이들은 특목고를 갈 수 없다. 그래서 많은 엄마들이 특목고에 보내기 위해 초등학생 때부터 자녀를 다잡고 있다. 결과는 어떠한가? 아이는 공부를 내팽개친다. 엄마도 우울증에 걸린다. 그러기에 엄마들이여, 욕심은 나더라도 이제 특목고 타령은 하지 말자. 특목고 타령을 하지 않으면 오히려 명문대에 갈 수 있으니까.

"자사고는 일반고에게는 재앙입니다. 상위권 학생은 외국어고와 과학고, 국제고로 가고, 중상위권 학생은 자사고로 가죠. 일반고에는 중하위권 학생들만 남게 됩니다. 정부가 앞장서서 일반고를 무너뜨리고 있어요."

고등학교에서 30년 동안 영어 교사로 재직해 온 강태형 교사는 정부의 엘리트 위주 고교 정책으로 인한 폐해가 크다면서, 공부 잘하는 학생들이 특목고와 자사고로 진학하는 기형적인 구조가 탄생하여 일반고를 '슬럼화'시키고 있다고 비판했다.

강 교사에 따르면 우리나라 고교 교육은 특목고와 자사고 도입으로 평준화 정책이 완전히 무너졌다고 한다. 1974년부터 시행된 고교 평준화 정책은 그 동안 여러 번 부분적인 수정이 있었지만, 대체로 기본 골격은 유지되어 왔다. 하지만 평준화 제도에 대한 논란이 끊이지 않으면서 이를 해결하기 위해 1983년 특목고가 도입되었고, 2002년부터는 자율형 사립고가 시범 운영되었다. 이때부터 특목고 열풍이 불기 시작했다. 여기에 정부가 '고교 다양화 300' 정책에 따라 자사고 100곳을 선정함으로써 고교 평준화 정책은 사실상 붕괴되다시피 했다. 더욱이 성적우수 학생들이 평준화 교육의 근간을 이루어온 일반고 진학을 기피하면서 대학입시에서도 일반고는 특목고에 비해 밀리고 있다. 이는 결국 일반고의 '슬럼화'를 초래하고 있다고 강 교사는 강조한다. 일반고의 10분의 1도 안 되는 특목고와 자사고가 고교 교육의 근간을 이루는 일반고를 집어삼키고 있다는 것이다. 그야말로 괴물인 셈인데 문제는 그 괴물이 교육 당국의 정책 산물이라는 데 있다.

교육정책은 '상향 평준화'를 지향해야 마땅하다. 그런데 특목고 정책으로 인해 일반고가 '하향 평준화'로 내몰리고 있다. 강 교사는 소수의 영재교육을 위해 특목고가 필요하다는 데 동의하지만, 지금은 자사고가 가세하여 그 수가 너무 많아지면서 심각한 부작용을 낳고 있다고 비판한다. 그 결과 고등학교 교육은 3만여 명 정도의 학생들을 교육하는 소수의 특목고 및 자사고와 90퍼센트가 넘는 대다수 학생들을 교육하는 일반고로 양극화되었다.

특목고 열풍은 공교육을 왜곡시켰을 뿐만 아니라 가정에도 회오리바람을 일으키고 있다. 엄마들은 너도나도 자기 아이가 영재일지도 모른다며 초등학생 때부터 특목고 준비에 열을 올린다. 영재급 아이뿐만 아니라 '보통 아이'도 특목고로 보내겠다고 아우성을 치면서 특목고 입시 경쟁이 가열되기 시작했다. 이때부터 아이들은 엄마에게 들볶이기 시작했고, 학원이 여기에 가세하면서 특목고 열풍이 거세졌다. 강 교사는 특목고 정책이 급기야 지금의 '특목고 괴물'을 만들면서 '일반고 붕괴'로 이어지게 된 시발점이 되었다고 진단한다.

특목고 열풍이 불면서 영재급 학생들은 특목고에 진학했고 학부모나 학생들은 일반고를 기피하기 시작했다. 일반고는 고교생들의 90퍼센트 이상을 차지하지만 교육의 변두리로 내몰리면서 지금은 고등학교 교실에서 정상적인 수업조차 어려울 지경이다. "모의고사나 수능시험은 90퍼센트 이상을 차지하는 일반고 학생들이 아니라, 10퍼센트도 안 되는 특목고나 자사고 학생들을 기준으로 출제합니다. 상위권을 형성하는 이들 소수의 성적 우수자들 간의 변별력을 위해 수능시험이나 모의고사의 난이도를 높게 유지하는 거죠. 그 피해는 고스란히 일반고 학생들에게 돌아갑니다."

수능이나 모의고사가 끝나면 평가기관에서는 과목의 교육과정 수준에 맞춰 출제했다, 쉬운 수능의 기조를 유지했다는 등의 말을 내놓는다. 따지고 보면 이런 기준도 일반고가 아니라는 말이다. 강 교사는 모의고사든 수능시험이든 일반고 학생들에게는 난이도가 너무 높다고 말한다. 달리 말하면 쉬운 수능일지라도 일반고 학생들이 1, 2등급을 따기는 하늘의 별따기와 같다는 말이다. 반면 특목고 학생들의 경우는 시험을 어렵게 출제하더라도 대부분 1, 2등급을 받을 수 있다. 예컨대 외국어고나 과학고에서는 영어 1, 2등급이 60퍼센트 이상이고 어떤 학교에서는 80퍼센트가 넘는다. 반면 일반고에서는 1, 2등급이 전교에서 한 자리수를 넘기기 힘들고, 5등급 이상이 대부분을 차지하고 있는 실정이다.

강 교사의 말에 의하면 모의고사나 수능시험에서 영어의 수준은 영어 교사들도 혀를 내두를 정도로 난해하고 까다롭다고 한다. 영어 교사들조차 장문의 지문에 달랑 한 문제 나오는 시험 유형에 질릴 정도라는 것이다. 또 원문을 짜깁기한 문장들은 번역을 해도 무슨 말인지 이해가 안 되는 것들도 많다고 한다. 그는 "8페이지나 되는 시험문제를 시간 내에 읽기도 벅찬 수준"이라면서 "특목고 학생들처럼 수년간 고도로 훈련받지 않으면 문제를 풀 수 없다"고 말했다.

그러면서 영어 수업시간의 수준을 놓고 보더라도 특목고와 일반고는 비교할 수 없다고 말한다. "특목고 학생들은 물론이고 자사고 학생들조차 중학교 때부터 학원의 특목고 반에 들어가 지옥 훈련하듯 영어공부를 한 아이들이 대부분이에요. 하지만 일반고에는 특목고나 자사고 수준으로 영어 실력이 있는 학생은 극소수에 불과해요. 당연히 일반고에서는 수준 있는 영어 수업이 이루어질 수 없는 것이지요. 공부를 하려는 학생만 피해를 보는 셈입니다."

수능시험은 EBS 교재를 기준으로 출제하기 때문에 수험생들은 이 교재들을 공부해야 한다. 영어 교재만 해도 독해가 5권, 듣기가 1권으로 모두 6권이다. 홍 교사는 수능 영어 교재는 특목고나 자사고 학생들을 기준으로 만들었다는 생각이 든다고 말한다. 일반고 학생들이 공부하기에는 결코 쉽지 않다는 뜻이다. EBS 교재조차 방송을 보며 혼자 공부해서는 잘 이해할 수 없고 학원이나 과외를 다니지 않으면 소화할 수 없는 수준이라는 것이다. 결국 학원이나 과외를 받지 않아도 된다면서 도입한 EBS 수능 방송도 공부 잘하는 특목고 학생에게만 유리한 정책인 셈이다.

강 교사는 수업이 제대로 이루어지려면 상위권과 중위권, 하위권 학생들이 골고루 분포되어야 한다고 말한다. 그래야 학생들이 때로 자극을 받고 성적을 더 올리기 위해 노력을 하게 된다는 것이다. 그러나 지금은 모든 교육 정책이 특목고나 자사고에만 유리하다. 특목고나 자사고에서는 수능시험 수준에 걸맞는 수업을 진행할 수 있지만 일반고에서는 결코 그런 수업을 진행할 수가 없다고 했다.

강 교사는 고등학교가 특목고와 일반고로 양극화되면서 특목고가 대학 입시를 독점하게 되었고, 일반고는 대학 입시의 사각지대로 내몰리고 있다고 진단한다. 그 결과는 매년 대학 입시 성적표에서 여실히 드러나고 있다. 이런 현실에서 일반고에 재직하는 교사들도 보람과 사명감을 느끼면서 교사 역할을 하기가 쉽지 않은 실정이다. 단적으로 수업이 잘 이루어지지 않는다. 수업시간에 떠들거나 자는 학생이 태반이다. 그러다 보니 공부 좀 하려는 학생이나 공부에 열의를 가진 학생들은 산만하고 어수선한 수업의 희생자가 된다. 이들 또한 점차 분위기에 휩쓸려 자거나 포기하게 된다는 것이다. 강 교사는 "학생들이 서로 노력하는 모습을 보이면서 서로 배우려는 분위기가 이루어져야 하는데, 일반고에서는 그렇지 못한 게 솔직한 현실"이라고 안타까워했다.

공부 좀 하는 학생들이 특목고나 자사고 등으로 다 빠져나가면서 일반고 교실이 슬럼화되고 있다는 말을 듣자 이런 현실이 두렵기까지 했다. 일반고가 전 고등학생의 90퍼센트 이상을 차지하는데도 불구하고 '일반고 붕괴' 현상을 방치한다면 앞으로 우리나라의 미래는 어떻게 되는 것일까? 그것은 비단 고교생을 둔 대한민국 학부모들의 거대한 분노와 절망의 문제만은 아닌 것으로 여겨진다. 백년지대계인 교육의 문제, 즉 국가 미래의 문제인 것이다.

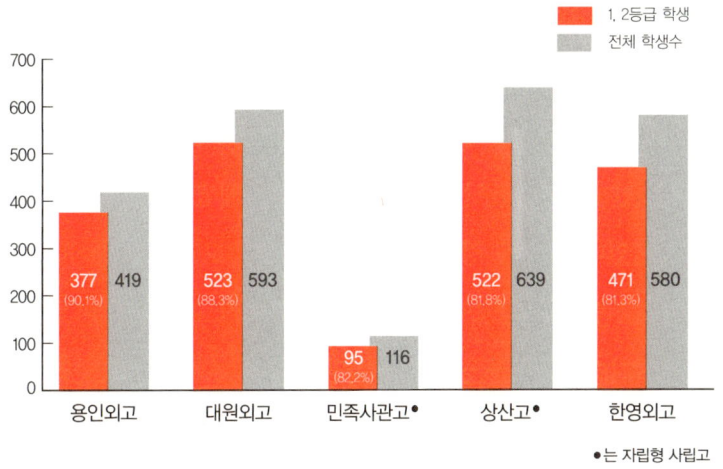

2장 학부모라서 불안하다

왜 학교 선생님보다
학원 강사를 더 좋아할까

"학업 면에서도 학원에서는 제 실력에 맞춰 강의를 해주고 이끌어주기 때문에 훨씬 편한 분위기 속에서 공부해서 좋아요." 학교에서는 학생을 '성적'으로 값을 매기지만 학원에서는 학원비가 똑같기 때문에 모두가 똑같은 값으로 매겨진단다. 요즘 학생들은 교사보다 학원 강사를 더 좋아하고 믿고 의지한다고 한다. 교사가 학생들의 '지지자'가 되어주어야 하는데 그렇지 못하기 때문이다.

몇 년 전 필자의 아들이 중학교에 다닐 때 사회 교사가 수업시간에 인터넷 강의(인강)를 틀어주는 것으로 수업을 대체했다는 말을 듣고 깜짝 놀란 적이 있다. 자신은 강의를 재미있게 할 줄 모르니 인강이나 들으라는 이야기를 듣고 참으로 어안이 벙벙했다. 그런 교사에게 아무런 제재를 할 수 없는 구조라면 공교육은 희망이 없다는 생각마저 들었다. 그런데 최근에도 한 고교 교사가 '꿀맛닷컴'의 인강을 틀어주고 강의는 안 한다는 말을 한 학생에게 들은 적이 있다. 지금도 인강으로 대체하는 수업이 중·고교 교실에서 버젓이 이루어지고 있는 것이다. 참으로 한심한 행태가 아닐 수 없다. 교사는 학생들에게 강의를 잘하기 위해 스스로 노력을 기울여 자신의 부족한 부분을 개선해 나가야 한다. 그런 노력조차 하지 않는다면 교단에 설 자격이 없다. 인강의 내용이 훌륭해 학생들에게 들려주고 싶다면 그 부분을 동영상으로 편집해서 수업시간에 들려주면 될 것이다. 그런데 문제는 인강으로 수업을 완전히 대체하는 이런 교사를 달리 제재할 방법이 없다는 데 있다. 교장은 가능하면 문제없는 학교를 만들어 자신이 불이익을 받지 않기 위해 교사의 근무태만을 알고도 모른 척한다고 한다.

사교육은 공교육을 붕괴시키는 암적 존재라고 말한다. 하지만 사교육은 부실한 공교육이 키웠다는 점도 부인할 수 없다. 학부모들은 부실한 공교육으로는 안심할 수 없어 자녀를 사교육에 내몬다. 공교육이 사교육보다 경쟁력을 갖추고 있다면 이러한 현상은 결코 일어나지 않을 것이다. 학원을 찾는 학생들 대부분은 학원(사교육)이 학교(공교육)보다 경쟁력에서 앞선다고 이구동성으로 말한다. 이것이 공교육이 붕괴된 우리 사회의 현실이다. 공교육을 담당하는 학교 교사보다 영리를 목적으로 하는 학원 강사가 학생들에게 인기가 있다는 이 현실이야말로 교육의 모순을 집약적으로 말해 주는 것이 아닐까? 그야말로 공교육의 굴욕이자 교사의 굴욕이 아닐 수 없다.

학교, 특히 대학 입시에 민감한 고등학교는 진학 실적으로 학교와 교사가 평가된다. 때문에 교사들은 공부 잘하는 학생만 눈에 들어온다고 한다. 그러다 보니 공부를 못하면 대놓고 "공부도 못하는 놈이……"라고 교사에게 무시당한다. 공부 못하는 아이들은 그야말로 찬밥 신세인 것이다. 그래서 학생들은 교사들이 성적순으로 자신들을 대한다고 늘 불만이다. 반면에 학원에서는 공부를 못해도 차별하지 않고 공부 잘하는 학생과 똑같이 인격적으로 대해준다. 말하자면 성적으로 학생을 평가하는 교사와 달리 학원 강사들은 학생들을 성적순으로 차별하지 않는다. 속된 말로 아이들을 똑같은 '값'으로 대한다.

중·고교생 대상 영어학원을 운영하고 있는 필자의 아내는 "공부를 잘하는 아이나 못하는 아이나 똑같은 학원비를 내고 다니기 때문에 학원에서는 인격적으로 차별을 하지 않는다"고 분위기를 전한다. "아이들 하나하나가 소중하죠. 어떤 면에서는 오히려 공부 못하는 아이들을 더 선호해요. 학원 입장에서 보자면 실력이 좀 부족하니 학원을 오래 다닐 수 있잖아요." 아내는 학원가에선 교사 1인당 최대 관리할 수 있는 학생을 15명 정도로 잡고 학생들에게 밀착 상담도 진행하고 상태를 파악한다고 전한다. 학생들이 소수다 보니 학생의 실력에 맞춰 눈높이 수업을 하면서 관심을 가져주고 챙겨주면서 학업의 보조를 맞춰준다는 것이다. "학교에서는 교사가 담당해야 하는 아이들이 많기 때문에 수업만 끝나면 그만이죠. 모르는 문제가 있어도 교사에게 질문하기가 눈치가 보인다고 해요. 심지어 질문을 하면 '그것도 모르냐'며 '학원에 가서 물어보라'는 말을 듣기도 한대요."

학원 수강생인 오상희 양은 "학업 면에서도 강사와 원장이 제 실력에 맞춰 강의를 해주고 이끌어주기 때문에 훨씬 편한 분위기 속에서 공부할 수 있어 좋다고 말한다. 또 학원에서는 아이들의 교우관계나 이성교제에서 생기는 문제, 가정사까지도 맨투맨으로 상담해 주고 조언해 준다고 한다. 학원은 거대한 '시장'에서 살아남아야 하기 때문에 매일매일 경쟁력을 높이기 위해 애를 쓴다는 것이다. 강사나 원장은 성격이나 외모까지도 신경을 쓴다. 요즘 아이들이 좋아하는 취향을 파악하고 맞춰주려고 나름 노력한단다. "아이들과 영합하기 위한 것이 아니라 아이들과 눈높이를 맞추고 소통하기 위해서죠. 그래야 말을 터놓고 이야기하는 분위기를 만들 수 있어요."

한 고등학교 여교사가 교복을 입고 출근했더니 학생들이 훨씬 더 잘 따르고 수업에 집중하는 등 인기가 높다는 언론보도를 본 적이 있다. 이처럼 학생들은 자신들과 소통하기 위해 노력하는 선생님을 원한다. 그런데 학교보다는 학원에서 이런 노력을 기울이는 경우가 많다.

또 학생들이 학교 교사보다 학원 강사들을 더 좋아하는 이유로 강사들의 실력을 꼽는다고 아내는 조심스럽게 분석한다. 수업을 좀 부실하게 해도 괜찮다고 생각하는 일부 학교 교사들과 달리 학원 강사들은 학원이라는 시장의 정글 속에서 살아남기 위해 온갖 노력을 다하는 등 마인드 자체가 다르다는 것이다. 강의가 부실하면 당장 학생들이 빠져나가고 학원이 문을 닫을 수 있기 때문이다. "예를 들어 학교 영어 교사의 경우 한 학기에 교과서 한 권 가지고 강의를 하잖아요. 수업시간 한 시간 동안 영어 지문 몇 개 번역해 주면 끝이죠. 하지만 학원에서 그렇게 수업하면 당장 문을 닫아요. 학생이 영어 문제를 가져와 풀어달라고 할 때 어떤 문제도 막히지 않고 해결할 수 있을 정도로 실력을 갖추고 있어야죠."

요즘은 대학에서도 강의 평가를 한다. 어느 대학에선가 한 교수가 부실한 강의에 "알았지?"만 반복하다가 학생들의 강의 평가에서 매우 낮은 평가를 받아 해고되었다는 이야기도 있다. 필자도 대학에서 강의를 할 때 강의 평가에 몹시 신경이 쓰였다. 파워포인트로 매시간 강의안을 만드는 등 노력을 기울여 '우수 강사'에 선정되기도 했다. 강의 평가는 강사의 자존심인 것이다. 학원가에서 만난 학생들은 대학교처럼 중·고등학교에서도 강의 평가제를 하면 그만두어야 할 교사가 엄청 많을 것이라며 중·고등학교에서 강의 평가제만 시행해도 수업의 질이 훨씬 높아질 것이라고 말한다. 학교에서도 학원만큼 노력하면 공교육은 살아날 수 있다는 말이다. 학생들이 매 학기 교사의 강의를 평가하는 시스템만이라도 갖춘다면 인강으로 수업을 대체하는 교사만큼은 사라질 것이다. 강의 경쟁력이 없는 교사가 교단에서 도태되지 않는 시스템은 고여 있는 물과 같아 공교육이 부실해질 수밖에 없다. 우리나라 공교육의 문제를 해결하기 위해 가장 쉽게 접근할 수 있는 방법 중 하나가 학생에 의한 교사 강의 평가제라고 생각한다. 예컨대 A, B, C, D, F의 5단계 평가 제도를 만들고 D, F 평가가 나온 교사들에 대해 불이익을 준다면 강의가 한층 개선되고 수업 분위기는 살아날 수 있을 것이다.

최근 공교육 붕괴는 다른 요인들도 있겠지만 '월급만 받으면 그만'이라는 일부 교사들의 무사안일한 근무태도도 한몫하고 있다는 것이 학원가에서 만난 학생들의 일치된 의견이었다. 학원은 적어도 실력이나 열정이 없는 강사는 도태되는 시장의 법칙이 지배한다. 학교도 강의 평가만큼은 시장의 법칙이 적용되어야 하지 않을까? 학교 선생님들 실력이 믿음이 안 간다는 학생들의 말이 지금도 귓전에 맴돈다.

「주간경향」에 이 기사가 보도되자 서울의 어느 중학교 교장선생님이 반론문을 보내왔다.

"학교 교육 현장에서 말도 안 되게 잘못하는 교사와 열심히 일하는 모범적인 학원 강사의 비교는 극단적 대비라고 생각합니다. 자기 능력으로 가르치지 않고 녹화된 자료를 틀어주는 선생님은 정말 잘못된 분입니다. 경쟁적 환경에서 열심히 가르치는 학원 선생님은 참 바람직한 분이라고 생각합니다. 그러나 학교 현장에도 정말 훌륭한 선생님이 많고, 반대로 학원에서 사탕발림으로 가르치는 분도 있다고 봅니다. 신중하게 비

서울시 사교육 현황

월평균 사교육비	42만 5천 원
초등학생	31만 8천 원
중학생	46만 8천 원
일반고교생	60만 3천 원

사교육 참여율	73.5%
초등학생	82.0%
중학생	72.7%
일반고교생	68.2%

• 자료: 서울시 '서울 교육분야 주요 변화 및 시민 교육관 분석 현황'(2013)

교해야 한다고 생각합니다."

 교장선생님의 지적대로 대부분 교사들은 열심히 가르치고 있을 것이다. 학원 강사도 물론 열심히 가르치지 않고 돈만 벌면 된다고 생각하는 이들도 있을 것이다. 문제는 공교육의 부실이 갈수록 심각해지고 있다는 점에는 대다수 교사들이나 학부모들, 학생들 모두가 동의하지 않을까?

삼수해서라도
꼭 명문대 간다

"학교 성적이 뛰어난 사람은 졸업 후에 무슨 일을 하죠? 엔지니어, 법률가, 의사, 이런 정도 아닙니까? 하지만 그다지 성적이 뛰어나지 않았던 사람들은 뭘 하죠? 이들을 거느린 회사의 주인이 되지 않았나요?" 이런 말을 자녀에게 해줄 수 있는 엄마라면 틀림없이 '인물'을 만들 수 있을 거라 생각한다. 엄마도 배포가 있어야 한다.

얼마 전 대학 친구가 오랜만에 전화를 해왔다. "우리 딸내미가 국제학교에서 전교 3등을 했다!" 친구의 목소리는 상기되어 있었다. "그래? 축하해! 네 딸이 아빠를 닮아 영재로구나." 이렇게 덕담을 건넸다. 부모에게 공부 잘하는 자녀는 언제나 최고의 훈장이다.

자녀를 키우는 부모라면 누구나 한 번쯤 '우리 아이가 영재는 아닐까?'라는 생각을 해본 적이 있을 것이다. 아이가 자신보다 더 잘되기를 바라는 것은 모든 부모들의 무의식을 지배하고 있는 심리일 테니까 말이다. 일반적으로 영재는 평균 이상의 지적 능력과 수준 높은 창의력, 강한 과제 집착력의 특징이 있다고 말한다. 이는 세계적인 영재 권위자인 렌

줄리Joseph S. Renzulli의 세 고리 이론이다. 그는 이 세 가지 요소에 모두 뛰어나면 좋지만, 세 가지 요소 중에서 적어도 하나가 상위 2퍼센트 이내에 들고, 나머지 특성들이 상위 15퍼센트 이내에 들면 영재라고 말한다. 우리나라는 각 교육청과 학교 영재교육원에서 5만 5천여 명(2011년 기준)이 영재로 뽑혀 교육을 받고 있다. 그런데 이런 영재들도 명문대에 합격하려면 최소 5 대 1의 경쟁률을 뚫어야 한다.

수능을 보는 학생은 모의고사 응시자를 기준으로 65만 명(재수생 포함)이 넘는 것으로 추정된다. 그런데 소위 '간판' 좋은 대학으로 불리는 상위 5개 대학 정도를 다 합해봐야 1만 명 정도다. 전국에 일반계 고교는 1천 500개 정도다. 외고나 과고를 포함한 특목고와 자사고가 118개 고교에 3만 1천 명 정도다. 여기에 일반계 고등학교 전교 10등까지만 더하면 4만 6천 명 정도가 소위 간판 좋은 대학교를 목표로 공부하고 있다. 경쟁률은 4 대 1이 훨씬 넘는다.

매년 9, 10월이면 전쟁 같은 대입 수시원서를 쓰게 된다. 하지만 수시원서를 쓸 때까지도 부모와 학생의 눈높이는 쉽게 낮아지질 않는다. 어릴 때부터 한두 번쯤 영재학급이나 영재교육원에 뽑힌 학생들이 대부분이기 때문이다. 부모는 자기 아이가 영재라는 생각을 지우지 못한다.

그러나 대학 입시의 현실은 냉혹하다. 아이가 초등학교와 중학교 때 영재였지만 고등학교에서는 예전처럼 두각을 나타내지 못했다면 더더욱 현실을 직시해야 한다. 자칫 현실을 직시하지 못하고 수시원서를 쓸 경우 부모나 자녀 모두 상처를 입을 가능성이 높다. 필자 주위에도 큰딸에게 모든 희망을 걸었던 어머니가 있었다. 어머니는 딸이 수시원서를 쓸 때 경희대 한의대를 밀어붙였지만 낙방했다. 미련이 남아 정시에서도 같은 곳을 지원했는데 또 낙방이었다. 딸보다 어머니가 더 낙심했다. 결국 딸은 재수를 했고 어머니가 원하던 한의대는 가지 못했다.

정재경 양은 초등학교 때 전교회장을 하고 공부를 잘했다. 일반계 고등학교에 가서도 웬만큼 하긴 했지만 초등학교와 중학교 때만큼 두각을 나타내지 못했다. 하지만 재경이와 어머니는 현실을 받아들이지 못했다. 수시원서를 쓸 때 엄마의 기대와 주변의 시선을 의식한 재경이는 성적이 안 되어 써봤자 떨어진다는 교사의 만류에도 불구하고 이화여대, 서강대에 원서를 냈다. 교사는 숙명여대 정도를 쓰면 합격할 수 있다고 조언했는데도 재경이의 자존심이 이를 받아들이지 못했다. 재경이는 "당시에는 '내가 그래도 예전엔 영재였는데'라는 생각에서 좀체로 벗어나지 못한 것 같다"고 말했다. 결과는 담임의 예상대로 두 대학에 모두 떨어졌다. 그는 재수를 해서 수도권 소재 대학에 들어갔다. 참담한 결과였다.

한지수 양은 고3 때 내신 성적이 2등급. 반에서 6등 정도였다. 담임이 모 여대를 쓰라고 하자 하루 종일 울었다고 한다. "나를 이렇게 무시할 수가 있어요? 어떻게 그런 델 쓰라고 해요?" 하면서 말이다. 담임이 하도 우겨 비슷한 수준으로 3곳을 썼다. 하지만 뚜껑을 열고 보니 모두 떨어졌다. 결국 중학교 때 잡지의 표지 모델을 할 만큼 예뻤던 지수는 스튜어디스로 꿈을 바꾸었고 인하전문대 항공운항과에 합격했다.

심현서 군도 비슷한 경우다. 중학교 때 전교 3등으로 졸업했고 고교에 진학해서도 고교 1학년 내신이 전교 6등이었다. 하지만 2학년 때부터는 성적이 하락세로 돌아섰다. 현서는 "원래 잘했으니까 당연히 성적이 잘 나올 거라고 생각하고 노력을 안 했다"고 토로한다. 중학교 공부와 달리 고등학교 공부는 노력하는 사람이 이긴다. 고등학교 공부는 그야말로 범위도 많고 자기주도 학습이 되지 않으면 점수가 잘 나올 수 없다.

많은 학생들이 초등학교 때 잘 나가던 기억이나 중학교 때의 승승장구를 잊지 못하고 슬럼프에 빠진다. 특히 특목고를 지원했다가 떨어진 학생들은 증상이 훨씬 심하다고 일선 교사들은 지적한다. 이런 학생들일수록 일반계 고등학교를 무시하곤 한다. 공부 잘하는 학생들이 특목고로 빠진 상태여서 일반계 고등학교에서는 적당히 공부해도 상위권을 유지할 수 있다는 자만에 빠지는 것이다. 중학교 때 성적만 믿고 안이하게 생각하는 것이다. 심현서 군은 나중에 수도권 소재 대학의 생명공학부에 합격했는데 MT를 갔다가 학생들의 '수준'을 보고 도저히 이 학교를 다닐 수 없다는 결론을 내렸다고 한다. 그는 '반수'(대학에 입학한 후 1학기만 마치고 여름방학부터 본격적인 수험생활에 뛰어드는 재수방식)를 할 결심을 굳혔다. 결국 서울 소재의 대학에 합격했다.

요즘 대학 입시는 수시 비중이 커졌다. 내신 비중은 거의 없고 대부분 수능 성적으로 뽑는 정시는 정원의 20~30퍼센트에 불과하다. 정시로는 국·영·수 모두 2등급을 받아도 겨우 서울 소재 대학에 지원하는 실정이다. 하지만 '공부 좀 한다'는 학생들은 고교 2학년까지는 '서울 10개 대학' 아니면 우습게 보는 경향이 있다. 그러다 수능이 끝나면 이상과 현실의 냉혹한 '갭'을 깨닫는다. 일반고 학생들은 내신 따기는 유리하지만 상위권 대학마다 있는 수능 최저등급을 만족시키지 못해 떨어지는 경우가 많다.

특목고 학생들은 수능에서 고득점을 받을 수 있지만, 내신이 불리해서 정원의 70퍼센트 이상 뽑는 수시전형은 힘들다. 정시로 가려면 수능이 거의 '올 백'이 나와야 최고 명문대를 갈 수 있는 것이 현실이다. 그래서 이래저래 대한민국 모든 수험생은 힘겨운 싸움을 하고 있다. 그러면서도 눈높이는 현실에 맞추려고 하질 않는다. 그러다 공부 좀 한다는 학생은 대부분 재수나 반수, 심지어 삼수를 한다. 그 비용에 부모는 또 허리가 휜다.

홍콩의 유명가수 광미운鄺美雲은 미인대회서 3위를 했다. 그는 인터뷰 때 곤란한 질문을 받았다. "학창시절 성적이 좋지 않은데 혹시 머리가 나쁜 거 아닙니까?" 이에 광미운은 재치 있는 대답을 했다. "학교 성적이 뛰어난 사람은 졸업 후에 무슨 일을 하죠? 엔지니어, 법률가, 의사, 이런 정도 아닙니까? 하지만 그다지 성적이 뛰어나지 않았던 사람들은 뭘 하죠? 이들을 거느린 회사의 주인이 되지 않았나요?" 통쾌한 답변이 아닐 수 없다. 한국의 학부모나 학생들은 언제쯤 광미운과 같은 발상의 전환을 할 수 있을까? 광미운 같은 당당함만 있다면 공부를 좀 못해도 누구든 멋지게 살아갈 수 있을 것이다.

대한민국의 입시는 모두를 '패자'로 만들고 있다는 생각이 든다. 현행 입시제도는 공부를 잘하든 못하든 부모와 학생 모두를 닦달하고 초조하게 만든다. 심지어 영재들이 더 우울증에 걸리고 자살까지 한다. 또 대학 입시가 끝나도 명문대에 들어가지 못한 99퍼센트의 부모와 학생들의 가슴에는 큰 멍울이 남는다. 언제까지 이런 '굿판'에 온 국민들이 시달려야 하는지…….

너무 잘난 여자는 싫다?

"너무 잘난 여자는 싫다는 거였어요. 남자들은 남자 대 여자의 수입 2 대 1을 가장 이상적으로 생각한다는 말도 있잖아요." 43세의 알파걸은 아직 결혼을 못했다. 하루하루가 피가 마른다고 한다. 성공도 부질없다고 말한다. 그래서 "성공한 여성은 사랑받지 못한다"는 속설이 있다. 한국에서 여성이 리더 역할을 맡는 비율은 대기업 중역 2퍼센트, 이사 1퍼센트, CEO 1퍼센트 미만이다. 그러나 여성 리더는 결혼생활이나 엄마로서는 행복하지 못한 것 같다. 성공하고자 하는 여성에게는 가혹한 세상이다. 엄마는 딸에게 이런 정보도 알려주어야 한다.

필자의 친구 딸인 엄은수 양은 특목고에 다닌다. 초등학교부터 지금까지 줄곧 전교 3등 안에 들 정도로 공부를 잘한다. 어려서부터 아빠가 서울대 법대를 가야 한다고 주입해서 키웠다. 국제기구에서 일하는 것이 꿈이라 방학 때는 모의국회 프로그램에 참가하는 등 매사에 적극적이다. 잘생긴 남학생을 보면 사귀고 싶어하지만, 은수는 뜻밖에도 결혼 같은 것은 자기 인생에 없다고 생각한단다. 오로지 성공해서 멋지게 살고 싶다는 생각뿐이라고 한다. 외모도 예쁘게 꾸미고 잘생긴 남자와 데이트하는 것도 좋지만 자기와 결혼은 어울리지 않을 것 같다고 말한다. 똑똑한 남자를 내조하며 사는 것은 말도 안 된다는 생각이 든단다. 여자도 남자와 똑같은 능력을 갖고 있다고 생각하기 때문이다. 은수 엄마는 입버릇처럼 '멋지게 성공해서 커리어우먼으로 혼자 살라'고 말한다.

"아빠가 회사에 다니다 해고된 후 개인 파산자로 몰락하면서 생활이 늘 쪼들렸어요. 엄마는 생활비를 벌기 위해 늘 일을 하고요. 그래서인지 엄마는 결혼생활이 행복하지 않은 것 같아요." 하지만 형편이 어려워도 엄마는 은수가 하고 싶다는 것은 무엇이든 들어준다고 한다. 생활고에 시달리는 엄마의 유일한 낙이 바로 딸인 셈이다. 은수 또한 엄마의 기대에 부응해서 좋은 성적을 내고 있다. 하지만 은수가 꿈꾸는 화려하고 멋진 미래에는 남편이나 아이 그런 것은 없다. 세계를 누비며 돈도 많이 벌고 사회적으로 인정받는 인생만을 그리고 있을 뿐이다.

손영희* 씨는 현재 고교 2학년 딸을 미국에 유학시키고 있다. 딸은 자기 꿈을 향해 하루에 서너 시간 자면서 공부하고 있다. 손 씨는 딸에게 가끔 '여자 똑똑해봐야 소용 없다. 남편 잘 만나서 잘사는 게 최고더라'라는 말을 해준다. 혹시 딸이 결혼도 하지 않을까봐 노파심에서 미리 잔소리 아닌 잔소리를 하게 된다는 것이다. 그것은 여성이라는 사회적인 한계 때문이다. 손 씨는 지금까지 살아오면서 보니, 결혼 후 출산 등 여러 문제는 있지만 그래도 여성이 결혼해서 사는 것이 혼자 살아가는 것보다 더 나은 것 같다고 한다. "요즘 엄마들이 만나면 '사는 게 별 거 아니다'라는 말을 자주 해요. 어쩌면 평범하게 사는 게 가장 행복한 거죠. 딸이 전한 이야기로는 미국 대학원에는 서른 다섯을 넘긴 한국 여학생들이 많다고 해요. 자신도 공부하다 그렇게 될까봐 은근히 걱정된다는 말을 했어요." 그래서 주변에서 "열심히 공부해서 사회적으로 성공해라. 박사도 되고 판검사가 되어라"라고 독려하는 엄마들을 보면 말리고 싶은 것이 솔직한 심정이라고 말한다. "요즘 공부하다 나이 먹어서 결혼도 못하고 싱글로 사는 여자들이 흔해요. 특히 자신의 결혼생활이 불행한 엄마들은 딸이 똑똑할 경우 '구질구질하게 결혼해서 가정에 매어 사느니 하고 싶은 일 다 하면서 멋지게 살라'고 말하는 경우를 자주 보곤 해요. 글쎄 이게 과연 엄마가 할 이야기일까 생각해보곤 합니다."

우리 사회에 엄은수 양과 같은 생각을 가진 이른바 '알파걸' 성향의 여학생들이 10대부터 새로운 리더 군을 형성하고 있다. 알파걸은 사회에서 두각을 나타내는 엘리트 여성을 지칭하는 말이다. 미국 하버드대학 댄 킨들런 교수가 처음 정의한 말이다. 조사 결과 미국 여학생들의 20퍼센트가량이 공부, 운동, 친구관계, 미래에 대한 비전, 리더십 등 모든 면에서 남학생들을 능가하는 엘리트 소녀로 성장하고 있다고 나왔고, 이들을 알파걸로 명명했다. 킨들런은 알파걸들에 대해 이전 세대들과 근본적으로 다른, '완전히 새로운 사회계층의 출현'이라고 했는데 우리 사회에서도 알파걸들이 청소년층뿐만 아니라 20, 30대에서도 새로운 계층을 형성하고 있다.

일본에서는 이들을 '육식녀'라고 한다. 최근 우리나라에서도 미혼 여성 10명 중 3명이 육식녀라고 답했다. 육식녀들은 '여자가 남자를 이끌 수 있는 사회적 분위기'와 '나에 대한 높아진 자신감' 등을 배경으로 꼽았다. 이런 알파걸이나 육식녀들은 대부분 '이상주의'에 '평등주의' 성향이 강하다. 외고를 준비하는 한 여학생은 "전 제가 남자를 먹여 살릴 생각을 하고 있어요"라고 말한다. 능력 있는 사람이 돈 벌면 되는 것 아니냐고 반문한다. 그런데 남녀 간의 역학관계를 고려하면 이것이 그리 녹록한 문제는 아닐 것이다.

알파걸은 성공과 결혼 문제에 대해 나름대로 입장을 정하지 않으면 자기 혼란에 빠질 수 있다. 솔직하게 말하자면 남자들의 경우는 공부를 많이 하고 성공할수록, 배우자의 선택폭이 넓지만 여자들은 도리어 반대가 되기 십상이다. 박사과정을 이수하려면 어느새 나이를 훌쩍 먹기 때문이다.

명문대를 나와 세계적으로 이름난 영국 대학에 유학해서 박사 학위를 받은 문소정 씨는 전형적인 알파걸에 해당한다. 외동딸인 문 씨는 언제나 자신감이 충만했고 부모의 기대를 한 몸에 받았다. 문 씨의 아버지는 영국 명문대에서 경제학 박사 학위를 받은 딸이 대견스러워 늘 '우리 문 박사'라는 말을 입에 달고 다녔다. 그러다 얼마 전 부친이 말기암으로 투병하다 딸의 결혼을 보지도 못하고 세상을 떠났다. 명문대 진학에 영국 명문대 박사 그리고 억대 연봉의 외국계 회사 임원의 이력을 갖고 있는 문 씨는 모든 딸 가진 엄마들이 꿈꾸는 알파걸의 모델이라고 할 수 있다.

문제는 문 씨가 결혼을 하고 싶어했지만 이상적인 배우자를 만나지 못해 지금까지 미혼으로 살아가고 있다는 것이다. 요즘 문 씨가 가장 스트레스를 받는 것은 다름 아닌 결혼이라고 한다. 마흔이 되면서부터 소개자리도 뜸해졌다. 재테크도 열심히 해 안정적인 재산도 확보되어 있지만 정작 인생을 함께할 배우자를 만나지 못한 것이다. 열심히 일하다 보니 나이는 점점 들어가고 이제는 결혼에 자신이 없어진다고 한다. 세계적인 명문대 박사에 억대 연봉인 그녀가 남자들에게는 부담스러운 존재였고, 화려한 학력이 오히려 결혼에 걸림돌이 되었다. 그녀의 이상형들은 문 씨를 원하지 않았다. "너무 잘난 그런 여자는 싫다는 거였어요. 남자들은 '남자 대 여자의 수입 2 대 1을 가장 이상적으로 생각한다는 말도 있잖아요. 사회적으로는 알파걸로 당당하게 살고 있지만, 개인적으로는 행복하지 않아요."라고 고백했다.

문 씨처럼 당당한 알파걸로 키우는 게 딸 가진 엄마들의 로망이지만, 결혼을 원하는 알파걸이라면 '이상적인 배우자'를 만나 결혼에 이르는 게 쉽지 않다는 것 또한 인식할 필요가 있다. 이것이 남자와 여자가 만나 가정을 이루는 '결혼의 현실'이기 때문이다. 물론 '내 사전에 결혼은 없다'라고 생각하는 엄은수 양처럼 결혼에 대한 입장이 확고하다면 문제가 없지만 말이다. 하지만 생각은 늘 변하기 마련이다. 더욱이 결혼문제는 더 자주 생각이 바뀔 수 있는 영역이다. 문소정 씨의 사례를 보면서 부모들이 마냥 딸에게 '알파걸이 되어 결혼하지 말고, 하고 싶은 일 하며 네 마음껏 살아보라'고 쉽게 말할 수 있을까? 알파걸로 열심히 살았지만 나중에 '이건 아닌데……'라고 후회할 수도 있다. 지금 부모가 딸에게 하고 있는 말은 어쩌면 그 아이의 미래일지도 모른다.

나는 평생 공부만 하는 사람입니다

『공부하는 인간』이라는 책에서 '동양인은 왜 죽도록 공부하는가'에 대해 이렇게 말한다. "동양인은 개인보다 집단을 위해 공부하고, 독립성보다 관계성을 중시한다. 또한 가난에서 벗어나고 신분을 상승시키기 위해 공부한다." 요즘에는 부모, 특히 '엄마를 위해서' 공부하는 아이들도 있다고 한다. 이게 사실이라면 아주 심각한 문제일 것이다. 마음을 비우자! 자녀를 키우는 것은 끝없는 마음 비우기가 아닐까!

팔공산 관봉 정상에는 일명 '갓바위 부처'가 있다. 부처의 정식 이름은 '관봉석조여래좌상'인데 부처의 머리에 갓을 썼다고 해서 갓바위 부처로 불리고 있다. 그런데 이곳에는 연중 소원을 빌러 오는 이들로 만원이다. 수능을 앞두고는 발 디딜 틈이 없다. 부처 머리에 쓴 갓의 모양이 대학 학사모와 흡사해서 대입 합격 소원에 특히 영험한 것으로 알려져 있기 때문이다. 부모가 자식을 위해 기도하는 것은 가족을 중시하는 동양 특유의 문화이기도 하다. 그래서인지 중국이나 한국 학생들이 공부를 하는 이유도 '부모' 때문이라는 대답이 많다. KBS에서 방영되고 책으로도 출간된 『공부하는 인간』(호모 아카데미쿠스)에서도 한국과 중국 학생들은 너나없이 "자신에게 기대를 걸고 있는 부모님을 기쁘게 해드리고 싶어서 열심히 공부한다"고 대답했다.

필자에게는 조카가 넷 있는데 큰댁 조카는 3남매가 모두 같은 교육대학교에 들어갔다. 큰 조카는 현재 초등학교에서 교사생활을 하고 있고, 둘은 재학 중이거나 군복무 중이다. 작은댁 조카는 뉴질랜드 조기유학을 거쳐 중국에서 대학교를 졸업하고 현재 베이커리 회사에 근무 중이다. 조기유학을 통해 국내 회사 연착륙에 성공한 경우라고 할 수 있다. 큰댁 조카들은 부모의 기대로 교육대에 들어갔는데 적성에 다소 어려움을 겪기도 했지만 지금은 자신들도 만족하고 있다. 세 명이 모두 같은 학교와 같은 직업을 가질 예정이어서 동기간에 유대감도 훨씬 높은 것 같다.

필자에게는 또 누나의 아들이 둘 있다. 이들 형제는 각기 경희대와 서울대를 들어갔다. 지방에서 건어물 가게를 하는 부모에게는 아들 형제가 늘 자랑거리였고 인생의 전부나 마찬가지였다. 이들은 대학을 졸업하고선 취업을 하지 않았다. 필자도 이들 형제에게 대기업에 취직해도 마흔이 넘으면 그때부터 자리가 불안하고 언제 그만두어야 할지 모른다고 말했다. 때문에 대기업 취직도 좋지만 그보다 노년까지 일할 수 있는 분야를 택하라고 조언해 주었다. 그런데 문제는 이들이 졸업 후에도 아직 자신의 '자리'를 찾아가지 못하고 있다는 점이다. 두 형제를 보면서 요즘에는 명문대를 나와도 근사하게 사회생활을 시작하기가 얼마나 어려운지 새삼 알 수 있었다.

큰 조카는 경희대를 졸업했다. 대학에 들어갈 때 그의 목표는 무엇에서든 '베스트 원Best One'이 되는 것이었다. 총학생회장 선거에도 출마해 부회장으로 일했다. 이때 자신과 생각을 달리하는 사람들을 설득하는 게 얼마나 중요한지 깨달았다고 한다. 또 신문을 보다 경제기사가 이해가 되지 않아 경제학을 복수전공으로 택했다. 경제학 공부는 만만치 않았다. 학점에서도 '베스트 원'이 되고자 했는데 경제학을 복수전공하면서 역부족이었다.

재학 중에 카투사에 지원해 입대를 했는데 또 한 번 큰 충격을 받았다. 카투사 부대원들이 대부분 서울대생들이었다. 또 대부분 고시 준비생으로, 부대에서도 일과가 끝나면 고시 공부를 하고 있었다. 그들은 하나같이 꿈이 컸고 적극적으로 꿈을 준비하고 있었다. 그의 선임은 도서관 책을 다 읽고 제대하겠다고 했다. 복무 중에 행정고시에 합격하는 이도 있었다. 그는 제대하고 복학하기 전에 6개월 동안 통역회사에 다녔는데 그때 취업보다는 다른 길을 찾아야겠다고 생각했단다. 생각한 것보다 세상에는 '베스트 원'이 너무 많았기 때문이다.

대학을 졸업하면서 그는 '온리 원Only One'으로 목표를 수정했다. NGO 대학원에 진학해 장차 다양한 시민사회운동을 경험해 보고 글로벌 무대에서 뛰고 싶었다. 그런데 자신의 생각이 순진했다는 것을 알았다. 현장 종사자가 대부분인 이 대학원에서는 자신이 원하는 강의를 들을 수 없었다. 대학원을 자퇴했지만 막막했다. 우선 생계를 위해 학원 강사를 했고 그러다 학원을 직접 운영하게 됐다. 지방 출신인 그에게는 서울에서 돈벌이를 하고 살아남는 것이 중요했다.

2010년 그는 연세대 대학원에 들어갔다. 학원 운영을 하다 보니 진짜 공부를 하고 싶어졌고, 대학 때 하지 못한 인문학 공부에 도전하고 싶었다고 한다. 그는 "대학원 합격이 결정되고 부모님에게 연락드렸더니 너무나 기뻐하셨다"면서 그 또한 자식으로서 보람이었다고 한다. 그는 잠시 로스쿨을 준비했는데 '법학적성시험LEET'을 한 번 보고선 그만두었다. 논리와 수리추리가 적성에 맞지 않았다고 한다. 또 막상 시험을 준비하다 보니 법률 분야가 자신이 평생 즐겁게 할 수 있는 일이 아니라는 것을 알았다는 것이다. 지금은 일단 대학원 석사논문에 집중할 계획이라고 한다. 그는 다시 자신만의 '온리 원'을 계속 찾을 것이라고 말한다.

동생은 서울대를 졸업하고 변리사 시험에서 계속 고배를 마시면서 2013년을 끝으로 포기하고 지금은 로스쿨 시험을 준비하고 있다. 변리사 시험은 3학년부터 준비해 햇수로 6년째 했다. 2차 시험에서만 다섯 번 고배를 마셨다. "군복무를 마치고 복학하면서 어떻게 먹고 살지 고민했어요. 졸업을 하면 대부분 건설사에 취직을 했는데 전 그러고 싶지 않았어요. 전공을 살리면서 전문자격증을 취득하고 싶었는데 변리사와 감정평가사가 해당되었고, 이 중에서 변리사가 전망이 있다고 해서 시작했습니다. 고생하는 부모님을 위해서도 이번에 합격을 해야 했는데 면목이 없습니다." 그는 올해 서른 두 살이어서 불확실한 변리사 시험 준비를 계속할 수 없어 차선으로 로스쿨을 택했다. 변리사 시험을 하루 11시간씩 공부했고 미련도 남지만 더 늦기 전에 새로운 도전을 하고 싶었다고 한다.

이들 형제는 어쩌면 인생에서 가장 가혹한 시련기에 있다는 생각이 들었다. 대한민국에서 내로라하는 대학을 졸업하고 또 대학원에 다니고 있지만 이들은 여전히 사회에 진입하지 못하고 '예비 사회인'에 머물러 있다. 암중모색을 하고 있지만 자신이 꿈꾸는 일을 갖고서 사회로 진입하는 데에는 늦어지고 있다.

대학 졸업 이후에도 '제2의 입시전쟁'을 치르고 있는 이들 형제들의 처지가 요즘 우리나라 청년들의 자화상이라고 해도 과언이 아닐 것이다. 부모는 부모대로 속이 타고 자식은 자식대로 손에 잡히지 않는 미래로 인해 더 속이 탄다. 필자 주변에는 쉰 세 살인데도 지금까지 사법시험을 준비하는 선배가 있다. 고등학교 시절 수재 소리를 들었고 명문대에 들어가 졸업을 했지만 그만 사법고시에 발목이 잡혀 고시 준비로 반평생을 보내게 된 것이다. 조선시대에 김득신이라는 시인은 60세에 과거시험에 합격해 공직생활을 시작하기도 했다. 조선시대나 지금이나 인생은 시험의 연속인 것 같다. 출세하려면 누구나 시험을 비켜갈 수 없다.

『공부하는 인간』이라는 책에서 '동양인은 왜 죽도록 공부하는가'에 대해 이렇게 말한다. "동양인은 개인보다 집단을 위해 공부하고, 독립성보다 관계성을 중시한다. 또한 가난에서 벗어나고 신분을 상승시키기 위해 공부한다." 말하자면 동양은 개인보다 공동체의 가치를 위해 공부하고 서양은 공동체보다 개인의 가치를 위해 공부한다는 것이다. 또한 신분상승의 수단으로 공부가 활용되었다는 것이다. 문화가 하루아침에 이루어지지 않는 것과 마찬가지로 우리의 '공부문화' 또한 하루아침에 이루어진 것은 아닐 게다.

'호모 아카데미쿠스' 프로그램은 '공부에 끝은 없다'는 명제로 끝난다. 오늘을 살아가는 우리 모두에게 해당하는 말이다. 직장인은 직장인대로, 기업인은 기업인대로 살아남기 위해 공부하고 또 공부해야 한다. 다만 우리 사회에서는 '수험생으로서의 공부'가 너무 길다는 점이 문제다. 수험생으로서의 공부는 즐겁지 않은 법이다. 정작 삶에 필요한 것은 그냥 좋아하는 책을 읽고 공부하는 것이다.

언젠가 아내와 청소년 시절에 어떤 책을 읽었는지 이야기한 적이 있다. 중·고등학생 시절에 틈틈이 읽은 소설은 아직도 기억에 새롭다. 고교 1학년 때 톨스토이의 『부활』은 3개월 넘게 읽었던 기억이 지금도 새롭다. 괴테의 『파우스트』를 읽으면서 연금술이 과연 실제로 가능할까 의문을 품기도 했다. 또한 헤르만 헤세의 『수레바퀴 아래서』를 읽으면서 입시에 신음하는 주인공과 감정이입이 되면서 묘한 동질감을 느끼기도 했다. 또한 영화로도 나온 『라스트 콘서트』라는 책도 감동적으로 읽었다. 청소년 시절 읽은 소설이나 책들은 살아가면서 결코 지워지지 않는 기억들로 자리하고 알게 모르게 살아가는 데 토양이 된다. 그런데 요즘 청소년들은 특목고나 대입 시험으로 책을 읽을 시간이 없고, 대학생들은 취업 준비나 고시 등 각종 시험공부로 또 책을 읽을 시간이 없다. 소설 책 한권 제대로 읽지 않고 사회생활을 시작한다면 그것은 연애 한번 해보지 못하고 인생을 살아가는 것이나 별반 다르지 않을 것이다. 젊은 시절의 연애는 살아가면서 두고두고 명장면을 떠올려주기 때문이다. 그렇다고 요즘 청소년이나 대학생들, 졸업 후에도 시험을 준비하는 수험생들에게 소설책을 읽어보라고 하는 것은 그야말로 '가혹하고도 사치스러운' 요구라는 생각마저 든다.

03

사춘기,
이 또한 지나가리라

사춘기 터널,
어두울수록 출구는 밝다

문제아라고 불리는 아이들이 놀게 되는 데는 이유가 있다. 대부분이 '부모의 불화'라고 한다. 문제아이가 말한 이 진단은 제대로 문제점을 짚었다고 생각한다. 부모가 사이가 좋고 부부관계가 좋으면 결코 문제아가 생기지 않는다. 부부관계가 삐걱대면 엄마가 아빠를 대하는 태도가 다르다. 집안에 냉기가 흐른다. 부부관계가 원만한 가정에서는 결코 문제아가 나올 수 없다.

서울에서 사범대에 다니는 박지선 양은 성장이 빠른 여학생들이 그렇듯이 초등학교 5학년 때 이미 성장이 멈출 정도로 조숙한 아이였다. 당시 60평대 아파트에서 여유롭게 살았는데 외환위기가 닥치면서 아버지의 사업이 부도나는 바람에 집안이 크게 기울었다. 급기야 사업하던 아버지는 돈을 벌기 위해 타지로 떠나 생활하게 되면서 1년에 얼굴 보는 날도 몇 번 없었다. 아직 어린 나이의 지선이로서는 마음의 충격과 상처가 컸다. 여기에 엄마는 빚쟁이들에게 시달리면서 식당일을 하러 다녀 밤늦게야 집에 돌아왔다. 한창 부모의 손길이 필요한 시기에 부모는 곁에 없었다. 할머니가 밥과 빨래를 해주며 집안일을 도맡아 하면서 그나마 정서적인 안정을 조금이나마 느낄 수 있었다.

이때부터 자기를 인정해 주고 말이 통하는 아이들과 어울리면서 놀기 시작했다. 아빠가 집에 없고 엄마도 늘 늦게 귀가하다 보니 밤늦게까지 집에 돌아가지 않아도 혼나는 일이 없었다. 할머니는 늦게 귀가하는 손녀에게 말없이 밥을 챙겨주었지만 딱히 잔소리를 하지 않았다. 나쁜 아이들과 어울려 다니다가 중학교 입학을 앞둔 겨울에 같이 어울려 놀던 질이 안 좋은 선배한테 성폭행을 당할 뻔하기도 했다. 담배도 피우게 되고, 술 마시고 노는 것이 일상이 되다시피 했다. 한마디로 '노는 아이'의 전형을 밟게 된 것이다.

돈 많고 화려한 삶을 동경하던 지선이는 집에 오면 짜증이 났고 구질구질한 집이 싫었다. "아빠는 보고 싶어도 멀리 계시고, 엄마는 늘 파김치가 되어 집에 돌아왔다"면서 "제가 어떻게 생활하는지 관심을 둘 여유가 없어 보였다"고 말한다. 그러던 중 집안 형편은 더 기울어 다가구 주택을 전전했다. 사춘기에 접어든 지선이는 그럴수록 더 집에 들어가기 싫었다고 한다. "학교 갔다 오면 일단 잠을 자기 시작해서 밤 11시쯤 일어나 놀러 나갔어요. 학교 아이들에게 '삥' 뜯은 돈으로 놀이터에 모여 술 마시는 거죠. 술을 살 수 없는 아이들은 야밤에 슈퍼에서 몰래 술을 훔쳐오기도 해요." 지선이는 친구들과 몰려다니면 애들이 무서워서 피해 주는데 그럴 땐 마치 권력이 높은 사람이 된 착각에 빠진다고 했다.

고등학교에 진학해서는 마음 잡고 공부해 보려고 했다. 그런데 노는 아이들은 기가 막히게 서로를 알아본다고 한다. 한번은 일진 여자아이들이

지선이를 서로 자기 밑에 두려고 해서 차라리 내가 짱이 되자 싶어 '실력'을 발휘해 '일진 짱'이 됐다. 가끔 집에 오는 아빠가 너무 변한 딸을 보고 집을 나가라고 소리를 질렀다. 지선이는 알았다며 집을 뛰쳐나갔다.

그러다 사건이 터졌다. 친구들이랑 찜질방에서 사물함 문을 따고 지갑을 훔치다 절도사건으로 경찰서에 끌려가게 된 것이다. 학교에서는 퇴학을 시킨다고 했다. 같이 놀던 여섯 명 여자아이들의 엄마가 불려왔는데 그중 세 명의 엄마는 자기들도 포기한 아이라며 딸들을 마음대로 하라고 말하고는 가버렸다. 그런데 지선이 엄마는 달랐다. "엄마는 무릎을 꿇고 선생님들께 울면서 매달렸어요. 다 잘못 키운 엄마의 죄니까 한 번만 용서해 달라고요. 그 자존심 세고 당당하고 무섭기만 했던 엄마가 울면서 선생님들 앞에 무릎을 꿇는 거예요." 지선이는 그때 마음을 잡아야겠다고 다짐했다. 엄마가 식당에서 고생하는 것도 뒤늦게 마음이 아팠다. 제일 마음 아팠던 것은 동생 때문이었다. "제가 한창 술 마시고 담배 피우고 놀 때 '누나 그러면 안 된다'고 눈물까지 흘리던 남동생이 어긋나고 놀기 시작했어요. 동생이 하는 짓을 보니 정신이 번쩍 들었어요. 저 때문에 그런 것 같아 부모님께 너무 미안했죠."

박지선 양은 공부를 하다가도 예전 자기 모습이 떠오르면 자꾸만 눈물이 줄줄 흘렀다. 너무 어린 나이에 길을 잘못 들어선 자신에 대한 후회가 물밀듯 밀려들었다. 공부가 쉽지 않은 것은 당연했다. 기초가 너무나 바닥이었다. 영어나 국어 등은 암기하고 이해하면서 점차 실력이 올라가 할 만했는데 가장 힘든 것이 수학이었다. 수학 실력은 초등학교 수준밖에 되지 않았다. 그래도 기초부터 물어가며 열심히 했다. 엄마는 힘든 형편에도 빚을 내서 학원을 보내주었다. "놀 만큼 놀아본 아이들은 노는 것에 대한 미련이 없어요. 어중간하게 놀아본 아이들이 미련이 남아 끊지를 못하는 거지요." 지선이는 고3을 앞둔 겨울방학부터 미친 듯이 공부해 수도권에 있는 대학에 합격했다. 대학에 가서 대학생들이 매일 술 먹고 해롱거리며 노는 꼴을 보니 한심하단 생각이 들었다. "저는 중학교 때 이미 했던 것들이라 대학생활이 너무 시시했어요. 그래서 휴학계를 내고 다시 공부하기로 했죠." 지선이는 교사가 되고 싶어 재수를 해서 서울에 있는 사범대에 합격했다. 자신이 10대 초에 이미 심하게 어긋나보았기 때문에 교사가 되면 학생들 지도는 잘할 것 같다고 웃는다. 방학 중에도 열심히 공부하는 박지선 양을 보면서 아이를 키운다는 게 얼마나 인내와 기다림이 요구되는지 피부로 느껴졌다.

고교 2학년생인 오유진 양은 중학교 2학년 때부터 안 좋은 친구들과 어울렸다. 그때부터 술과 담배를 하게 됐고 인근의 '논다'는 아이들과 폐공장에 모여 술을 마시다 신고 받고 출동한 경찰을 피해 도망가기도 했단다. 그런데 유진이에게서 뜻밖의 이야기를 들었다. 소위 문제아라고 불리는 아이들이 놀게 되는 이유는 대부분 '부모의 불화'라고 한다. 유진이는 "나쁜 친구들과 어울리다 보니 알게 된 사실인데, 친구들 대부분이 집안에 문제가 있는 아이들이었어요"라고 한다. "집이 너무 가난해서 부모가 밤늦게까지 돈 버느라 집에 없거나, 부모가 이혼했다고 했어요. 저희 부모 또한 몇 년이나 각방을 쓰고 말도 하지 않았어요. 저도 정말 숨

막힐 것 같은 집안 분위기 때문에 집에 들어가기가 싫었고 그때 나쁜 친구들과 어울리기 시작했어요." 어떤 친구는 부모가 이혼 후 아빠는 재혼하고 엄마는 다른 남자를 만나는 것을 보면서 자신도 남자를 사귀어 그만 낙태까지 했다고 한다.

유진이는 다행히 고교 2학년이 되면서 공부에 취미가 붙었다. 마음 잡고 공부하니 성적이 40점이나 올랐다. 유진이가 마음을 잡게 된 것은 어울려 다니는 친구들이 점점 망가지는 걸 보면서 정신이 번쩍 들어서였다. "노는 아이들도 서로를 보면서 한심해해요. 같이 모여서 놀지만 '나중에 뭐가 되려고 저러나' 속으로 생각하죠." 그러면서도 다른 대안을 찾지 못하고, 외로우니까 서로들 뭉쳐서 술 먹고 노는 거라고 한다. 유진이 또한 놀면서도 공부 잘하는 아이들을 보면 부럽고, 자기가 했던 일을 생각하면 창피하고 괴로웠다. 그러다 정신을 차렸다. 나쁜 아이들과 어울리는 아이들을 보면서 한심하다는 생각이 들었는데, 남들도 자기를 그런 이미지로 볼 거라는 생각을 하니 괴로웠다고 한다.

유진이는 어른들에게 하고 싶은 말이 있다고 하더니, 아이들 앞에서는 엄마 아빠가 절대로 싸우지 말라고 한다. 이 말을 우리 사회에 꼭 전하고 싶었다는 것이다. 자녀가 나쁜 아이들과 놀아도 한 번쯤은 긍정적으로 바라보고 믿음을 가지고 내버려둬야 한다고 귀띔한다. 막으면 더 놀고 싶어한다는 것이다. 누구든 청소년 시절을 거치게 되고 언젠가는 철이 들게 된다. 그때까지 부모가 기다려준다면 아이는 대부분 집으로 돌아오고 공부 등 자신의 할 일을 찾게 된다는 것이다. 믿어주고 기다려달라는 것인데, 이것 또한 부모들에게는 쉽고도 어려운 일이다.

서울대 김두식 교수가 쓴 『불편해도 괜찮아』라는 책에는 이른바 '지랄 총량의 법칙'을 소개하고 있다. 누구나 살아가면서 한 번은 부모나 아내 등 주변 사람들의 속을 썩인다는 것이다. 그 '이상 행동(지랄)'을 청소년기에 하는 사람도 있고 대학 가서 하기도 하며 어른이 되어 할 수도 있다. 어른이 되어서 한다면 그게 더 문제일 것이다.

비행 청소년 인식 조사

비행 원인	
나쁜 친구나 선·후배의 어울림	62.3%
부모에 대한 반항심	11.3%
답답한 집안 분위기	6.7%
학업 부진	5.5%

가족관계에 대한 생각	
부모가 자신에 대해 거는 기대가 크다	31.1%
부모님끼리 관계가 좋지 않다	19.9%
부모님이 자신을 다른 사람과 비교해서 평가 한다	14.7%
부모와 자신 사이가 좋지 않다	10%

비행으로 엇나간 시기	
초등학교~중학교 2년	62.4%

• 자료: 청소년희망재단, 전국 10개 소년원생 대상 조사

달라져도 어쩌면
이렇게 달라질까

자녀문제로 마음이 불안하고 우울증에 시달린다면 지금 당장 자식문제는 잊어버리고 예쁘고 차려입고 외출을 하자. 자녀로 인해 우울증 증세가 있다면 먼저 취미활동을 하는 게 상책上策이라면 애완견을 키우는 것은 중책中策, 여전히 자녀와 티격태격하는 것은 하책下策이 아닐까?

"행복한 가정은 모두 엇비슷하고 불행한 가정은 불행한 이유가 제각기 다르다." 이는 러시아의 대문호 톨스토이의 소설 『안나 카레니나』에 나오는 유명한 첫 문장이다. 이 문장에서 톨스토이가 말하려고 했던 것은, 결혼생활이 행복해지려면 수많은 요소들이 성공적이어야 한다는 것이다. 즉 서로 성적 매력을 느껴야 하고 돈, 자녀교육, 종교, 인척 등 중요한 문제들에 대해 서로 합의할 수 있어야 한다. 행복에 필요한 이 중요한 요소들 중 어느 한 가지라도 어긋난다면 나머지 요소들이 모두 성립하더라도 그 결혼은 실패할 수밖에 없다. 제레드 다이아몬드는 유명한 저서 『총, 균, 쇠Guns, Germs, and Steel』에서 이 문장을 소개하면서 이를 '안나 카레니나 법칙'이라고 명명했다.

안나 카레니나 법칙은 다이아몬드가 예를 든 것처럼 자녀교육에서도 적용할 수 있다. 자녀교육에 성공한 가정의 모습은 행복에 이르는 길처럼 비결이 모두 비슷하다. 그러나 하나의 요인만 삐걱거려도 자녀교육 또한 삐걱거리고 그 결과에 치명적인 영향을 미친다. 자녀교육으로 불행한 가정의 모습은 그 이유도 제각각인 것이다.

'안나 카레니나 법칙'에서 다른 모든 요소는 충족되고 있지만 아들 때문에 불행이 진행 중인 가정이 있다. 송미영 씨는 미모의 명문대 출신으로 남부러울 게 없는 사람이었다. 결혼 후에 아이가 태어나고는 다니던 대기업도 그만두면서 외동아들을 위해 살았다. 아이가 공부하는 동안에는 책 넘기는 소리가 나는지 안 나는지까지 체크하면서 숨죽이며 아들을 키웠다. 아들은 엄마의 요구대로 잘 따라주었다. 심지어 신발조차 엄마가 지정해 주는 대로 신고 다녔다. 송 씨는 "지금 생각해 보면 아들을 남자아이로 키워야 했는데 너무 여성적으로 키운 것 같다"고 말한다.

아이는 중학교 2학년이 되도록 피씨방 한 번 안가고 욕도 안 할 만큼 '바른 아이'였다. 그랬더니 점점 또래 아이들이 아들을 따돌리기 시작했다. 그래서 아이를 등·하교 시간에 맞춰 픽업해 가면서 키웠다. 온전히 아이를 위한 삶을 살았는데 중학교 2학년이 끝날 즈음 갑자기 아이가 처음으로 소리를 지르며 "이 집에서는 도저히 못 살겠다"면서 신발도 신지 않은 채로 집을 뛰쳐나갔다. 놀란 부부가 이유를 물어봐도 별다른 대답 없이 숨이 막힌다는 것이었다.

그 뒤로 아이가 180도 변했다. 초등학교 때도 영어학원 숙제를 앉은 자리에서 네 시간 동안 꼼짝 않고 하던 모범생이었는데 이젠 학교 시험을 뭘 보는지도 모른다. 공부도 잘하던 아이였는데 엄마에게 1년 동안은 놀고 싶다고 했단다. 그런데 문제는 오히려 송 씨에게 있었다. 아이가 커가는 것을 받아들이지 못했다. 아들이 언제나 엄마 옆에서 엄마 말을 들으며 살았으면 좋겠다고 한다. 그게 진심이라는 것이다. 송 씨는 아들과 함께 정신과에서 일주일에 한 번씩 심리 상담을 받고 있다. 그녀는 요즘 살맛이 나지 않는다고 한다. 아들은 하고 싶은 일을 찾겠다며 중학교 3학년 때 자퇴했다. 아이가 원하는 대로 해주며 지켜봐주는 것으로 마음을 정하니 차라리 홀가분하다고 한다. 그러면서도 엄마 마음은 천국과 지옥을 오락가락하고 있다.

또 다른 엄마 정은경 씨도 아들 때문에 인생 살맛이 안 난다고 하소연한다. 정 씨는 아들이 둘이다. 둘째에게는 별로 신경을 안 쓰는데 맏아들에게는 달랐다. 그 아이를 위해선 무슨 일이든 하겠다는 엄마다. 초등학교 때 아이들을 데리고 필리핀에 2년 동안 영어연수를 갔다. 큰아이는 공부도 잘하고 잘생겨서 인기도 많았다. 엄마는 큰아이에게 늘 방금 한 따끈한 밥을 먹였다. 학교에서 돌아올 때쯤엔 만사를 제치고 집에 돌아와 맛있는 간식을 만들고 화기애애한 분위기를 만들며 아이를 맞이했다. 영어도 어릴 때부터 유별날 정도로 투자해 가면서 시켰다. 형편은 넉넉하지 않지만 아이를 위해서 1년에 수천만 원이 드는 제주도 국제학교에 넣고 싶어한다. 아이에게 조금이라도 도움이 될까 싶어 학교에서 운영위원도 한다.

그런데 큰아이가 중학교 2학교이 되면서 가출을 두 번이나 했다. 키가 크고 잘 생겨서인지 '노는' 여학생들이 구애 편지와 선물을 끊임없이 보내왔다고 한다. 그럴수록 아들은 공부와 멀어져갔고, 엄마는 손 놓고 바라볼 뿐이었다. 아들은 담배도 피우고 오토바이도 탄다.

정은경 씨는 엇나가는 아들을 보고 있자니 속에서 불이 나 도저히 집에 있을 수가 없어 일을 찾아나섰다고 한다. 하지만 전업주부로 살아온 정 씨에게 할 수 있는 일은 거의 없었다. 그러다 보험설계사 일을 하게 됐다. 그는 돈이 목적이 아니라 집에서 나오는 것이 목적이었다. 집에 있으면 하루종일 이불을 뒤집어쓰고 있다면서 우울증으로 미칠 것 같다고 말한다. 자기 인생이 뭔가 싶고 후회가 밀려온다는 것이다.

두 엄마 모두 아들 문제로 우울증에 시달리고 있다. 송 씨는 아들과 함께 병원에서 상담치료를 받고 있고, 정 씨는 일로 탈출구를 찾고 있다. 정신과 상담이나 취업 혹은 취미를 찾는 것도 한 방법이지만, 부부가 함께 지혜를 모으면 해결의 실마리를 찾을 수 있다. 엄마만 백방으로 노력한다고 해서 해결되지 않는 경우가 많다. 남편의 도움을 받아 의외로 쉽게 해결할 수도 있다. 특히 이들 두 엄마는 공통적으로 아들로 인해 엄청난 양육 스트레스에 시달리고 있다. 아들 양육에서 겪는 어려움 중 가장 흔한 경우가 바로 이들처럼 아들이 사춘기에 접어들면서 '통제 불능' 상태에 빠지는 것이다. 아들은 반말을 하고 심지어 욕설까지 하면서 엄마를 무시한다. 아들을 애지중지하고 지극 정성으로 키운 엄마일수록 더

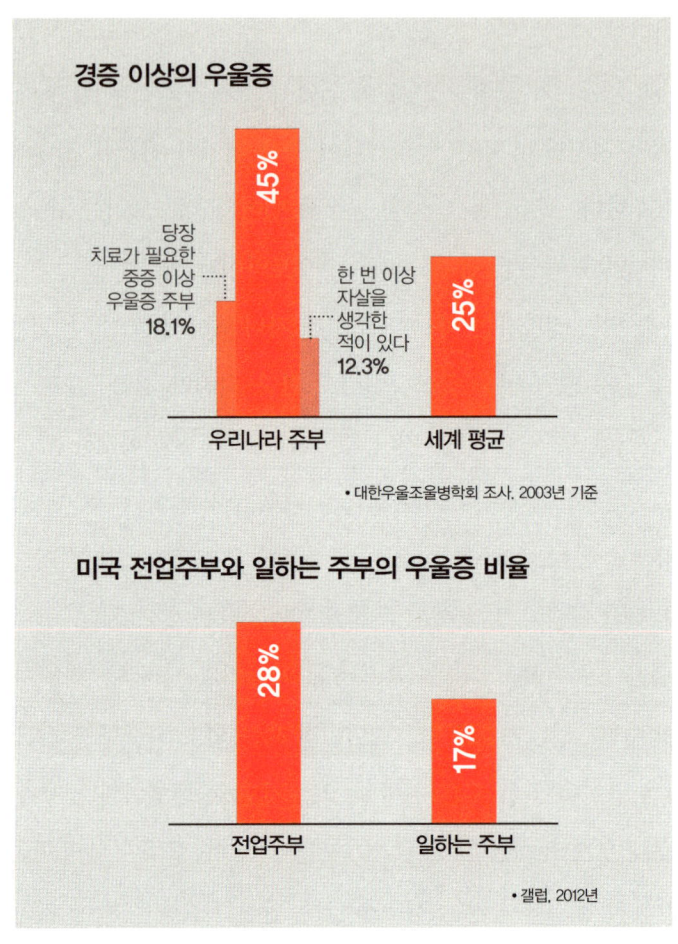

큰 심리적 상실감에 빠져들고 우울증에 시달린다. 엄마의 우울증은 자신뿐만 아니라 가족에게도 치명적인 영향을 미칠 수 있다.

자녀의 성장을 제대로 이끄는 엄마를 가리키는 '충분히 좋은good enough' 엄마라는 말이 있다. 영국의 소아과 의사이자 정신분석가인 도널드 위니

콧은 수많은 엄마들을 상담하고서 '충분히 좋은' 엄마라는 용어를 처음 만들어냈다. 이는 단지 아이에게 충분한 것만 제공하는 엄마가 아니라, 자녀의 심리적 성장을 유도할 만큼 자녀와의 관계가 충분히 가까우면서도 자녀를 심리적으로 숨 막히게 하지 않는 엄마를 가리키는 말이다. 어쩌면 우리나라 엄마들은 그저 '좋은 엄마'에 머물러 있는 것은 아닐까? 아이에게 늘 풍족하게 해주면서 대신 공부만 열심히 하면 된다고 '강요'하면서 말이다.

아들은 아빠가 키워야 한다는 말도 있다. 다만 이때도 아빠 역시 '좋은' 아빠로는 충분하지 않다. 미국의 정신분석가인 마이클 다이아몬드는 '충분히 좋은' 아빠가 자녀양육에 참여해야 한다고 조언한다. '충분히 좋은' 아빠란 자녀가 자신의 감정을 조절하고 삶에 필요한 기량을 쌓으며 세상의 큰 도전에 직면할 수 있도록 이끌어주는 아버지다. 특히 '충분히 좋은' 아버지는 아이들이 상실이나 절망, 실망 등 삶의 어려운 순간들을 경험하게 함으로써 더욱 크게 성장할 수 있도록 돕는다고 한다.

우리나라 부모들은 너나없이 아이를 위한다면서 너나 없이 아이를 너무 숨 막히게 한다. 우리 부부 역시 때로 아들을 키우면서 이 점을 깊이 헤아리곤 한다. 아이를 위한다는 말을 하는 부모라면 과연 자녀의 심리적 성장을 잘 돕고 있는지 성찰해 보자. 그것이 '충분히 좋은' 부모의 시작이 아닐까.

키 작은 남자는
루저라고 생각해요

"제가 아무리 공부를 잘하고 명문대를 가도 '이 작은 키로 사회생활이나 할 수 있을까'라는 생각이 머릿속을 떠나지 않았어요. 그럴 때면 학교를 빠지기도 하고 집에서 며칠씩 문을 걸어 잠그고 밥도 먹지 않고 잠만 잤어요." '키큰남'이 대세라고 한다. 하지만 중요한 것은 정작 보이지 않는 법이다. 인도의 경전인 우파니샤드는 '보이는 것을 숭배하지 말라'고 강조한다. 물론 키가 자신감 형성에 영향을 미치기도 하지만 본질적인 문제가 아니라는 말이다.

"요즘 엄마들 모임에 나가면 성적 얘기만큼 민감한 사안이 있어요. 바로 '키가 얼마냐'는 거예요. 딸은 168센티미터, 아들은 185센티미터로 키우는 게 엄마들의 로망이라고 해요." 아내가 학부모 모임에 갔다 와서 이런 이야기를 전했다. "그럼 내 키(185센티미터)가 표준 키라는 말이야? 그건 말도 안 돼." 필자는 아내의 말에 어안이 벙벙했다. 그도 그럴 것이 185센티미터의 키는 큰 키에 해당하지 평균 키는 아니기 때문이다. 그런데 아들을 둔 요즘 엄마들은 너나없이 185센티미터로 키우려고 아우성이라는 것이다. '세상이 그렇게 바뀌었나? 우리나라도 남자 체격이 그렇게 커졌나?' 하는 의문을 떨쳐버릴 수 없었다.

사실 필자가 고등학교에 다닐 때는 180센티미터가 넘으면 장신에 해당되었다. 하지만 당시에는 장신이 매력적이지 않았다. 오히려 큰 키가 늘 부담이었다. 그래서 키 큰 사람들은 대개 어깨가 구부정했다. 큰 키가 두드러지지 않게 구부리고 다니는 게 습관이 되었기 때문이다. 그런데 요즘은 185센티미터의 '키큰남'이 대세인 모양이다. 인터넷에서 기사를 보다 '키작남'의 애환이 담긴 글을 보았다. 서른 살 된 남자가 170센티미터 여성을 사귀다 최근에 헤어지고 소개팅을 나갔다. '165센티미터의 키작남'이라고 자신을 소개한 이 남자는 그만 소개팅 자리에서 퇴짜를 맞았다고 한다. 소개팅에 나온 여성은 '전 저보다 키가 작은 남자와는 만나지 않는다'면서 만난 지 2분 만에 자리를 박차고 나갔다는 것이다. 자신의 능력이나 인간성보다 오직 키 하나만으로 자신을 판단한 그 여성이 너무도 야속했던 모양이다.

'맞선 시장'의 풍경이 이렇다 보니 당사자도 그렇지만 부모도 이만저만 고민이 아니라고 한다. 키와 관련된 이런저런 무용담도 회자된다. 아내는 학부모 모임에서 이런 이야기를 들었다고 한다. 어떤 엄마의 딸아이가 중학교 2학년 때 키가 155센티미터밖에 안 되어 고민이라고 하소연하면서, 딸이 특목고를 준비하느라 학원에서 새벽 1시까지 공부하고 밥도 제대로 못 챙겨 먹다 보니 그런 것 같다는 것이었다. 그러다가 더 이상 키가 안 클 것 같다는 딸의 고민을 듣고 그 엄마는 중대결심을 딸에게 전했다. 엄마는 "키 155센티미터에 명문대 다니느니 162센티미터라도 만들어서 그저 그런 대학에 가는 게 더 낫다고 결론을 내렸다"고 딸에게 말했다. "학원을 끊자. 공부 안 해도 좋으니까 일찍 자고 몸에 좋다는 거다 먹어보자. 내가 162센티미터까지는 크게 해주겠다!" 결국 엄마의 결단과 딸의 호응으로 162센티미터가 되었다. 물론 특목고는 들어가지 못했다. 그래도 그 결단을 내린 건 잘한 것 같다고 주변 엄마들에게 말한다. 여자아이 엄마가 이 정도니 남자아이나 그 엄마는 말할 것도 없다.

김선형 군은 고등학교 1학년 때 전교 10등 안에 드는 학생이었다. 언어 쪽에 감각이 뛰어나서 국어와 영어는 거의 만점이었다. 하지만 키가 157센티미터이었는데 늘 운동화 속에 7센티미터짜리 깔창을 신고 다녔다. 마치 개그콘서트의 '불편한 진실'을 진행하던 개그맨처럼 말이다. 선형이는 여학생들과는 말도 하지 않으면서 지냈다. 키 때문에 여학생 앞에서 늘 자신이 없었기 때문이다. 더욱이 고등학교에 들어가면서 심각한 우울증이 찾아왔다. "제가 아무리 공부를 잘하고 명문대를 가도 '이 작은 키로 사회생활이나 할 수 있을까'라는 생각이 머릿속을 떠나지 않았어요. 그럴 때면 학교를 빠지기도 하고 집에서 며칠씩 문을 걸어 잠그고 밥도 먹지 않고 잠만 잤어요."

선형이는 결국 고등학교 3년 내내 정신과 치료를 받았다고 한다. 아들은 어머니에게 '척추를 펴는 수술'을 받으면 키가 클 수 있다면서 수술을 받게 해달라고 졸랐다. 척추를 펴는 수술을 하면 키가 3~7센티미터까지는 늘어난다는 것이다. 척추를 잘못 건드리면 평생 불구가 될 수도 있기에 엄마는 쉽게 결정하지 못했다. 우울증을 겪는 아들을 보다 못한 엄마는 아들에게 대학에 가면 '척추를 펴는 수술'을 해주기로 하고 아들을 달랬다. 아들은 실낱 같은 희망을 갖게 됐다. 하지만 선형이는 반복되는 우울증에서 벗어나기가 힘들었다. 고교 3학년 때도 초반까지는 내신도 잘 나오고 모의고사도 전 영역이 1등급이 나오기도 했다. 하지만 그는 키만 생각하면 무력감이 몰려왔다고 한다. 수능이 다가오자 우울증은 심해졌다. 결국 결정적인 시험에서 모든 게 엉망이 되었다. 재수를 한 1년 동안에도 우울증은 롤러코스터를 타듯이 호전되었다가 악화되기를 반복했고 수능 때 또 그를 덮쳤다. 다시 1년을 재수한 그는 삼수를 해서 현재 서울 소재 대학교에 다니고 있다.

그나마 엄마의 눈물과 노력 덕분이었다. 엄마는 "애 아빠도 선형이처럼 작지만 남자는 똑똑하고 능력만 있으면 된다고 생각했었다"며 "도대체 아이가 왜 저러는지 이해할 수 없었다"고 한다. "선형 아빠는 대기업에 다니다 독립해서 사업체를 운영하면서 돈도 많이 벌고 가족들에게 존경도 받으며 가정생활을 잘 이끌어오고 있어요." 부모 세대에서는 남자의 능력이 외모보다 더 중요한 것이었다면, 요즘은 능력보다 외모가 더 중요하게 평가받는다.

이렇게 남자를 평가하는 척도가 달라진 것이다. 아들에게 능력만 있으면 된다는 말은 이미 통하지 않는다. 아들이 키가 작다고 고민한다면 그 말을 흘려듣지 말고 함께 고민해 주는 자세가 필요하다. 게다가 요즘은 중학교 3학년이면 키 성장이 거의 다 끝난다고 한다. '군대 갔다 와서도 큰다더라' 하는 말이 위로가 안 된다. 필자는 고등학생 시절에도 컸지만 대학에 들어와서까지 키가 컸는데, 이제는 이런 말도 통하지 않는다는 말이다.

 니콜라 에르팽의 『키는 권력이다 Le pouvoir des grands』라는 책은 하이티 즘 신화에 대한 내용이다. 이 책에는 키 작은 사람(주로 남자)에게는 다소 충격적인 내용이 들어 있는데 정말 '키=권력'이라고 주장한다. 여자들은 배우자를 고를 때 상대적으로 키 큰 남자를 고르는데 이는 '미래를 위한 보험'이라는 것이다. 이른바 '키의 프리미엄 Height premium'이다. 즉 남자의 큰 키는 신분, 연봉, 연애, 결혼, 그리고 많은 요인들에서 프리미엄을 갖고 있다고 주장한다.

 미국 뉴욕 타임스의 칼럼니스트인 윌리엄 새파이어는 인종·성별·종 교·이념 등에 이어 새롭게 등장한 차별 요소로 '외모'를 지목했다. 외모 가 연애·결혼 등과 같은 사생활은 물론, 취업·승진 등 사회생활 전반에 영향을 미치기 때문에 사람들은 성형 등 자신의 외모를 가꾸는 데 많은 시간과 비용을 들인다는 것이다.

 2009년 11월 KBS 2TV '미녀들의 수다'라는 프로그램에 출연한 여대 생이 "키 작은 남자는 루저 loser"라고 발언하여 인터넷을 비롯한 매체에 서 한바탕 뜨거운 논란이 일었다. '미녀, 여대생을 만나다'편에 출연한 여 대생이 출연진과 이상형에 관한 대화를 나누던 중 "키 작은 남자는 루 저라고 생각한다. 내가 170센티미터이다 보니 남자 키는 최소 180센티 미터는 돼야 한다"고 말했다. 우리 사회가 얼마나 외모 지상주의에 빠져 있는가를 보여준 일이었다. '루저 소동' 이후 우리 사회에서는 '남자는 키 가 커야 한다'는 부적절한 가치가 더욱 확산되는 듯하다.

만약 자녀가 '키작남'으로 고민하고 이를 심각하게 생각한다면 음식으로 성공한 사례를 참고하여 실천해 보는 것도 좋을 듯하다. 아내는 아들이 어릴 때 혹시나 키가 작을까봐 멸치를 우려낸 물로 분유를 타서 먹였다. 아이는 처음부터 '멸치국물 분유'로 맛을 들여서인지 아무 문제 없이 잘 먹었다. 그러다 중학교 2학년이 되자 아들의 키가 성장하지 않고 답보 상태에 있었다. 이때 아내는 우유를 하루에 2리터씩 먹였다. 흰 우유를 잘 먹지 않자 초콜릿이 들어있는 빨대를 꽂아 먹였더니 잘 먹었다고 한다. 또 스테이크를 거의 매일 먹였다. 그랬더니 10센티미터 정도 더 컸다. 요즘에는 중학교 때 키가 거의 다 큰다고 한다. 아이가 키 문제로 고민한다면 엄마가 조금 신경을 써주어야 할 것이다.

어떤 엄마는 자신의 키가 너무 작아 딸아이도 키가 안 클까봐 걱정이 많았다. 그래서 딸이 초등학교를 졸업하고 생리가 시작되기 전에 생마를 갈아 우유에 타서 먹였더니 제법 키가 커서 163센티미터까지 컸다고 한다. 자녀의 키가 걱정된다면 아이가 갓난아기 때부터 엄마가 적극적으로 관심을 갖고 대처한다면 어느 정도 효과를 볼 수 있는 것 같다. 물론 자녀도 키 성장에 좋은 운동도 열심히 해야 한다. 본인과 부모가 백방으로 노력해도 키가 크지 않는다면 어쩔 수 없는 일이지만 그렇다고 좌절하거나 절망할 필요는 없다.

세상이 키가 큰 사람에게 유리하다고 한다면 사물의 극히 일부분만 보는, 지나친 단견이 아닐 수 없다. 이는 '세상은 외모가 아름다운 여성에 의해 지배된다'는 말과 같은 이분법적인 발상이다. 실제로 우리나라의 하이티즘 현상은 좀 과장된 듯하다. 하이티즘은 미디어나 소비사회가 조장하는 '허깨비'라고 하는 편이 적절할 것이다. 실체 없는 허상에 현혹되기보다 자신만이 갖고 있는 당당한 능력과 자신감이야말로 가장 아름다운 매력이며 세상을 살아가는 강력한 무기가 아닐까. 성공은 '외모'보다 '내공'에 달려 있기 때문이다. 혹여 아들이 지나치게 키에 집착하거나 또는 딸이 남자를 평가할 때 지나치게 키에 비중을 둔다면 부모와 자녀가 함께 하이티즘에 대한 연구나 언론보도, 관련 책을 읽고 토론해 본다면 허상과 실상을 제대로 파악할 수 있을 것이다. 키가 개인이 성공하는 데 하나의 요인으로 작용할 수도 있을지 모르지만, 많은 부분을 차지하는 것은 결코 아니다. 이것은 결코 위안으로 하는 말이 아니다.

외모, 아이들의 가장 심각한 고민

"사춘기 딸아이가 털이 조금 났는데 여름이 되니 신경 쓰인다고 제모를 해달라고 하는데 어찌해야 하나요? 딸들 제모하나요? 딸이 사춘기가 되니 생각지도 못했던 고민거리들이 생기네요." 요즘 딸 키우기가 겁난다고 한다. 공부도 잘하고 너무 자신감에 넘쳐 있고 개방적이기 때문이다. 딸아이와 문제가 있다면 무엇보다 부모의 기준으로 판단하지 말고 아이의 기준을 들어보는 데서 시작해야 하지 않을까?

우리 사회는 젊은 남녀뿐만 아니라 기업이나 조직에서도 루키즘lookism, 즉 외모 지상주의가 판을 치면서 성형이나 미용 등 관련 산업까지 성업하고 있다. 그래서인지 요즘 중·고교 여학생, 심지어 초등학교 여학생조차 화장을 한다. '거대한 상술'이 가세하면서 10대 여학생들의 화장 문화를 부추기는 양상인데, 기저에는 우리 사회의 '외모 지상주의'가 맞물려 있다. 여성이라면 자신의 아름다움에 관심을 가지는 것은 당연하지만 문제는 부모, 그 중에서도 어머니와의 갈등으로 이어지는 데 있다. 요즘 여학생들에게서 얼굴이 하얗게 보이는 선크림, 비비크림, 파운데이션을 바르지 않는 경우는 거의 찾아보기 어려울 지경이다. 여기에는 남녀공학이 한몫하고 있다는 분석이다. 남녀공학을 다니는 여학생의 경우에는 아침시간에 샤워하고 머리 드라이하고 치장하는 데 거의 한 시간 정도를 소비한다고 한다. 아침을 굶더라도 머리를 치장하고 화장은 해야 하는 딸아이를 보면서 엄마들은 딸이 공부를 하러 가는 것인지 놀러 가는 것인지 모를 정도라고 하소연한다. 하지만 또래 사이에선 다른 아이들도 다 하는 일이기 때문에 당연한 일이라고 말한다. 이때 어머니가 "그런 건 '날라리'들이나 하는 것"이라고 말하면 이내 엄마와 딸은 얼굴을 붉히며 언성을 높이게 된다.

서울에서 고등학교를 다니는 전희수 양은 164센티미터에 40킬로그램으로 다른 이들이 보기에도 무척 말랐다. 하지만 정작 본인 생각은 달랐다. 홈쇼핑 모델들이 그 정도 몸무게이기 때문이란다. 요즘 희수는 외모 꾸미는 문제 때문에 엄마와 갈등이 심하다. 아버지는 교수고, 엄마는 피아니스트로 대학 강사를 했는데 아이를 낳은 뒤 잘 키워야겠다며 자신의 일을 접은 전업주부다. 그런데 희수 어머니는 딸 때문에 미칠 것 같다고 하소연한다. 등교시간이 되면 화가 날 지경이다. 딸이 샤워하고 화장하고 머리를 손질하는 데 아침마다 거의 두 시간씩을 소비하기 때문이다. 학교가 바로 집 옆인데도 아침에 외모를 꾸미느라 거의 매일 지각을 한다. 학원을 갈 때도 화장을 고친다며 준비하는 시간이 거의 한 시간 반이다. 어느 날 엄마는 심하게 외모에 신경 쓰는 딸에게 도대체 왜 그렇게 집착하는지 물어보았다. "엄마, 나는 눈이 작아서 아이라인에 마스카라까지 해야 해. 화장 한 것과 안 한 게 너무 차이가 많이 나서 아이들이 못 알아볼 정도라서 화장을 안 하면 밖에 나가고 싶지 않아!" 딸아이의 대답에 엄마는 그만 말문이 막혔다고 한다.

희수는 교복 치마도 몸에 꼭 끼는 미니스커트처럼 입고 다녀, 엄마와 티격태격하는 단골 메뉴 가운데 하나다. 엄마는 너무 멋만 내려는 딸이 못마땅하다. 필자도 부모 세대인지라 요즘 10대나 20대 여성들의 패션 스타일을 이해하기가 쉽지 않다. 중·고등학교에 다니는 여학생들은 속이 다 비치거나 너무 짧아서 몸매가 다 드러날 정도로 야한 옷을 입고 다닌다. 한번은 백화점에 갔는데 고등학생으로 보이는 여학생이 그야말로 엉덩이 살이 삐죽이 보이는 핫팬츠를 입고 어머니와 쇼핑을 하러 왔다. 다들 탄성이 나올 정도로 도발적인 패션이었다. 이를 보고 우리 부부는 딸보다 엄마가 더 문제라고 입을 모았다. 부모의 역할은 자녀가 지나친 요구나 언행 등을 했을 때 마땅히 이를 합리적인 선까지 제지해야 한다. 그것이 부모의 역할일 것이다.

호주에 취재를 갔을 때였다. 여학생 교복 치마가 모두 무릎 아래까지 한참 내려오는 롱스커트였다. 그런데 그 모습이 너무나 보기 아름다웠다. 여성들의 과도한 패션이 남성들의 성적 흥분을 유발한다고 하면 여성들은 펄펄 뛰지만 실제로 그렇다. 이는 남자와 여자의 성적 메커니즘이 다르기 때문이다. 남성은 여성의 누드 사진이나 포르노 비디오만 보아도 성적인 자극을 느끼지만 여성은 그렇지 않다. 물론 대부분의 남자들은 야한 장면을 보고 성적 자극이 와도 본능을 억누르지만, 성폭행을 저지르는 치한들은 그 본능을 억누르지 못하기 때문에 성범죄를 일으키는 것이다. 부모가 자녀에게 할 일은 이러한 이야기를 조곤조곤하게 들려주고 성범죄의 동기를 제공할 수도 있는 요인들을 주지 말아야 한다고 설득하는 것이다. 불행은 예고되어 있는 것이 아니라 조심하지 않으면 언제든 그 불행의 당사자가 될 수 있기 때문이다. 우리가 사는 세상은 결코 선한 사람만 있는 곳이 아니다.

요즘 딸을 둔 엄마들이 딸과 티격태격 하는 또 하나의 문제는 '제모'라고 한다. 많은 엄마들은 딸아이가 중학교에 들어가면 제모 갈등을 겪는다. 이때부터 여자아이들이 외모에 부쩍 신경을 많이 쓰기 때문이다. 특히 남녀공학에 다니는 아이들은 신경을 더 많이 쓴다. 심지어 초등학교 6학년 여학생도 여름에 반바지를 입겠다며 온라인에서 제모에 대한 의견을 구하고 있다. "초등 6학년 여학생입니다. 요즘 털 때문에 고민이 많아서요. 제가 다른 친구들보다 팔과 다리에 털이 많거든요. 그래서 털을 어떻게 제모할 수 있는지, 또 털을 민 부위에 털이 다시 나는지 가르쳐주세요. 반바지 입고 싶은데 다리 털 때문에 고민입니다."

엄마 세대와는 달리 요즘 여자아이들은 다리나 팔에 있는 털을 몹시 추하다고 생각한다. 제모를 안 하면 심지어 '원숭이 같다'는 생각을 한단다. 제모를 하지 않으면 아이들이 서로 놀린다. 그래서 너도나도 제모를 한다고 한다. 면도를 하든 아니면 제모크림을 바른다. 심지어 엄마를 졸라 성형외과를 찾는 여학생들도 늘어나고 있다. 부모 입장에선 이해할 수 없는 일이다. 인터넷을 보면 딸과의 제모 갈등으로 조언을 구하는 어머니도 있다.

"사춘기 딸아이가 털이 조금 났는데 여름이 되니 신경 쓰인다고 제모를 해달라고 하는데 어찌해야 하나요? 딸들 제모하나요? 딸이 사춘기가 되니 생각지도 못했던 고민거리들이 생기네요."

이 글은 제모로 고민하는 딸을 둔 어머니가 학부모 카페에 쓴 글이다. 앞에 서 소개한 글에서 보듯 엄마가 제모를 허락하지 않을 경우 모녀간 갈등의 골이 깊어진다. 제모 같은 사소한 문제로 모녀지간에 서로 티격태격하는 것이다. 이는 엄마 세대에서는 별로 문제가 되지 않았지만 요즘 세대는 다르다. 엄마는 그 '다름'을 받아들여야 하는 것이다. 이것도 일종의 문화이고 세대차이인 셈이다. 여름방학을 맞으면 여학생들은 반바지도 입고 싶고 또 수영장이나 해수욕장에도 가고 싶어한다. 이때 가장 큰 고민이 바로 팔이나 다리의 털 문제다. 심지어 여고생들이 해수욕을 위해 과감하게 '비키니 라인'의 제모를 요구하기도 한다. 어머니 세대와는 또 다른 요즘 10대들의 문화이다.

남학생들도 예외는 아니지만 특히 여학생들의 '외모 가꾸기'는 어쩌면 영상매체의 시대라 불리는 현대 사회에서 매체에 의해 더욱 기승을 부리는 현상일 것이다. 여기에 자본의 논리에 의한 상술과 마케팅이 가세하면서 되돌릴 수 없는 거대한 문화현상으로 자리 잡고 있다. 특히 요즘은 '잇 아이템it item'이라는 유행어에서 알 수 있듯이 이러한 것들이 순식간에 트렌드가 되곤 한다. '잇 아이템'은 직역하면 '그 아이템'이라는 뜻인데 이는 "할리우드의 스타 같은 유명인들이 들고 다니는 바로 그 아이템"이라는 의미다. 유명 스타가 문신을 하면 이내 여성들에게 유행이 되는 것과 같다.

우리나라가 전 세계에서 성형수술 1위국이라고 한다. 대학생 10명 중 9명이 외모 콤플렉스를 느낀다고 한다. 우리 사회는 이미 성형을 권하는 사회이며 외모 지상주의를 부추기는 사회인 것이다. 그래서인지 요즘은 전교 1, 2등을 해도 외모가 떨어지면 별로 주목받지 못한다. 친구들이 부러워하지도 않는다고 한다. 물론 그렇지 않다고 생각하는 여학생들도 있지만 전반적인 또래 문화가 그렇다는 말이다. 여러 가지로 부모 세대와는 생각이 다르다. 그 아이들이 바로 우리의 딸들이다. 부모들은 공부해서 인생 멋지게 살기를 바라지만 아이들은 외모가 '후지면' 인생을 멋지게 살 수 없다고 생각한다. 여자아이들이 부모와 대화가 되지 않는다고 생각하는 이유가 여기에 있다.

그래서 현명한 부모라면 자녀들의 또래 문화를 이해하는 것이 중요하다. 어차피 사용할 바에는 딸에게 제모크림도 사주고, 비비크림도 부작용 없는 좋은 걸로 사줘서 피부가 상하지 않게 해주어야 한다. 클린징을

한국 10대 소녀(13~17세) 외모 의식조사

외모에 불만이 있다	77%
17세가 되기 전에 다이어트 시작했다	49%
외모 개선 위해 성형수술을 할 생각이 있다	50%

• 자료: 뷰티 브랜드 '도브' 2012 아시아 10대 소녀 조사

잘하는 법을 가르치고, 다리가 길어 보이고 싶어서 치마를 줄이는 기분을 조금만 이해하면 여자아이와 엄마의 갈등은 줄어들고 친구처럼 지낼 수 있지 않을까? 우리 모두가 행복한 교육을 위해서는 딸의 제모와 같은 사소한 문제에도 관심을 기울여야 한다. 부모 노릇은 어쩌면 자녀의 사소한 관심사항에 귀를 기울여주는 것에서 시작한다. 그리고 더 나아가 자녀를 이기는 것이 아니라 끝없이 져주는 것이라는 생각마저 든다.

지켜봐주는
사랑이 필요해요

'개인 파산자'로 어렵게 생활하고 있는 친구의 카톡을 보게 되었다. 두 딸을 둔 그는 딸들 어렸을 때 사진과 현재 사진을 올려놓고 이런 문구를 썼다. "전에는 깜찍이, 지금은 끔찍이." 필자는 이 글을 보고 왠지 모를 통증에 감전된 기분이었다. 아이들은 초등학생 때까지는 누구에게나 깜찍이일 테지만, 그 이후에는 "아이고 저놈의 자식이"라는 말을 하루에도 서너 번씩 듣지 않을까. 이때는 끔찍하게도 싫어하던 애완견이라도 키우면서 '마음'을 다스려야 할지도 모른다.

서울에 사는 1남 2녀를 둔 주부 구승희 씨는 아들에 대한 사랑과 관심이 대단했다. 대학 때도 파출부를 하더라도 자기일은 꼭 할 거라고 말하던 '알파걸'이었다. 그런데 허니문 베이비를 갖고서, 다니던 대기업도 미련 없이 그만두고 아이에게 열정을 쏟았다. 갓난아기 때는 우유 먹은 시간과 배변 시간까지 매일 일지 쓰듯이 기록했고, '항상 소중하게 키워야겠다'는 다짐의 육아일기도 썼으며, 매일매일 동영상을 찍어 기록으로 남겼다. 과자도 절대 사 먹이지 않고 모든 걸 '엄마표 수제'로 만들어 먹였다. 세 살 되었을 때부터 한글과 영어 학습지도 시켜가면서 '아이를 위한, 아이에 의한, 아이를 위한' 엄마 인생을 살았다. 아들이 자라면서 혼자면

외로울 것 같다는 오직 한 가지 이유에서 둘째(딸)를 낳았다. 딸을 낳고도 엄마의 관심은 아들뿐이었다.

아들이 열 살 때 대기업에 다니던 남편이 캐나다 지사 발령을 받았다. 떠날 때쯤 구 씨는 캐나다에 가면 자기도 영어는 제대로 공부하고 오겠다고 다짐했다. 하지만 막상 캐나다에 가서도 결국 2년 동안 아들 뒷바라지하느라 자신의 다짐과는 달리 살림만 하다가 돌아왔다. 아들은 엄마의 헌신적인 뒷바라지로 초등학교를 모범생으로 졸업했다. 이때까지 아들은 엄마의 자랑이었고 축복이었다.

엄마는 딸에게는 거의 관심을 기울이지 않았다. 그런데도 딸은 자신이 할 일을 척척 했다. 엄마는 오빠와 두 살, 네 살 터울이 나는 두 딸에게는 무관심하기조차 했다. 딸은 밥도 혼자서 알아서 잘 먹었다. 반면 아들은 중학생이 된 후에도 엄마가 옆에 앉아 고기를 밥 위에 얹어주었다. 그러느라 엄마는 정작 밥을 먹지 못했다. 딸은 그런 엄마가 밉기도 해서 반항할 만했지만 오히려 나무랄 데 없는 모범생이었다. 피아노를 칠 시간이면 "엄마 저 이제 피아노 칠 시간이에요" 하고선 피아노를 치고, 책을 읽을 시간이면 "이제 책 읽을 시간이에요" 하고선 알아서 책을 읽었다. 마치 구 씨 자신의 어린 시절을 보는 듯했다.

그런데 금지옥엽 키우던 아들이 중학교에 입학하고 사춘기가 시작되면서 달라지기 시작했다. 학교에서 돌아오면 신발주머니를 집어던지고 "에이 ○○, 짜증나"라며 거친 말과 욕설을 하기 시작했다. 또 하루는 자신의 분을 주체하지 못하고 주먹으로 벽을 쳐 구멍을 내기도 했다. 엄마는 하도 기가 막히고 가슴이 무너져 말문이 막힐 지경이었다. 아침 등교 시간이면 학교에 안 간다고 난리를 피웠다. 겨우 승용차에 태워 교문까지 데려가면 도망가기까지 했다. 하굣길에도 교문 앞에서 기다렸다가 데려오면서 중학교를 겨우 마쳤다. 여자 친구와의 교제를 반대하자 엄마를 무시하고 대들기도 했다. 공부는 늘 뒷전이었다. 그나마 외국에서 2년 동안 살아 영어는 좀 하는 편이어서 자사고에 진학할 수 있었다.

구 씨는 이때부터 우울증 증세가 나타나기 시작했다. 온갖 정성을 다해 아들을 키웠는데, '깜찍한' 아들이 사춘기가 시작되면서 '끔찍한' 아들로 바뀌었기 때문이다. 고등학교는 기숙사 생활이어서 그나마 마주할 일은 적었지만, 성적은 늘 바닥이었다. 이제 엄마는 아들에게 걸었던 크나큰 기대를 접고 또 접는 중이다. 아들이 고교 2학년이 되면서 좀 달라지고 있는 것 같아 실낱 같은 희망을 붙잡고 있지만, 아들에 대한 애정과 열정은 식을 대로 식었다. 오히려 이것이 잘된 일인지도 모른다는 생각마저 들 때가 있다. 한번은 아들이 "다 엄마 때문이야!"라고 소리를 지른 적이 있다. 생각해 보면 아들에 대한 사랑은 그야말로 '과잉보호'였다. 그게 아들에게도 부담이 되었던 모양이었다.

아들에 대한 기대를 접은 구 씨는 그때 처음으로 아들을 낳으면서 대기업을 그만둔 것을 후회했다. 18년 정도 주부로 살아온 그녀는 다시 일을 해보고 싶었다. 그러나 아무리 찾아보아도 마땅한 일자리가 없었다. 겨우 어린이 대상의 학습지 교사 자리는 있었다. 남편에게 이야기했더니 "딸이라도 잘 키워야지 일은 무슨 일이냐"면서 펄쩍 뛰었다. 구 씨 자신도 아들을 어릴 때부터 학습지며 온갖 공부를 시키면서 키우다 이런 꼴이 되었는데 학습지 교사를 하며 다른 아이에게까지 공부를 강요하고 싶지 않았다.

구 씨는 그때부터 우울증이 심해져 정신과 상담을 받았고 의사의 권유로 애완견을 키우기 시작했다. 그 전까지 애완견을 끔찍이도 싫어했던 그녀였다. 애완견 뒤치다꺼리를 하면서 살고 싶지 않았다. 애완견은 할 일 없는 주부나 하는 일이라고 치부했다. 그런 구 씨가 요즘 애완견 키우는 재미에 산다고 한다. 옷을 입히고 목욕을 시키고 미용을 하는 재미에 푹 빠져 있다. 블로그와 페이스북에 매일 애완견의 동정을 올릴 정도이다. 친구들도 그렇지만 구 씨 자신조차 그렇게 변화된 자신의 모습이 낯설기만 하단다. 그녀는 "아마도 아들에게 못다 한 모성애를 애완견에 주는 것 같다"며 이렇게라도 억눌린 모성애를 풀지 않으면 숨이 막혀 우울증에 걸렸을 거라고 말한다. 애완견은 애정을 주는 만큼 자신에게 돌려주었다. 아들처럼 기대를 배신하지도 않았다. 이런 엄마를 보고 아들이 한마디 했다고 한다. "엄마가 애완견을 그렇게 싫어했는데 애완견을 키우는 걸 보니 기분이 좀 짠하네……. 못된 아들로 인해 오히려 엄마가 독립을 한 것 같네요." 이 정도 되면 아들도 철이 조금은 들어가는 것이 아닐까, 엄마는 또 아들에 대한 기대를 버리지 못하고 생각에 잠긴다.

구 씨의 '아들 사랑'은 집안 내력이었다. "친정엄마가 오빠를 끔찍이도 챙겼어요. 어릴 때 엄마는 늘 오빠만 애지중지했고 딸인 제게는 도무지 관심이 없었어요. 그런데 참 이상해요. 엄마가 무관심할수록 오기가 나서 더 열심히 공부했어요. 반면 오빠는 고액과외를 했지만 늘 성적이 좋지 않았어요." 부산 출신인 구 씨는 공부를 잘해 명문 여대에 진학했지만, 결국 구 씨의 오빠는 친정엄마의 과잉보호로 대학도 제대로 가지 못했다. 결혼을 해서도 지금까지 어머니의 보호를 받으며 살고 있다고 한다.

문제는 이런 친정어머니를 보고 자란 구 씨가 아들에 대한 어머니의 과잉 사랑을 그대로 따라했다는 사실이다. 그녀 역시 친정어머니처럼 아들은 지극정성으로 보살피면서도 딸에게는 무관심하고 있다. 그 결과 아들은 점점 거칠어지면서 공부를 멀리했지만 딸은 혼자서도 모든 것을 잘하고 있다. 마치 그녀의 오빠와 그녀 자신처럼 말이다. 구 씨는 친정어머니와 오빠의 경우를 생각하고선 정신이 번쩍 들었다고 했다. 불행 중 다행인지 자신의 아들은 엄마의 과잉 사랑이 부담스럽다며 반발했다. 어쩌면 아들이 엄마를 깊은 잠에서 깨운 것이다.

구 씨가 아들에 대한 집착에서 벗어나자 그때까지 삐걱거렸던 부부 사이는 오히려 좋아졌다. 구 씨는 남편과 이혼을 생각한 적이 한두 번이 아니었다. 생각해 보니 아들에게 온갖 정성을 다하느라 남편에게 거의 관심을 쏟지 않았다. 자신에게도 문제가 있었는데 모든 원인을 남편에게 돌렸던 것이다. 물론 미국에서 MBA를 나와 누구보다 엘리트 의식이 강한 남편도 아들 때문에 속상한 것은 이루 말할 수 없었을 것이다. 요즘 이들 부부는 공부 잘한다고 성공하는 것도 아니고 부자가 되는 것도 아니라며 서로 위로한다.

구 씨 모자의 사례는 이들 모자만의 문제가 아니다. 우리나라의 수많은 엄마들이 겪고 있는 문제로, 자칫 엄마와 자녀가 모두 우울증에 시달릴 수도 있다. 여기서 우리 모두가 행복한 교육이 되기 위해서는 '과연 엄마의 자녀 사랑은 어느 정도여야 하는가? 그리고 엄마는 어떻게 살아야 하는가?'의 문제를 다시금 생각하게 한다.

부모의 헌신 없는 자녀교육은 성공할 수 없다. 그런데 우리 시대 자녀교육은 부모의 이기심을 충족시키려는 자녀교육이라고 해도 지나친 표현이 아닐 것이다. 부모가 헌신하는 것 같지만 그것은 부모의 욕심을 위해 헌신하는 모습을 투영하는 것이기 때문이다. 그러니 아빠 혹은 엄마가 직접 도보여행을 하며 온몸으로 함께하는 헌신이 없다면 자녀의 마음을 울릴 수 없다.

법륜 스님이 쓴 『엄마 수업』에는 사랑을 단계별로 크게 세 가지로 나누어 설명하고 있다. 첫째, 정성을 기울여서 보살펴주는 사랑이다. 아이가 어릴 때는 정성을 들여서 헌신적으로 보살펴주는 게 사랑이다. 둘째 사춘기 아이들에 대한 사랑은 간섭하고 싶은 마음, 즉 도와주고 싶은 마음을 억제하면서 지켜봐주는 사랑이다. 셋째, 성년이 되면 부모가 자기 마음을 억제해서 자식이 제 갈 길을 가도록 일절 관여하지 않는 냉정한 사랑이 필요하다. 그는 "우리 엄마들은 헌신적인 사랑은 있는데, 지켜봐주는 사랑과 냉정한 사랑이 없다. 이런 까닭에 자녀교육에 대부분 실패한다"고 말한다.

부모가 자녀를
가르치지 말라

"사람 일생에서 세 가지를 뜻대로 이루기 어렵다고 했으니, 자식이 그렇고 명리가 그렇고 수명이 그렇다고 했다." 조정래 소설 『아리랑』에 나오는 말이다. 이 중에서 가장 뜻대로 이루기 어려운 것이 무엇일까? 그가 처한 환경과 여건, 나이에 따라 각각 다른 대답이 나올 수 있다. 그런데 자식을 키우는 부모의 입장이라면 대체적으로 '자식'이 가장 어렵다고 대답하지 않을까?

요즘 대한민국을 살아가는 부모들이 가장 좌절하는 것은 무엇일까? 아마도 그것은 '자식' 문제일 거라는 생각이 든다. "사람 일생에서 세 가지를 뜻대로 이루기 어렵다고 했으니, 자식이 그렇고 명리가 그렇고 수명이 그렇다고 했겠다." 조정래 소설 『아리랑』에 나오는 말이다. 이 중에서 가장 뜻대로 이루기 어려운 것이 무엇일까? 누구는 자식일 것이고, 또 누구는 명리일 것이고, 또 누구는 수명일 것이다. 그가 처한 환경과 여건, 나이에 따라 각각 다른 대답이 나올 수 있다. 그런데 자식을 키우는 부모의 입장이라면 대체적으로 '자식'이 가장 어렵다고 대답하지 않을까? 그 까닭은 자식이야말로 상대적이기 때문이다.

명리나 수명은 개인의 노력에 따라 어느 정도 자기통제의 영역에 있다. 하지만 자식은 그렇지 않다. "가만히 내버려두어도 알아서 잘 크더라"고 말하는 이들도 있겠지만 이는 극히 드문 경우라고 하겠다. 자녀문제는 마치 10퍼센트 정도만이 성공하는 시장의 법칙이 지배하는 곳과 같아서 90퍼센트에 해당하는 대부분의 부모들은 자식문제로 속이 시커멓게 썩어 있기 마련이다. 이는 학력이 높을수록 정도가 심한 것 같다. 고학력일수록, 명문대 출신 부모일수록 자식에 대한 기대치는 더 높기 때문이다. 이 때문에 오히려 자녀를 망치는 경우도 많다.

자녀문제는 또한 교직자라고 해서 잘하는 것도 아니다. 달리 말하면 학교에서 학생들을 잘 지도하고 이끄는 교사나 교수들도 자기 자녀 앞에서는 우물쭈물하고 당황하고 버럭 화를 내기 일쑤다. 그러다 얼굴을 붉히고 만다. 가르치려들다 오히려 부모와 자녀 관계만 손상된다. 그래서 유가의 창시자인 공자와 맹자는 "부모가 자녀를 가르치지 말라"고 했다.

하지만 우리 시대는 이런 유가의 율법을 더 이상 신봉하지 않는다. 부모, 특히 엄마는 무시로 자녀를 가르치려고 든다. 직접 책을 펴고 수학문제나 영어를 가르치지 않더라도 학원이나 학습지를 챙겨주면서 아이의 일거수일투족을 챙겨주려고 한다. 아이가 사춘기를 맞이하기 전에는 엄마와 아이의 이런 관계가 별다른 문제를 일으키지 않는다. 하지만 자녀가 엄마와의 분리 공포를 겪지 않는 사춘기에 진입하면 사정은 달라진다. 엄마와 자녀는 사사건건 충돌하거나 으르렁거린다. 이때 '교육 전문가' 엄마에게는 큰 상처가 남게 된다. 다행히 자녀가 그 와중에도 자신의 길

찾기를 포기하지 않고 노력하여 원하는 대학에 진학한다면 그나마 다행이다. 하지만 대부분의 엄마들은 배신당한 절망적인 상태가 되고 자녀 또한 방황에서 헤어나지 못하는 경우가 많다.

초등학교 교사로 재직 중인 전선미 씨는 다행히도 전자에 해당하는 경우다. 두 딸과 이제 초등 5학년이 된 늦둥이 아들을 키우고 있는 전 교사는 두 딸을 키우면서 두 딸과의 싸움뿐만 아니라 자신과의 전쟁을 치러야 했다. 두 딸보다 자신과의 싸움이 더 처절했다고 한다. "저 자신이 실은 '괜찮은 부모'인 줄 알았어요. 교사생활을 하면서 나름대로 원칙과 철학도 있었고요. 그런데 제 딸아이에게는 그 원칙과 철학이 통하지 않았어요."

그녀는 딸을 키우면서 먼저 책 읽기와 운동, 음악, 이 세 가지만은 꼭 잘 이끌고 싶었다고 한다. 요즘처럼 아이들이 물질적인 행복을 추구하는 세상에서 딸들만이라도 책을 통해 물질보다 더 중요한 게 있다는 것을 알게 해주고 싶었다. "요즘 아이들이 가장 안하는 것이 무엇인지 생각해보니 바로 독서와 운동, 음악이라는 생각이 들어 딸들에게 이 세 가지만큼은 집중적으로 시켜야겠다"고 다짐했다는 것이다. 초등학교에 다닐 때까지 전 교사는 자신의 원칙에 충실하게 따라주는 딸들이 대견스럽고 자랑스러웠다. 자신이 학생들을 지도하면서 고전과 같은 책들이 삶에 큰 자양분이 된다는 것을 알기에 함께 책 읽기에 열을 올렸다. 두 딸은 감수성이 뛰어나 책 읽기 진도가 잘 나갔고 피아노와 그림 등 예체능도 게을리 하지 않았다. 전 교사는 딸들을 지도하면서 무엇보다 들볶지 않고 다만 이끌어가고자 노력했다. 문제는 학년이 점차 올라가면서 생기기 시작했다. 서울 대치동에서 자신처럼 독서와 예체능을 우선적으로 하는 엄마는 주변에 아무도 없었던 것이다. 엄마들을 만나 이야기를 들으면 '내가 잘 하고 있는 건가?' 덜컥 겁이 나기도 했다.

전 교사는 자신의 자녀교육 원칙이 현실, 특히 자신이 살고 있는 '대치동의 현실'과는 너무 동떨어져 있다는 것을 실감했다. "내 아이들이 뒤처지는 게 아닌가 자꾸 의심이 들기 시작했어요. 이러다가 아이들을 학교 부적응자로 만들지 않을까 생각하니 오싹 소름이 돋을 정도였죠." 교사로 재직하고 있던 그로서는 학교의 현실을 너무도 잘 알기에 '현실'을 외면할 수도 없었다. 큰아이와 단짝 친구가 있었는데 그 아이는 초등학교 4학년 때부터 학습지를 남들보다 두세 배 해왔다고 말했다. "분당에서 살다 큰딸이 초등 5학년 때 대치동으로 이사를 오게 되었어요. 큰딸은 분당에서는 반에서 1등을 했는데 대치동에 오니 성적이 뚝 떨어졌어요. 주변에서는 다들 특목고에 가려면 지금부터 수학학원에 보내야 한다고 했어요."

그럴수록 전 교사는 남들처럼 특목고에 진학시키기 위해 학원을 보내기보다 자신의 원칙을 지키자고 다짐했다. 그는 남들처럼 학원 보내지 않고 내 신념대로 키운다고 생각하면서 스스로 '난 괜찮은 엄마'라고 위안을 했다. 엄마가 학원을 보내주지 않자 큰딸은 인터넷을 통해 일본 만화와 미국 드라마를 보기 시작했다. 또 틈틈이 그림을 그려 사이트에 올리기도 했다. 일본 애니메이션과 미국 드라마를 접하면서 절로 영어와 일본어에 눈을 뜨기 시작했다.

둘째 딸은 엄마가 시키는 대로 잘 따라주었다. 마치 스펀지처럼 엄마의 바람을 늘 충족시켜주었다. 반면 큰딸은 점차 엄마와 다른 곳을 보기 시작했다. "한번은 큰딸이 '왜 나를 남들처럼 학원에 보내주지 않았느냐'고 소리를 질렀어요. 엄마 때문에 성적이 자꾸 떨어진다는 거죠." 이때가 아이들을 키워오면서 맞은 '최대의 고비'였다고 했다. "남들처럼 학원에 열심히 다녀 특목고에 가는 아이로 키우고 싶지 않았어요. 교사 입장에서 보았을 때 그런 아이들일수록 너무 이기적인 경우가 많았거든요. 물론 그렇지 않은 아이들도 있지만요. 자신만을 앞세우는 아이로 키우고 싶지 않았어요." 그렇다고 현실과 타협하고 싶지도 않았다. 전 교사는 "이제 와서 하는 말이지만 그때 큰아이를 학원에 보내 특목고 가기 위해 그야말로 '세게' 밀어붙였다면 그것 때문에 엄청 반항했을 것"이라고 말한다. 남들처럼 학원에 보내주지 않았다고 항변하는 것처럼 학원에 보냈더라면 또 학원 때문에 엄마와 늘 전쟁을 했을 거라는 말이다. 전 교사는 "자식 키우는 부모는 결코 좋은 부모가 될 수 없는 것 같다"며 웃었다.

큰아이는 한동안 '팬픽'에 빠져 있었다고 한다. 팬픽은 아이돌과 같은 가수나 배우를 주인공으로 픽션을 가미한 소설이라고 하는데 10대층에 인기라고 한다. 그녀는 팬픽을 보면 유치할 정도의 성적 판타지가 난무하기 때문에 청소년들에게는 유익한 매체라고 할 수 없다고 말한다. 하지만 딸이 팬픽에 빠져 있어도 엄마로서 마냥 기다리는 수밖에 없었다. 보지 말라고 해봤자 소용이 없기 때문이다. 이때 처음으로 '차라리 학원이나 보내면서 세게 공부나 시킬 걸' 후회했다고 한다. 나만의 원칙을 고수하며 딸을 키운 결과 팬픽에 빠지고 공부는 중위권을 겨우 맴돌고 있었기 때문이다. "전 좋은 부모라고 생각했는데 그게 아니었어요. 한참 달려오다 보니 자녀교육 문제에 '헷갈리는 부모'가 돼 있었어요. 입시 위주의 치열한 경쟁사회에서 홀로 고고한 척, 삐딱하게 이 사회를 보고 있었던 거죠."

이미 주워 담을 수도 없는 상황이기에 전 교사는 딸이 다시 감수성을 되찾고 '꿈꾸는 딸'로 되돌아오기를 기다릴 수밖에 없었다. 큰딸은 미국 드라마와 일본 애니메이션과 팬픽에 빠져 지내면서도 작곡 연습을 꾸준히 했다. 그나마 그것이 엄마에게는 위안이었다. 큰딸은 중학교 3학년이 되자 좀 정신이 들었던지 예체능으로 대학에 가겠다고 했다. "둘째 딸은 매사에 성실한 데 비해 큰 아이는 좀 불성실한 편입니다. 그렇지만 자신의 목표가 정해지면 그걸 이루기 위해 엄청나게 집중하고 몰입을 했어요. 예체능으로 대학에 가려면 학원을 다니지 않을 수 없는데 큰아이는 학원도 잘 다니지 않았어요. 자신만의 방식으로 준비를 했던 거죠." 결국 큰딸은 작곡으로 원하는 음대에 합격했다. 엄마의 기대 이상의 결과물을 보여주었다. 엄마와 '죽'이 잘 맞았고 엄마의 시간표대로 숙제를 잘해준 둘째 딸은 엄마의 기대에 부응해 판사가 되겠다며 법학을 전공하고 있다. 그녀는 "모든 자녀들이 둘째 딸만큼 해준다면 아이를 수십 명도 키워낼 수 있다"면서 "하지만 자식은 대부분 큰딸처럼 이렇게 해도 반항하고 저렇게 해도 반항하는 것 같다"며 웃는다.

그래도 전 교사는 '행복한 엄마'라고 할 수 있다. 무던히도 속을 썩인 딸도 자신의 길을 찾아갔으니 말이다. 어쩌면 지금까지 아무런 속도 썩이지 않은 둘째 딸이 앞으로 어떤 속을 썩일지 모르겠다고 걱정한다. 그러고 보면 부모란 죽을 때까지 자식을 걱정하는 존재가 아닐까. 아무리 잘해 주어도 별로 칭찬받지 못하는 존재 말이다. 전 교사는 아직 늦둥이 아들 교육이 남아 있다. 그는 두 딸을 키우면서 긴 터널을 통과한 느낌이라면서 늦둥이 아들을 키우는 데는 이제 베테랑처럼 여유를 가지고 임할 수 있을 것 같다고 말한다. '이 또한 다 지나가리라.' 탈무드에 나오는 이 말처럼 언젠가 자녀를 키우면서 겪는 이 모든 일들은 다 지나가고 부부만 덩그러니 남게 될 것이다. 그래도 자식을 키울 때가 인생에서 가장 재미있고 보람 있는 시절이라고 한다. 살아본 사람들이 하는 말이다.

04

부모 욕심을 버려야
아이는 비로소 꿈꾼다

마음을 내려놓으니
아이의 인생이 풀린다

이 교사는 "요즘 아이들이 가장 안 하는 것이 무엇인지 생각해 보니 바로 독서와 운동, 음악이라는 생각이 들어 딸들에게 이 세 가지만 큼은 집중적으로 해야겠다"고 다짐했다고 한다. 우리나라에서 이렇게 아이를 키우기란 쉽지 않지만 이 교사의 말처럼 이렇게만 할 수 있다면 최고의 인재를 만들 수 있을 것이라고 확신한다.

서울 서대문구에 있는 한 단지 상가의 임숙자* 씨 반찬가게는 맛뿐만 아니라 인심이 좋아 늘 동네 사람들에게 인기가 좋다. 자식농사를 다 지어서인지 요즘은 더러 가게 문을 좀 늦게 열 때도 있어 아침에 김밥을 찾는 어머니들의 원성을 사기도 하지만 말이다. 옆 점포에서는 남편 황인호* 씨가 옷 수선을 한다. 황 씨는 재단 일만 40여 년을 해왔는데 맞춤 양복점을 운영하다 벌이가 줄어들자 옷 수선으로 전업했다. 이곳에 15년 전에 함께 일을 시작한 이들 부부는 김밥을 말고 옷 수선을 하면서 남매를 키워냈다. 지금은 남매 모두 출가했다.

꿈 많던 문학소녀였던 임 씨는 여고를 졸업하고 직장생활을 하다 남매를 낳으면서 일과 육아를 놓고 선택을 해야 했다. 요즘의 여느 직장 맘처럼 임 씨 또한 아이를 제대로 키워야겠다는 생각에 일을 그만두고 열심히 자식 뒷바라지에 나섰다. 아들은 공부를 잘하는 모범생이라 임 씨 인생의 희망이었다. 이들 부부는 남아선호 세대여서인지 딸보다 아들 교육에 집중했다. 아들은 부부의 희망대로 공부를 잘해주었다. 그래서 어머니는 학교일에도 열심이었고 어머니회장도 도맡다시피 했다. 선생님들도 주기적으로 찾아가 상담했다. 지금도 여전하지만 당시에도 치맛바람은 매우 거셌다. 임 씨는 아이가 기죽지 않도록 세세하게 신경을 많이 썼다. 아들은 집 근처 중학교에 다녔는데 반에서 줄곧 1, 2등을 했다. 공부 잘하는 아이를 둔 여느 엄마들처럼 임 씨 역시 점점 욕심이 났다. 이왕이면 '명문' 소리를 듣는 고등학교를 보내야겠다고 생각했다. 고등학교 배정을 받기 1년 전부터 명문으로 꼽히는 고등학교 근처에 집 하나를 얻어 위장 전입까지 해놓았다. 엄마의 열성대로 아들은 그 학교에 배정받았다. 아들이 다닌 중학교에서 혼자 그 고교에 배정받았다.

그러나 아들은 고등학교에 들어가 반에서 10등 내에도 들지 못했다. 첫 시험에서 반 11등에 그친 아들의 성적표에 실망했지만 희망을 버리지 않았다. 아들도 열심히 해서 1학년 말에는 반 석차를 7등까지 끌어올렸다. 임 씨는 좀 더 하면 5등 이내도 들 수 있겠다는 생각에 과외 뒷바라지에 나섰다. 그때 시작한 것이 김밥 장사였다. 하지만 2학년 2학기에 접어들자 아들에게 사춘기가 찾아왔다. 중학교 때 아들의 사춘기를 무사히 넘기게 하려고 아버지 황 씨는 휴일이면 아들과 운동을 했다. 그런데 뒤늦게 사춘기의 방황이 찾아온 것이다. 중학교에서 혼자 고등학교에 배정받아 친한 친구도 없었고 학교에 적응하지 못한 것도 원인이었다.

아들은 공부를 안 하는 것은 물론이고 툭하면 싸움질을 하더니 같은 반 학생의 눈까지 찢어놓았다. 치료비를 내주며 겨우 무마했다. 그때는 자식이 원수처럼 느껴졌다. 아들은 또 싸움을 하다 손가락까지 부러졌다. 하루하루 사고의 연속이었고 바람 잘 날 없는 나날이었다. 수능을 봤는데 결과가 기가 막혔다. 일말의 기대마저 무너졌다. 그때만 해도 그 학교에서 중간 정도만 해도 서울 중위권 대학은 갈 수 있었다. 그런데 아들은 강원도에 있는 대학교의 생명공학과에 들어갔다. 아들은 자기보다 공부 못하던 애들도 서울에 있는 중위권 대학에 갔다며 재수를 하겠다고 했다. 이들 부부는 "정신 못 차린 애들은 재수해도 안 되더라. 제대로 공부할 의지가 없다면 그냥 다녀라"며 말렸다. 대학에 가서도 아들은 부모의 기대와 달리 공부에는 뜻이 없었다. 머리를 노랗게 물들이는가 하면 귀걸이를 한다며 여동생 귀걸이까지 가져갔다. 술에 취한 아들과 옥신각신하다 현관 유리를 깨뜨리기도 했다. 툭하면 용돈을 달라고 했다. 아들에게는 도무지 희망이 없어 보였다. 아버지가 정신 못 차리는 아들을 군대에 자원 입대시켰다. 아버지로서 마지막 응급 처방이었다.

뜻밖에도 아들은 군대에 가서 인생의 전환점을 맞게 되었다. 지방대였지만 생명공학과를 다닌 아들은 약 조제과에 배치를 받았다. 거기서 군의관을 만났는데 아들에게는 인생의 '귀인'이었다. 강남에서 내로라하는 부잣집 출신의 군의관은 아들이 마음에 들었는지 제대 후 강남에 있는 자신의 빌딩 CD판매점에서 일해 볼 것을 제안했다. "아들은 거기서 돈이 어떻게 돌아가는지에 대해 눈을 떴다고 해요. 투자하는 것도 직접 보게 되고 사람들이 모여서 재테크하는 얘기도 들으면서 세상을 배워나가게 됐다고요. 정신이 번쩍 들었다고 하더군요." 뿐만 아니라 그 의사는 자신의 서재 책을 읽게 했는데 아들은 그 책에서 자신의 적성을 찾았다고 한다. 부동산에 적성이 있다는 것을 알았다. 방황하는 아들에게는 멘토 같은 존재가 되어준 셈이다.

옆에서 지켜보던 아버지 황 씨는 아들에게 공인중개사 자격증을 따라고 했다. 학원도 다니지 않았는데 아들은 4개월 만에 자격증을 땄다. 또 부동산에 관심 있다면 감정평가사 자격증도 따라고 조언했다. 아들은 1차 시험에 합격했다. 2차 시험을 볼까 하다가 그때 나이가 29세라서 좀 늦으면 취직을 못할 것 같았다. 아들은 대기업 취업부터 하기로 맘을 먹었다. 모 대기업에 들어가 자산관리부서에서 일을 하게 됐다. 이제는 고등학교 때 그렇게 속을 썩이던 아들이 아니었다. 어머니 임 씨는 "오히려 좋은 대학 나온 친구들보다 더 잘 풀리는 것 같다"고 했다. 하지만 아직도 주위에서 자식이 명문대에 들어갔다는 이야기를 들으면 가슴이 먹먹해진단다. 부모의 마음이란 이런 것일 게다. 올해 34세 된 아들은 결혼도 해서 아들도 두고 목동에서 잘 살고 있다. 임 씨가 보기에 행복하게 산다.

임 씨는 아들을 대학까지 보내면서 마치 살얼음 걷듯 마음고생이 심했다. 엄마가 아들에게 공부 욕심을 내면 낼수록 아이는 공부와 멀어져

갔다. 임 씨는 아들이 중·고등학교를 힘겹게 보낸 것은 다 엄마의 욕심 때문이었던 것 같다고 토로한다. "명문 학교, 공부를 세게 시키는 곳에 넣어두면 그래도 좀 더 낫지 않을까 생각했어요. 중학교 때 잘했으니 명문 소리 듣는 고등학교에서도 잘 버텨주지 않을까 하는 엄마의 욕심이 문제였어요." 그러다가 뜻밖에도 엄마가 마음을 내려놓으니 아이의 인생은 풀리기 시작했다고 말한다. 참으로 자녀교육의 아이러니가 아닐 수 없다. 때로는 집착하면 할수록 어긋나는 게 삶의 이치이기도 한데 자녀교육에서도 이율배반의 법칙이 적용되곤 하는 것이다. 달리 말하면 때로는 자녀를 방관하듯이 내버려둘 때 공부든 일이든 더 잘 풀릴 수 있다는 말이다. 그렇지만 집착을 내려놓더라도 관심과 사랑의 마음만은 놓지 말아야 한다.

임 씨의 아들과 달리 딸은 공부에 별로 관심이 없었다. 전문대에 들어갔는데 만족하며 다녔다. 부모는 공부를 못해 시집은 제대로 갈까 걱정을 많이 했는데 무슨 생각이 들어선지 뒤늦게 열심히 공부를 시작한 딸은 숙명여대에 들어갔단다. 이들 부부는 이때 또 한 번 깨달았다. 공부는 자신이 느끼면 저절로 하게 된다는 것을. 딸은 또한 건실한 신랑을 만나 결혼을 했고 누구보다 행복하게 잘 살고 있다. 임 씨가 보기에도 남편 사랑 듬뿍 받으면서 알콩달콩 재미있게 산다.

"손님과 이야기를 하다 보면 자식 걱정하지 않는 부모가 없어요. 그럴 때면 아이들 키우던 시절이 생각나고 때로는 그리워질 때도 있어요. 자식 걱정 하는 엄마를 보면 '그렇게 걱정하지 않아도 된다'고 위로해 주고 싶지만 자식을 키울 때는 그 말이 마음으로 들어오지 않을 거예요. 저도 그랬으니까요." 이들 부부의 이야기가 「주간경향」에 소개되고 난 후에 김밥을 사러 들른 많은 손님들이 기사 잘 보았다고 하면서 자신들이 겪은 자식농사의 어려움을 토로했다고 한다. 어떤 손님은 교사로 재직 중인데 자기 아들이 이들 부부의 아들처럼 속을 썩이며 공부를 안 해 결국은 외국으로 조기유학을 보냈다면서, 다시 생각해보니 보내지 말 걸 후회했다고 한다. 때가 되면 공부를 하고 자기 앞가림을 하게 된다는 것을 깨달았다는 것이다. 기다리지 못하는 부모가 되면 자식에게 지는 셈이다. 이는 또한 자식을 더 힘들게 할 수도 있을 것이다.

주역에 '직방대直方大'라는 말이 있다. 자연히, 스스로, 본능적으로 아는 것을 뜻한다. 우리의 삶은 기본적으로 누가 가르쳐서 되는 것이 아니고, 태어나면서 누구나 삶을 위한 준비가 저절로 되어 있다는 것이다. 그러니 따로 익히지 않아도 특별히 불리할 것이 없다고 강조한다. 우리 동네 김밥집 아주머니의 말은 주역의 이 말과 통하는 것 같다. 그는 힘든 세월을 통해 엄마가 욕심을 버리고 아이의 마음을 잘 다독여주는 것이 가장 중요함을 깨달았던 것이다. 그래서 자녀로 인해 마음고생 하는 엄마들에게도 이런 얘기를 들려주고 싶다고 한다. "아이마다 자기 몫의 인생이 있답니다." 자식농사는 부모가 필사적으로 달려든다고 되는 것이 아니다. 우리네 인생처럼 말이다.

인정받지 못하는 딸,
이성 교제에 빠지다

"가정에서 인정받지 못하고 사랑받지 못하는 소녀, 우등생에서 열등생으로 떨어진 소녀는 남자와의 성관계를 가짐으로써 인정받고자 한다." 이는 개인심리학의 창시자 알프레드 아들러의 말이다. "내 딸은 아니야!"라고 단정하지 말고 혹시 부모로서 엄마로서 억압하며 키우지 않았는지 한번 생각해 보자. 스캇 펙은 아이를 지배하고자 하는 욕구가 강한 어머니는 딸을 심지어 불감증으로 만들 수 있다고 한다.

"우리 아이는 너무 착해요. 세상 물정을 몰라 걱정이에요."

흔히 부모, 특히 어머니들이 하는 '위대한 착각' 가운데 하나가 '우리 아이는 착하다'가 아닐까. 아들을 둔 엄마는 자신의 아들만큼은 담배도 피울 줄 모르고 술도 마실 줄 모른다고 생각한다. 또 여자친구도 없고 사귈 줄도 모른다고 생각한다. 딸을 둔 부모도 비슷하다. 자신의 딸만큼은 남자친구도 없고 또 사귈 줄도 모른다고 생각한다. 더욱이 남자친구나 여자친구의 손도 잡아본 적이 없고 키스도 해본 적이 없다고 생각한다. 이쯤 되면 섹스는 당연히 해보지 않은 것으로 생각한다. 피시방에도 가지 않고, 요즘 아이들처럼 거친 욕설도 할 줄 모른다고 생각한다. 자

기 자식만큼은 '착하다'고 생각한다. 아니, '착하다고 여기고 싶어한다.'

그러다 어느 날 부모는, 특히 어머니는 자신의 아들이나 딸이 담배도 피우고 여자친구 혹은 남자친구를 사귀며 심지어 섹스까지 했다는 사실을 알게 되면 아연실색하고 만다. 그런데도 부모는 자기 자식만큼은 성이나 술, 흡연 등에 경험이 없고 무관심하다고 생각한다. 그러다 어느 날 자식이 '어른'이 되었고 술과 담배, 섹스를 할 수 있다는 사실을 알게 되고는 큰 혼란과 함께 충격에 빠지곤 한다. 아빠는 아들에 대해, 엄마는 딸에 대해 '배신감'이 더 크다.

유서영 양은 중학교 시절 별명이 '올 백'이었다. 중학교 3년 내내 전 과목이 만점이었다. 당시만 해도 아나운서가 꿈이었던 서영이는 초등학교 1학년 때부터 새벽 5시에 일어났다. 새벽 5시가 되면 동네에서 슈퍼를 운영하던 엄마가 영어 테이프를 크게 틀어놓았다. 그 소리에 앳된 일곱 살 소녀는 새벽 단잠에서 깨어나야 했다.

서영이는 초등학교 때부터 공부에 두각을 나타냈다. 딸 덕분에 엄마는 '살맛'이 났다. 공부 잘하는 딸을 둔 엄마는 마치 자신이 공부를 잘하기라도 하는 것처럼 다른 사람을 눈 아래로 봤다. 어깨에 절로 힘이 들어갔고 학교에서 다른 어머니들과 이야기를 할 때면 마치 훈장이라도 두른 것처럼 으스댔다. 자만심이 하늘을 찔렀던 것이다. 다른 엄마들은 서영이 엄마와 이야기하면 이유 없이 기분이 나쁠 지경이었다. 늘 약간은 남을 무시하는 투였기 때문이다.

서영이는 엄마의 성화에 초등학교 때부터 새벽 1시까지 공부를 했다.

그러면서도 자기가 잠을 더 줄여야 하는 건 아닌지 고민했다. '세 시간만 자야 하는데 내가 너무 많이 자는 건 아닐까?'가 그것이 고민이었다. 언제나 열심히 공부했다. 슈퍼를 하는 부모 밑에서 자란 서영이는 자신이 집안의 희망이고 자랑임을 알고 있었다. 늘 엄마를 만족시켜야 한다는 책임을 느끼며 공부했다. 더욱이 천성적으로 잘난 척하지 못하는 아이라서 공부를 잘하면서도 겸손해서 친구들에게 인기도 많았다. 서영이 꿈은 민사고에 들어가는 것이었다. 자신의 꿈이라기보다 엄마의 꿈이었다.

어릴 때부터 영어를 잘해서 중학교 때부터 토플을 공부했다. 성문 종합영어도 중학교 2학년 때 이미 다 공부했다. 영어 단어는 뜻을 영어로 쓸 정도였다. 엄마가 영어 테이프를 틀어준 덕분에 특히 리스닝이나 영어 회화도 잘했다. 한번은 엄마 가게에 외국인 손님이 왔는데 마침 서영이가 옆에 있다가 통역을 해서 물건을 팔기도 했다. 학원에서도 인기가 높았다. 영어를 워낙 잘하다 보니 주위 친구들 모두 서영이가 다니는 학원으로 몰렸고, 그때마다 학원 측에서 상품권을 받기도 하고 장학금을 탔다.

그런데 그만 민사고에 진학하지 못했다. 민사고에 진학해 아나운서가 되겠다는 꿈에 일단 브레이크가 걸렸다. 고민 끝에 외국어고교에 진학했다. 하지만 외고는 부모들이 생각하는 것처럼 공부만 하는 게 아니었다. 학생들은 방과 후 활동에 적극적이었다. 특목고 준비에 지쳤던 아이들은 마치 대학 동아리 활동을 하듯이 재미있게 몰려다니면서 활동을 했다. 중학교에서는 늘 최고였던 서영이는 정작 외고에서는 생각만큼 두각을 나타내지 못했다. 그러다가 같은 과 선배 오빠를 사귀게 되었는데 자신도 모르게 빠져들었다. 너무 연애를 심하게 해서 학교 전체에 소문이 파다할 정도였다. 학교 안에서도 틈만 나면 끌어안고 다니고 구석진 곳에서는 키스도 했다. 성관계를 가진 것은 물론이다. 중학교 때의 서영이가 아니었다. 같은 중학교를 나온 선배나 친구조차 기가 막히다고 할 정도였다. '달라져도 저렇게 달라질 수 있을까' 다들 수군거렸다

엄마는 딸의 성적표를 보고 놀랐다. 이내 그 원인을 들을 수 있었다. 학부모가 딸아이의 연애 소식을 전해 주었기 때문이다. 비로소 엄마는 딸의 성적이 왜 엉망인지 알 수 있었다. 하지만 엄마는 딸이 걱정되어도 남들한테 의논조차 할 수 없었다. 딸이 자존심의 전부였기 때문이다. 내신은 거의 꼴등이었다. 수능 또한 '바닥'을 쳐서 서울에 있는 4년제 대학에도 들어갈 수 없었다.

보통 수능이 끝나고 대학이 발표되면 당사자인 학생보다 부모들이 더 속을 태운다. 그도 그럴 것이 우리나라에서는 자식의 '대학진학 성적표'가 부모의 '체면 성적표'가 되기 때문이다. 특히 초등학교나 중학교 때까지 공부 잘했다고 어깨에 힘을 주고 자식 자랑을 일삼던 부모들은 더하다. 그리고 대부분 엄마들은 자식들을 몰아세워 재수를 강요한다. 서영이 엄마도 그랬다. 딸을 강남에 있는 재수학원에 보내고 남자친구도 정리시켰다. 물론 서영이는 남자친구를 '정리'하지 않았지만 말이다. 그래도 공부에 소질이 있던 서영이는 재수 때 정신을 차리고 열심히 해서 현재 지방 소재 의과대학에 다니고 있다. 초등학생 때부터 딸을 세계적인 인물로 키우려던 엄마는 아직도 딸에 대한 꿈과 미련을 접지 못하고 있다.

딸보다 어머니가 더 마음에 상처를 입고 삶의 의욕마저 시들해지고 있다. 엄마들은 딸들을 끌어안고 꿈을 꾼다. 때로 그 꿈은 가혹하게 끝난다.

고등학교에서 꿈이 꺾인 서영이의 사례는 세계적인 개인심리학의 권위자인 알프레드 아들러의 『심리학이란 무엇인가 What life should mean to you』에서 그 비밀의 일부를 찾을 수 있을 것 같다. 아들러에 따르면 어린 시절부터 지나치게 귀여움을 받고 자랐거나 주목을 받은 아이 중 일부는 성장하면서 자신이 주목받을 만한 상대가 아니라는 것을 깨닫게 된다. 그들은 인생이 자기를 배반하고 기만했다고 생각하며 그로 인해 인생을 비난한다. 그들은 인간적인 따뜻한 분위기 속에서 성장해 왔기 때문에 외부 세계의 공기를 가혹하고 차갑게 느낀다.

결국 중학교나 고등학교 시기에는 상황이 완전히 거꾸로 진행되기에 이른다. 지금까지 많은 기대를 받아왔던 아이들이 공부나 일에 있어서 점점 뒤떨어지기 시작한다. 반면 그다지 재능이 있다고 생각되지 않았던 아이들이 전혀 예기치 못했던 능력을 발휘하기도 한다.

"대단히 전도가 유망했던 아이는 아마 기대에 부응해야만 한다는 사실에 대해 부담을 가지고 두려움을 느꼈을 것이다. 그 아이는 도움을 받거나 칭찬을 듣거나 상을 받는 동안에는 전진할 수 있었지만 그 시기가 지나자 한꺼번에 용기를 잃어버리게 된 것이다."

심지어 아들러는 "가정에서 인정받지 못하고 사랑받지 못하는 소녀, 우등생이었는데 고등학교에 진학에 적응하지 못하게 된 소녀는 남자와 성관계를 가짐으로써 인정받고자 한다"고 지적한다. 아들러의 이 주장을 서영이에 대입하면, 결국 고등학교에서 남자친구와 진한 연애에 빠져들게 된 것은 공부로 인정받지 못하는 욕구를 성적으로 해소하려는 심리였던 것이다. 아들러는 또한 "어머니와 사이가 좋지 않아서 자신이 억압받는 다고 느끼던 소녀들이 어머니와 말다툼 끝에 집에서 뛰쳐나가면 처음 발견한 남자와 성관계를 맺어버린 경우를 자주 보아왔다"고 적고 있다. 딸에 대한 엄마의 지나친 욕망은 자칫 딸의 욕망을 억누르게 되고, 왜곡된 성적 경험에 탐닉하는 것으로 이어질 수 있다는 아들러의 지적을 유념해야 한다. 딸을 키우는 어머니라면 아들러의 이 말을 특이한 일로 간과해서는 안 될 것이다. 더욱이 성적으로 성숙하지 않을 때의 성경험은 훗날 결혼을 해서 불감증으로 이어질 수도 있다고 전문가들은 말한다. 왜곡된 성경험이 평생의 불행으로 이어질 수 있다는 말이다.

신경정신학자 M. 스캇 펙이 쓴 『아직도 가야 할 길 The Road Less Traveled』이라는 책은 다양한 임상 사례를 들려주는데, 불감증으로 남편이 떠나버린 레이첼의 경우를 보면 어린 시절의 경험이 얼마나 개인의 인생을 지배하는지 알 수 있다. 결론을 먼저 말하면 "권위적이고 지배적인 어머니는 딸을 불감증으로 만들기도 한다"는 것이다.

냉랭하고 매우 예의 바른 스물 일곱 살의 젊은 부인인 레이첼은 결혼한 지 얼마 안 되어 정신과 치료를 받았다. 남편 마크는 부인의 불감증 때문에 떠났다. 마크는 "레이첼의 어머니가 이 문제에 큰 관련이 있는 것 같다. 그 어머니는 정말 대단한 분이다. 제너럴모터사의 사장을 지내도 충분할 양반이긴 하지만 훌륭한 어머니였던 것 같지는 않다"고 말했다.

한마디로 여장부였던 그의 어머니는 자녀에게 자기 주장을 강요하는 권위적인 아버지 스타일이라고 할 수 있다. 레이첼은 어머니가 만들어놓은 규칙대로 따르지 않으면 당장 쫓겨날지 모른다는 생각에 짓눌려 자랐다고 한다. 레이첼은 늘 어머니로부터 고용인에게나 하는 말들을 들으며 자랐다. 어머니의 기대에 부응하는 행동을 해야만 사랑과 관심을 얻을 수 있었던 것이다. 성인이 되어서도 레이첼은 긴장을 풀지 않았다. 울지도 않았다. 결혼 후 성생활에서조차 긴장을 풀지 못했고 불감증으로 나타났다는 것이다.

아들러의 『심리학이란 무엇인가』와 스캇 펙의 『아직도 가야 할 길』이라는 책은 자녀를 둔 부모라면 꼭 읽어볼 만한 책이다. 가족의 행복은

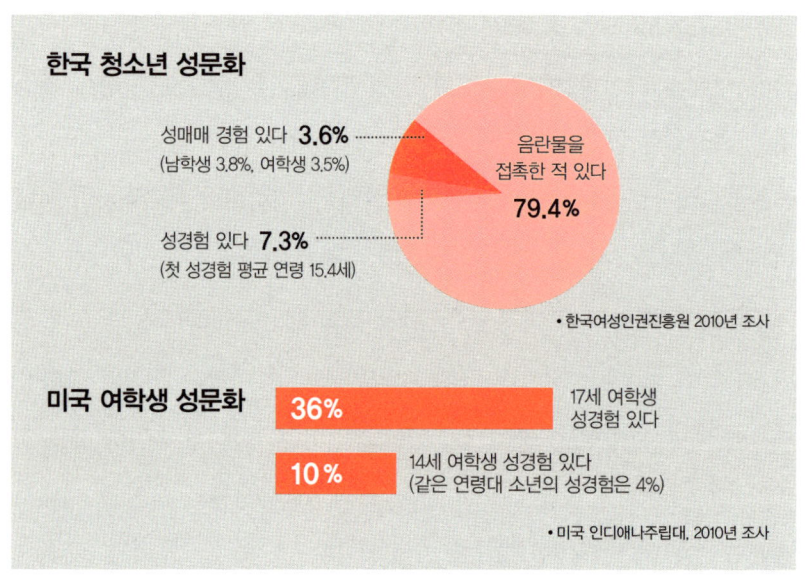

부모의 노력만으로 이루어지지 않는다. 또한 자녀가 공부를 잘한다고, 평판이 좋은 학교에 진학한다고 반드시 자신의 꿈을 이루고 행복하게 살 수 있는 것은 아니다. 다만 그런 길로 가는 필요한 조건을 갖추는 것에 불과하다. 명문 고등학교와 대학교에 들어갔다고 부모가 너무 우쭐댈 일도 아니다. 달리 말하자면 자녀가 명문 고등학교나 대학교에 들어가지 못했다고 숨죽여 지내거나 자책할 필요도 없다는 말이다.

자식에 대한 환상에서
벗어나지 못하는 엄마들

고등학교 2학년 때부터 '부모 말씀 잘 듣고 공부 열심히 하던' 그 아들이 아니었다. 남들 놀 때도 공부만 하던 아이가 뒤늦게 게임에 빠진 것이다. 박혜란은 『다시 아이를 키운다면』에서 이렇게 조언한다. "아이가 내 뜻대로 된다고 자랑 말고, 아이가 내 뜻대로 안 된다고 걱정 말라. 반대로 아이가 내 뜻대로 된다면 걱정하고, 아이가 내 뜻대로 안 되면 안심하라." 자식을 제대로 키워본 엄마의 조언이다.

우리나라에서 어머니와 아들은 좀 각별하다. 어머니는 아버지와 달리 아이를 10개월 동안 잉태해 낳기에 자녀가 자신의 분신 같은 느낌이 강하다고 한다. 다른 사람들이 보기에는 못생긴 아들이라도 어머니의 눈에는 세상 그 누구보다 잘생기고 멋진 아들이다. 그게 엄마의 마음이다. 그래서 아들에게 여자친구라도 생기면 엄마가 가장 먼저 심란해진다. 급기야 엄마는 아들의 여자친구에게 전화해 만나지 말라고 다짐을 받는다. 부모를 찾아가 한바탕 소란을 벌이기도 한다.

엄마들은 아들을 자신의 이상형으로 키우려고 한다. 초등학교 때부터 공부 잘하고 엄마 말 잘 듣는 아들일수록 더하다. 엄마들은 대부분 장남에 대한 기대가 크고 환상도 많다. 남편의 못난 부분, 마음에 들지 않는 부분을 아들에게서 지우며 '아빠보다 더 멋진 남자'로 키우려고 한다. 그러니 남들도 다 인정하는 잘난 아들을 둔 엄마들의 경우는 어떻겠는가. 재수학원에서 만난 박상준 군의 어머니도 그렇다고 했다. 상준이는 두 살 아래 남동생이 있는 장남인데, 잘생기고 어려서부터 영재 소리를 들을 만큼 공부에도 뛰어났다. 남동생 또한 잘생기고 공부도 곧잘 했지만 엄마의 눈에는 여러모로 형만 못했다. 그러다 보니 엄마는 해바라기처럼 늘 큰아들에게 관심이 쏠렸고 큰아들에 대한 자부심이 넘쳤다. 그런데 상준이는 현재 재수 중이다. 재수를 하지만 게임을 하며 밤새하기가 일쑤여서 성적은 오르지 않고 있다. 아들에게 모든 기대를 걸었던 어머니의 절망감은 당사자인 상준이보다 더하다.

상준이의 별명은 '테리우스'였다. 부모는 키도 크지 않고 수수하게 생겼는데 상준이는 키가 182센티미터에 날씬하다. 다리도 길어 모델 같은 몸매의 소유자다. 약간 길게 기른 곱슬머리가 잘생긴 뽀얀 얼굴과 잘 어울려 만화 '캔디'에 나오는 테리우스 분위기를 풍긴다. 학원이나 학교에서 여학생들에게 인기가 높다. 상준이 어머니는 테리우스처럼 생긴 아들을 둔 덕분에 모든 엄마들의 시기와 선망을 한 몸에 받았다. 하지만 아들이 재수하면서 엄마 또한 재수생보다 더 우울한 나날을 보내고 있다.

상준이는 일곱 살 때부터 아빠 옆에 앉아 하루 네 시간씩 수학문제를 풀게 했다. 하기 싫다고 하면 아빠는 매를 들었다. 울면서 문제를 푼 적도 부지기수였다. 아빠와 비록 사이는 안 좋았지만 크게 불만은 없었고 아빠 말도 잘 따랐다. 중학교 때 수학, 과학 올림피아드대회에서 수상도 했다. 중학교까지 한마디로 승승장구였다. 엄마는 큰아들이 과학고에 당연히 붙을 줄 알았는데 그만 떨어졌다. 하지만 워낙 실력 있는 아이라 일반계 고등학교에 가서도 잘할 거라 위안을 했고 그다지 걱정하지 않았다. 상준이는 고등학교 2학년 1학기까지 수학, 과학은 계속 전교 1등을 했다. 모의고사도 수학, 과학은 전국 1퍼센트에 드는 성적이었다. 엄마는 희망에 들떴다. 큰아들만 생각하면 밥을 안 먹어도 배가 불렀다. 아들은 어머니에게 인문학적 상상력으로 무장한 과학 인재들을 선발한다는 연세대 융합공학부에 들어가 박사까지 장학금 받으면서 공부하겠다는 꿈을 들려주었다. 엄마는 아들의 말을 들으면서 그런 꿈을 가진 아들이 대견했고 행복했다.

엄마는 맞벌이를 하며 아이를 위해 악착같이 돈을 벌었다. 아이에게 투자하는 모든 것이 아깝지 않았다. 엄마는 옷 한 벌 못 해 입고 살았지만 아들에게는 무엇이든 최고로 비싼 것만 사주었다. 심지어 빵 하나도 가장 비싼 것만 사주었다. 아들 대학 등록금도 어릴 때부터 저축을 하여 마련해 둘 정도였다. 엄마에게는 아들이 인생의 즐거움이었다. 아들을 키우면서 점차 남편에게는 관심이 없어졌다. 남편 없이도 행복할 것 같았다. 공부 잘하고 잘생긴 아들을 바라보면 남부러울 것이 없었다.

그렇게 20년을 살아왔는데 아들이 공부를 멀리하면서 모든 것이 수포로 돌아가고 말았다. 2학년 2학기 때부터 '부모 말씀 잘 듣고 공부 열심히 하던' 그 아들이 아니었다. 어느 날 갑자기 전혀 다른 아이로 다가

왔다. 게임에 빠지기 시작한 것이다. 남들 놀 때 공부만 하던 아이가 뒤늦게 노는 재미에 빠진 것이다. 뒤늦게 방황의 시기가 찾아왔다. 학교 근처 피시방에서 학원도 다 빼먹고 게임에 빠져들었다. 밤에는 축구에 빠져서 프리미어리그를 본다며 거의 밤을 새웠다. 모든 욕망을 억누르며 착한 아들로 살던 상준이에게 뒤늦게 사춘기의 방황이 덮친 것이다. 학교에서는 매일 잠만 자고 방과 후엔 피시방에서 게임에 몰두하는 생활이 반복됐다. 축구선수가 되겠다고 하여 부모를 또 한 번 놀라게 했다. 게임 중독으로 몰골도 초췌해졌다. 몇 달을 그렇게 지내자 성적이 추락했고 급우들조차 걱정할 정도가 되었다. 3학년이 되어서는 그렇게 자신 있어 하던 수학, 과학이 40점도 나오질 않았다.

결국 대학은 모두 떨어졌고 재수의 길로 들어섰다. 엄마는 억장이 무너졌다. 상준이는 "재수해도 소용없을 것 같다. 공부할 의미를 찾지 못했고 이제 꿈도 없다"고 실토한다. "부모님은 서울에 있는 대학이라도 갔으면 좋겠다고 하시는데 저는 늘 고개만 끄덕여요. 제가 왜 이렇게 망가졌는지 저 자신도 실망하고 있어요. 하지만 게임을 끊지 못하겠어요." 엄마는 아들의 망가진 현실을 받아들이기가 쉽지 않다. 마치 '신앙' 같던 아들이 왜 이렇게까지 되었는지, 그래도 언젠가는 다시 예전의 아들 모습으로 돌아와줄 거라는 희망을 놓을 수 없다고 한다. 남들은 다 끝났다고 생각해도 엄마는 그럴 수가 없다는 것이다. 아들로 인해 실망하고 지친 모성이 속으로 울음을 삼키고 있었다.

상준이 동생은 반에서 5등으로 웬만큼 공부를 하는 아이였지만 늘

'잘난' 형한테 치였다. 형처럼 미남형에 성격도 좋지만 부모는 늘 형에게만 관심을 주었다. 댄스부에서 춤도 잘 춰 학교 행사 때는 무대에서 인기를 독차지했다. 밖에서 인기가 있어도 집에서는 인정받지 못하자 방황도 하고 가출을 하기도 했다. 형 때문에 늘 상처받았던 동생도 지금의 형이 너무 안타깝다고 한다. 어머니는 "재수를 해도 안 되면 삼수를 하면 된다"면서 아직도 아들에 대한 환상과 미련에서 벗어나지 못한 듯했다.

테리우스의 꿈은 게임중독으로 날아갔지만 어쩌면 엄마가 꺾어버린 것은 아닐까 하는 생각이 든다. 엄마의 지나친 관심은 자녀에게 때로 과잉보호로 느껴지고 이는 '부담감'으로 이어질 수 있기 때문이다. 과잉보호는 성장을 해도 부모 품을 못 떠나는 캥거루족이나 마마보이를 낳는다. 아직도 엄마의 행복이 자녀의 행복이라고 생각한다면 그것은 착각이 아닐까. 자녀의 행복이 엄마의 행복일 수는 있을 테지만 엄마의 행복이 자녀의 행복일 수는 없을 것이다.

고 황수관 박사가 TV에서 2004년 영국문화원이 창립 70주년을 기념해 전 세계 비영어권 102개국 4만여 명을 대상으로 아름다운 영어 단어를 70개 고르라는 설문 조사 결과를 들려주었다. 그게 그의 '마지막 강의'여서 눈시울을 물들게 한다.

"세상에서 가장 아름다운 영어 단어를 설문 조사했더니 가장 아름다운 영어 단어 1위로 'Mother(어머니)'가 뽑혔다고 합니다. 두 번째 아름다운 영어 단어가 'Father(아버지)'였으면 얼마나 좋겠습니까마는 Father가 아니고 'Passion(정열)'이었고, 세 번째는 'Smile(웃음)', 네 번째는

'Love(사랑)'가 뽑혔으며, Father는 다섯 번째도 열 번째도 없었다고 합니다. 아니, 70위까지도 없었다고 합니다." 이 말을 하며 그는 이렇게 말했다. "남성 여러분, 우리 모두 죽읍시다, 죽어버립시다!"

우리나라에서 자녀교육을 엄마가 전담하고 아빠가 겉돌다시피 하면서 요즘은 가정에서 자녀와 언성을 높이는 쪽은 아빠보다 엄마가 더 많은 것 같다. 달리 말하자면 아빠의 부성애가 자녀들에게 소외당해 울고 있다면, 어머니의 모성애는 자녀들에 의해 지치고 배신당해 울고 있는 셈이다. 그렇다면 지금 우리나라에서 가장 아름다운 단어로 '엄마'가 1위에 꼽힐 수 있을까?

인터넷(게임 포함) 중독률

	성인	6.8%
10대	청소년	10.4%(67만 7천 명)
	고등학생	12.4%
5~10세 이하		7.9%

• 자료: 행정안전부 2011년 인터넷 중독 실태조사

아빠의 자리는
엄마가 만들어주세요

"아빠가 늘 직장일로 바쁘다 보니 사실 아이들과 놀거나 이야기할 시간이 거의 없지만 이때 반드시 '아빠에게 의논해 결정하자'고 말함으로써 아빠의 자리를 만들어주고 싶었어요." 지혜로운 엄마는 아빠를 존중한다. 페이스북 최고운영자 셰릴 샌드버그의 조언은 아빠가 육아에 참여하기를 바라는 엄마라면 마음속에 꼭 새기자.

"중요한 결정은 아빠와 상의하라. 아빠의 자리는 엄마가 만들어주자."

송민희* 씨는 고교 1학년생과 중학교 2학년생 두 아들을 둔 평범한 주부이자 논술강사인데 늘 이런 말을 즐겨 한다. 남편은 대기업 홍보담당 임원이라 정말 눈코 뜰 새 없이 바쁘다. 꼭두새벽부터 출근해 다음날 새벽에 들어오는 게 다반사다. 주말에는 접대 골프 때문에 가족끼리 모일 시간도 별로 없다. 하지만 아이들은 아빠의 존재를 깊이 느끼며 산다.

"아빠는 늘 곁에 없지만, 아이들은 언제나 무슨 일이든 아빠와 상의합니다. 아이들이 무슨 일이 생기면 언제나 저는 아빠와 의논해 결정하라고 말해 주죠. 그러면 아이들은 언제나 아빠와 상의를 해서 결정해요."

아빠와 아이가 서로 의논해서 어떤 결정을 내리면 엄마는 그 결정을 전적으로 존중하고 따른다. 송 씨는 "아빠가 늘 직장일로 바쁘다 보니 사실 아이들과 놀거나 이야기할 시간이 거의 없지만 이때 반드시 '아빠에게 의논해 결정하자'고 말함으로써 아빠의 자리를 만들어주고 싶었다"고 말한다.

인생의 제1순위가 남편이라 생각하는 송 씨는 아이들이 무슨 일을 결정할 때 "기다려봐, 아빠한테 여쭤봐야 해!" 하고 항상 말한다. 엄마가 아이들에게 아빠의 자리를 만들어주는 것만으로도 아빠가 가족의 최고 결정권자로서 권위를 갖게 된다. "가정 일엔 소홀하고 회사 일만 우선시하는 남편이 얄밉기도 해요. 하지만 어쨌든 가정에서 아빠의 위치는 잡아줘야겠다고 생각했어요. 그렇게 했기 때문에 아이들은 무슨 일이든 아빠가 결정을 내린다고 생각해요. 그런데 아빠와 상의한 것도 사실은 엄마가 다 알아서 하는 것이지만 아이들 마음속에는 '아빠의 자리'가 확고해지는 거죠." 송 씨가 아빠의 자리를 만들어주는 이유는 아이들에게 아빠를 '불량한 아빠'로 방치해선 안 된다고 생각하기 때문이란다. 즉 직장일로 바빠 아이들 일을 모른다는 이유로 아빠에 대해 부정적인 이미지를 갖게 해서는 안 된다는 뜻이다. 그래서 아내인 송 씨가 모든 악역을 담당한다.

송민희 씨의 자녀교육법은 여느 엄마들과는 좀 다르다. 논술강사로 일주일에 네 번씩 수업을 한다. 그래서 늘 바빠 아이들을 꼼꼼히 관리하지 못한다. 그래도 두 아들은 공부도 잘한다. 주변 사람들은 아이들에게 엄청난 관심과 노력을 기울인 것으로 알지만 사실을 알면 놀랄 정도다. 엄마는 아이들에게 일단 큰 틀만 정해 주고 그 안에서 자유를 준다. 송 씨는 "나쁜 짓도 하면서 크는 게 아이들이라 생각하고 거짓말도 할 수 있다고 생각하기에 크게 힘들어본 적이 없다"고 말한다. 송 씨 자신 또한 논술강사 일이 즐겁고 바쁘기 때문에 아이들한테 신경을 써줄 시간도 부족하다. 그런데 송 씨는 그것이 아이들에게 그리 미안한 일이 아니라고 생각한다. 더욱이 아이들에게 무슨 일을 조금만 해줘도 엄청 티를 내며 당당하다. 실은 그 이유는 그녀에게 최우선 관심사는 아이들이 아니라 '남편'이기 때문이다. 대부분 엄마들의 경우 최우선 관심사는 남편보다 아이들이다. 하지만 송 씨는 아이들이 우선이 아니라 남편이 우선이라고 강조해서 말한다. 엄마가 아빠를 사랑하면 자녀들 또한 아빠를 사랑한다고 믿기 때문이다. 문제아는 엄마와 아빠가 사랑하지 않는 데서 생긴다고 생각한다.

고교 1학년생인 큰아들은 초등학교 때부터 인기도 많고 리더십이 뛰어나 늘 반장을 도맡다시피 했다. 아들이 반장이 되어도 학교에도 거의 가지 않고 신경도 쓰지 않았다. 아이가 학원 다니기 싫다고 하면 잘됐다며 당장 그만두게 한다. 큰아이가 특목고를 준비하는 동안에도 학원을 거의 안 다녔다고 한다. 6학년 때는 전교회장을 나간다고 하기에 엄마는 바쁘고 학교일에 신경 쓰기 싫으니 나가기만 하면 이사 갈 거라고 '협박'해서 출마하지 못하게 했단다. 전교회장 못 해서 안달 난 여느 부모들과는 딴판이다. 남편에겐 항상 따뜻한 밥을 지어 먹이지만 아이들은 2, 3

일된 밥도 그냥 먹으라고 한단다. 큰아들이 지난 겨울방학 동안 게임에 빠져 하루 10시간 이상 게임을 하고 잠만 자자 집에서 내쫓아버리고 들어오지 말라며 비밀번호까지 바꿔버렸다. 며칠 친구 집을 전전하다 아이가 들어왔을 때도 관심조차 보이지 않았더니 아이가 잘못했다고 빌었다고 한다.

그래서인지 아이들은 엄마가 밥만 차려줘도 늘 맛있게 먹고 고마워하고 어쩌다 학교 모임에만 나가도 감격해 한단다. 자식에 대한 엄마의 지나친 관심으로 아이들은 버거워하고, 엄마들은 투자한 시간과 감정이 아깝다며 속상해하는 '과잉 사랑' 시대에 송 씨의 사랑법은 많은 생각거리를 제공해 준다. 그러나 이것은 여간한 '내공'이 없으면 성공할 수 없다. 송 씨와 같은 나름대로의 원칙과 실천이 있어야 가능하다. 송 씨는 "제 나름대로 아이들을 대하는 원칙을 정해놓고 세밀하게 관찰하고 그에 맞게 대응을 한다"면서 아이를 방치하거나 내버려두는 것과는 전혀 다르다고 강조한다.

송민희 씨는 분명 독특한 자녀교육법을 실천하고 있고 '강한 엄마'라고 할 수 있다. 하지만 송 씨는 아이들이 학교에 간 사이 요리학원에 등록해 아이들의 영양관리를 위한 요리 배우기에도 시간을 들이는 '따뜻한 엄마'이기도 하다. 아이들이 좋아하는 요리를 해주고 싶어서 늘 최선을 다해 강의를 수강한다. 엄마가 자녀들을 위해 나름 최선을 다하기 때문에 아이들에게도 엄격하게 대할 수 있다는 것이다. 그래서 때로는 아이에게 어처구니 없는 결정타를 날려도 아이는 반항하다 이내 접고 마는 듯하다. '자녀보다 남편 우선주의'를 내세우며 '중요한 일은 아빠와 상의하라'고 이끄는 송민희 씨의 자녀교육법은 여느 엄마들에게도 한 방이 아니라 연쇄적인 결정타를 날리기에 충분한 것 같다.

셰릴 샌드버그가 말하는 남편의 육아 참여를 독려하는 방법도 한번 들어볼 만하다. 그녀는 페이스북 최고운영책임자 COO이며 린 인Lean In 이사회 의장으로 활약하고 있다. 2012년 미국 「타임」지가 선정한 '세계에서 가장 영향력 있는 100인'에 올랐으며, 「포브스」가 선정한 세계에서 가장 영향력 있는 여성 12위에 올랐다. 미래의 여성 대통령 후보로 거론되는 인물이라고 평가받기도 했다. 하버드대 경제학과와 하버드대 경영대학원을 모두 우등으로 졸업했다.

그런 셰릴이 이렇게 말한다. "나는 여성이 무심결에 남편을 지나치게 좌지우지하려고 들거나 잔소리를 해서 사기를 꺾는 장면을 많이 봐왔다"면서 아내의 말 한마디가 남편의 육아 참여를 막는다고 조언한다. "맙소사, 이렇게 하면 안 돼요! 저리 비켜요. 내가 할게요!"라고 말한다면 남편의 육아 참여를 바랄 수 없다는 것이다. 그는 이런 여성을 '골키퍼 엄마'라고 표현한다. 자신이 마음에 들지 않으면 문지기가 공을 막아내듯이 하지 못하게 한다는 것이다. "남편이 기저귀를 갈겠다고 일어서면 설사 아기 머리에 기저귀를 채우더라도 아내는 미소를 지어야 한다. 남편은 자기 방식대로 아기를 돌보다가 결국 올바른 방법을 찾아낼 것이다. 아내의 방식대로 아기를 돌보라고 강요하면 결국 모든 양육은 아내 몫으로 돌아온다." 대부분 아빠들은 육아에 서툴기 마련인데, 이때 아내가 어떻게 말하고 대응하느냐에 따라 아빠의 육아 참여 여부가 결정된다는 것이다.

"아버지란 존재는 어머니의 입을 통해 만들어진다." 프랑스의 비교행동학자인 보리스 시뢸니크가 한 말이다. 이 표현에서 가정의 불행과 행복은 바로 어머니가 아버지에 대해 어떻게 말하느냐에 따라 좌우된다는 사실이 함축되어 있다. 자녀에게 아빠는 엄마의 입을 통해서 탄생하는 것이다.

호랑이 엄마 등쌀에
공부하는 아이들

"외울 단어, 들어야 할 영어 테이프, 그리고 학교 갔다 와서도 밥 차리는 동안 아이가 그냥 시간 버리는 게 아까워 그 시간에 할 공부도 미리 세팅해서 바로 들이밀었어요." 이것이 좋은 엄마의 역할이라고 할 수도 있겠지만 결코 그렇지 않다. 혹시 이런 방식으로 아이를 키우고 있다면 심각하게 재고해 보는 것이 바람직하지 않을까? 아이를 좀 덜 들볶으면 그만큼 성적은 올라간다는 말이다.

교보문고에서 독서교육에 대한 신간을 내고서 독서교육 상담을 온라인으로 한 적이 있다. 이때 부모들의 뜨거운 독서 열기에 놀랐다. 상담에 응한 엄마들은 대부분 미취학 어린이나 초등학교 저학년 아이를 두고 있었다. 중학생을 둔 엄마는 거의 없었다. 더욱 놀란 것은 임신 중인 주부가 장차 태어날 아기에게 어떤 책을 읽히면 좋은지, 어떻게 독서지도를 하면 바람직한지 조언해 달라는 것이었다. 한두 살 먹은 아기를 둔 주부들도 마찬가지였다. 어안이 벙벙하긴 했지만 그만큼 우리 사회에서 엄마들의 자녀교육 열정이 대단하다는 말일 게다. 달리 말하면 임산부를 포함해 열 살 미만 아이를 둔 엄마들이 가장 자녀교육 스트레스에 시달리고 있다는 말일 것이다. 무엇이 엄마들로 하여금 자녀교육 스트레스에 시달리게 하는 것일까. 그것은 엄마들의 착각에서 시작한다.

얼마 전 식당에서 우연히 옆에서 식사를 하고 있는 두 엄마와 세 자녀를 본 적이 있다. 두 엄마는 경쟁적으로 아이들에게 살코기를 발라주고 있었다. 서너 살 혹은 네다섯 살 정도 된 아이는 게임기로 연신 게임을 하고 있었다. 아이는 게임을 하고 엄마는 아이에게 살코기를 발라 떠먹여주었다. 이렇게 아이를 키우는 엄마는 대개 아이를 과잉보호하기 마련이다. 엄마의 자녀교육 스트레스의 주범은 바로 엄마 자신의 지나친 모성애라고 할 수 있다.

엄마들 모임에서 한참 신나게 이야기하고 있는데 아이 학원 데려다줘야 한다면서 분위기 깨뜨리며 일어나는 엄마들이 있다고 한다. 학교나 학원에 승용차로 태워주는 것이 엄마의 역할인 양하지만 실은 그래야 엄마 마음이 편하기 때문일 것이다. 모성애가 가장 많이 발휘되는 것은 바로 아이들의 등교 때다. 각 학교 앞에는 등·하교 시간이 되면 자녀를 데려다주거나 데려가는 승용차들로 붐빈다. 자녀가 이른 새벽부터 일어나 등교하고 또 밤늦도록 야간 자율학습에 학원이다 과외다 하면서 공부를 하기에 부모 입장에서는 자녀를 조금이라도 편하게 해주고 싶은 마음에서이다. 그 시간에 잠을 더 자거나 영어 단어라도 한 개 더 외우게 할 수 있을 테니 말이다.

그런데 자녀들은 엄마의 이런 깊은 마음을 알아줄까? 또 그 마음에 보답하기 위해서 열심히 공부해야겠다고 생각할까? 아마도 소수를 제외

하고 대부분 엄마들은 배신감을 맛보게 될 것이다. 이것이 엄마들의 비극이다. 심지어 어떤 엄마는 극도의 배신감에 이명 증상으로 고통받는가 하면 성형수술을 받기도 한다. 자식에게 배신당한 자신이 밉고 한심한 나머지 새로운 얼굴로 살고 싶다며 성형수술도 한다는 것이다.

박경애 씨는 남매를 두고 있는데 아들에 대한 기대가 엄청 컸다. 어릴 때부터 몇 시간씩 데리고 앉아 여러 가지 학습지를 풀리면 아이는 단 한 번도 밀리는 일 없이 규칙적으로 풀었다고 한다. 아이는 엄마 마음에 들기 위해서 나가 놀지도 않고 하루 종일 책을 읽거나 학습지를 풀거나 해서 동네에서도 유명했다. 오죽하면 학습지 회사에서 엄마에게 학습지 선생님 할 생각 없느냐는 제의까지 했다고 한다. 하지만 중학교 3학년 겨울 마지막 기말고사 때 시험공부를 제대로 안 하고 시험을 보면서부터 아들은 조금씩 달라지기 시작했다. 그런데다가 고등학교 배정을 앞둔 아들 앞에서 엄마는 무심결에 인근에 있는 한 고등학교를 일컬어 '똥통 학교'라고 말했는데, 불운하게도 아들이 그 학교에 배정되고 말았다. 아들은 그 학교가 너무 싫다면서 아예 공부를 하려고 들지 않았다. 심지어 글씨조차 보기 싫다며 책을 펴보는 것도 하지 않았다. 학교 내신은 거의 꼴찌에 가까워졌고, 결국 엄마는 학기 중에 다른 지역으로 전학 수속을 밟을 수밖에 없었다.

이렇게 생각지도 못하게 변한 아들보다 먼저 탈이 난 것은 엄마였다. 작년부터 아들의 심한 방황을 지켜보며 엄마는 우울증을 앓기 시작했다. 게다가 친정엄마까지 최근 말기암 판정을 받자 자기가 살아온 인생 모두를 되돌리고 '리셋'을 하고 싶다는 생각에 사로잡혔고 지난봄에 성형수술을 했다. 얼굴이 새로워지자 다시금 살아야겠다는 의욕이 생겼다고 한다. 하지만 아들은 엄마의 마음을 이해하지 못하고 왜 성형을 했느냐고 타박하면서 여전히 엄마와 갈등만 일으킬 뿐 공부할 기미가 전혀 없었다. 박 씨는 아들을 너무 어렸을 때부터 책상에 붙들어놓고 공부만 시킨 것을 후회했다. 잘 따라오기에 문제가 전혀 없는 줄 알았는데, 다른 아이들처럼 밖에서 뛰어놀기도 하고, 여행도 가고 그랬어야 했는데 너무 일찍 공부에 지치게 만들었다는 것이다. 그러면서 이제 전학을 간다 해도 적응하느라 힘들 텐데 걱정이라고 했다. 박 씨 모자에게 당분간 환하게 웃는 날은 별로 없어 보인다.

재수생 큰아들과 고교 2학년생 아들을 두고 있는 최주윤 씨는 두 아들로 스트레스를 받아 이명 증세로 오랫동안 치료를 받아야 했다. 모델 출신의 최 씨는 '한 미모' 한다는 소리를 늘 들었다. 하지만 몇 년 전부터 주위에서 못 알아볼 정도로 얼굴이 상했고 이명 증세에 시달렸다. 바로 온갖 정성을 다해 키웠던 두 아들 때문이었다. 큰아들은 대학에 떨어져 재수를 하고 있다. 중학교까지 늘 공부를 잘해 학부모회장까지 맡으며 큰아들에 대한 자부심으로 살았던 엄마는 이명에 위장병까지 생겨 약을 항상 복용해야 했다.

최 씨는 자녀에게 늘 최선을 다해야 한다는 이른바 '좋은 엄마 콤플렉스', 즉 엄마의 역할에 대한 강박증이 있었다. 집안일도 완벽하게 해놓아야 하는 성격이고, 아이 뒷바라지도 완벽하게 해야 한다고 생각하는 사람이었다. 아침에 일어나면 아이가 할 공부를 미리 완벽하게 준비해서 아이 앞에 들이밀었다. "외울 단어, 들어야 할 영어 테이프, 풀어야 할 수학 문제, 그리고 학교 갔다 와서도 밥 차리는 동안 아이가 시간 버리는 게 아까워 그 시간에 할 공부도 미리 세팅해서 바로 들이밀었어요."

그 결과 두 아들 모두 중학교 때까지는 전교 10등 안에 들 정도였다. 엄마의 기대대로 잘 크는 아들들에 공무원으로 안정된 직장에 다니는 남편까지 자신은 모든 걸 다 가졌다고 생각했단다. 하지만 큰아들이 중학교 3학년 때부터 달라지기 시작했다. 새벽 3시까지 인강 소리가 끊이지 않을 정도로 공부를 하고 시간이 아깝다면서 방문 밑에다 밥을 넣어 달라고 하던 아들이었다. 주위 엄마들한테 전화해서 "우리 아이가 드디어 전교 1등을 할 것 같다"고 말할 정도로 기대에 부풀었다.

그런데 어느 날 최 씨는 그만 까무러칠 뻔했다. 아들은 어느새 '판타지'에 빠져 있었다. 성적이 죽죽 밀려났다. 담임선생님이 상담하자는 연락이 와서 갔다가 기가 막힌 이야기를 들었다. 아들이 책상에 커다랗게 구멍을 내놓고 밑에다 판타지를 놓고선 공부하는 척하면서 수업시간 내내 딴짓을 했다고 한다. 아이가 자리를 옮길 때도 계속 그 책상을 들고 다녀서 수상하게 여긴 담임한테 걸렸다는 것이다. 그래도 엄마는 포기하지 않고 강남에 있는 학원까지 아들을 차로 실어 날랐다. 그런데 끝날 때쯤 데리러 가면 학원이 아닌 다른 곳에서 걸어왔다고 한다. 왜 그러냐고 물어보면 매번 이유가 있었다. 음료수를 사먹고 왔다고도 하고, 멋진 자동차가 있어서 구경하고 왔다고도 하고……. 하지만 알고 보니 학원을 다 빠지고 놀다 온 것이었다.

둘째 아들은 고등학교 입학 때 전교 2등을 했다. 특목고에 가서 서울대를 가겠다는 꿈을 가졌는데 최근에는 과학에서 2등급이 나와 서울대 꿈이 좌절되자 죽고 싶다는 말만 되풀이해 또 엄마의 속을 뒤집어놓았다. "너 같은 아이 낳고 미역국 먹은 게 아깝다. 그렇게 죽고 싶으면 나가 죽으라"고 하는 등 집안 분위기는 험악했다. 엄마는 둘째를 데리고 정신병원에도 다니며 갖은 마음고생을 했다. 최 씨는 두 아들을 키우면서 중학교 때까지 걸었던 기대가 요즘 산산이 부서지고 있다면서 이제야 무엇을 위해 아이들을 그렇게 닦달하며 공부로 내몰았는지 후회가 된다고 말했다. "두 아들을 뒷바라지하면서 느낀 건 엄마 뜻대로 애들이 억지로라도 따라주는 건 중학교 때까지이고, 그 이후는 아이가 하기 나름이지 엄마가 노력한다고 달라지는 건 아닌 것 같아요."

최 씨는 최근 살고 있는 아파트 단지에서 한 고등학생이 엄마가 보는 앞에서 뛰어내려 자살했다면서 "정말 요즘 아이들은 엄마가 화가 나서 '나가 죽어라'고 하면 그냥 뛰어내린다"고 자식들의 가벼운 행동에 가슴을 쓸어내렸다. 그 또한 둘째 아들에게 그런 소리를 했기 때문이다. 그는 "아이에게 아무리 화가 나도 '나가 죽어라'와 같은 말은 하지 않겠다고 다짐했단다. 최 씨는 두 아들이 이제 엄마의 영향권에서 벗어났다는 것을 실감했다. 그러자 마음을 고쳐먹었다. "처음엔 아들에게 배신감을 느끼며 마음에 상처를 입었다고 생각했는데 곰곰이 생각해 보니 그게 다 제 욕심 때문이라는 것을 절감했어요. 이런 생각이 들자 이명 현상도 위장병도 조금씩 나아지기 시작했어요."

그는 요즘 '불행에 대한 면역력을 키워라'는 말을 마음에 되새긴다고 한다. 카톡에서 지인이 보낸 문자를 보여주었는데 거기에는 이미나 정신과 전문의의 글이 있었다. "고통을 그 자체로 힘들어 말고 내가 성장해 나가는 성장통이라고 생각하자." 최 씨는 자녀를 키우면서 중요한 건 성적이나 대학이 아니라 아이가 행복하게 잘 사는 것임을 깨달았다면서 다른 엄마들도 자신이 겪었던 좋은 부모 콤플렉스와 같은 강박증에서 제발 벗어나길 바란다고 당부했다.

'호랑이 엄마 등쌀에 공부하는 아이들', 해외 언론에서 한국의 엄마들에 대해 이렇게 표현한 기사(2013년 12월 5일)가 났다. 경제협력개발기구 OECD가 3년마다 각국의 15세 학생들을 대상으로 실시하는 국제학업성취도 평가PISA에서 한국은 수학·읽기·과학 등 모든 분야에서 OECD 평균 이상의 점수를 받았다. 반면 그 동안 PISA 순위 상위권을 지키며 북유럽식 교육 모델로 주목받아온 스웨덴과 핀란드의 성적은 일제히 하락했다.

스웨덴의 일간지 스벤스카 더그블라뎃SvD은 서울의 한 남자 고등학교를 방문해 열두 시간씩 공부하고도 다시 학원으로 향하는 고교생들의 일과를 전했다. 이 신문은 "한국 교육의 본질은 어머니들의 압력"이라며 "한국 PISA 순위는 세계 최고지만 그 이면엔 아이들이 미래에 대해 꿈꿀 시간이 없다는 현실이 자리 잡고 있다"고 보도했다. 또 '정글 같은 학교'에서 성적 경쟁에 시달린 학생들이 과도한 스트레스를 받은 결과 집단 따돌림이 적지 않고 자살률도 높다고 분석했다. 이제는 엄마들도 스웨덴 신문의 분석에 귀를 기울이고 조언으로 받아들여 자녀를 들볶는 일을 줄여야 한다. 초등학교 때까지는 자녀를 들볶을수록 공부를 하겠지만 중·고등학교에서는 오히려 공부와 멀어지기 때문이다.

1985년 설립돼 전국 조직망을 갖추고 있는 독일걷기협회는 2004년 9월부터 '걸어서 학교에 가자'는 운동을 펼쳐 큰 호응을 얻고 있다. 부모들이 자녀를 자동차에 태워 학교에 데려다주지 말고, 학생들이 직접 걸어서 다니도록 하자는 운동이다. 걸어다니니 운동도 되고, 친구끼리 말동무도 하고, 동네 사람들과 인사도 할 수 있어 공동체 정신 함양에도 좋다는 취지다. 우리나라도 엄마들이 이런 단체를 만들어 실천한다면 이것이야말로 참다운 모성애의 발현이 아닐까.

힘들게 공부하는 자녀들을 시내버스에 시달리지 않게 승용차로 이동시켜주고 싶다는 생각은 부모 입장에서 인지상정일 것이다. 하지만 그러다 보면 어느새 자녀는 바깥세상을 구경할 시간이 없다. 학교와 가정, 학원을 매일 쳇바퀴 돌듯하며 지낸다. 부모에게 감사하기는커녕 으레 당연하게 여긴다.

필자의 아들도 그런 태도를 보였다. 매일 학교에 데려다주던 아내가 한번은 "아들이 고맙다는 태도가 전혀 없다. 오히려 늦게 일어나고 게을러지는 것 같다"고 했다. 이후부터 시내버스를 이용하게 했다. 단순한 일인지 모르지만 이 일로 아들에게 등교시간의 불편함을 덜어주려다 오히려 더 큰 것을 잃게 될 수도 있다는 것을 알았다. 그날 이후 시내버스를

4장 부모 욕심을 버려야 아이는 비로소 꿈꾼다

이용한 아들은 버스를 타면서 할머니 등 노약자에게 자리를 양보하는 것을 배우고 또 그렇지 않는 학생들을 꼬집는 이야기도 들려주었다. 시내버스를 이용해 등하교를 하며 아들은 세상을 배워가는 것이다.

등대 같은 부모,
신사임당처럼

"동네 언니 한 분이 부지런하게 사는 모습이 보기 좋았어요. 그 분이 공예를 하셨는데 나이가 드니 하기 어렵다고 하셨어요. 그러고는 동사무소에서 그림 공부를 시작하시더라구요. 가보니 연세가 드신 분들도 그림을 그리는 데에는 문제가 없었어요. 그래서 나이가 들어도 할 수 있는 게 바로 이것이라고 생각했고, 그 이후 '화가 엄마'가 되었죠." 엄마도 역할 모델이 필요하다. 자녀를 잘 키우기 위해서도 그렇고, 또 자신의 능력을 개발하기 위해서도 그렇다. 자녀교육에 성공한 엄마는 취미활동에서도 성공한다. 자신을 소중히 여기면 모든 것이 소중하기 때문이다.

서울에 사는 최현숙* 씨는 복지관에서 10년째 봉사활동을 해오고 있다. 또한 최 씨는 10년 전부터 그림 공부를 시작해 국선에 입선하는 등 화가로도 활동 중이다. 전업주부인 그녀는 그림 공부와 복지관 봉사활동으로 늘 바쁜 하루를 보내고 있다. 남편 이태현* 씨와 함께 이경수*, 이예지* 남매를 두고 있는데 자식교육 뒷바라지에 온종일 여념이 없는 엄마들과는 사뭇 다르다. 최 씨는 엄마가 자녀의 모든 것을 챙기며 뒷바라지 하는 모습이 꼭 바람직한 것은 아닌 것 같다면서 그보다 자신이 좋아하는 취미나 일을 하는 어머니, 봉사하는 어머니의 모습을 보이며 열심히 살아가는 자세야말로 자식교육에 더 바람직한 것 같다고 말한다.

최 씨는 남매가 초등학교에 다닐 때부터 또래 엄마들과는 거의 어울리지 않았다. 또래 엄마 커뮤니티에서 나오는 정보는 자녀교육에 별 도움이 되지 않는다고 생각하고 자신의 방식대로 교육하려고 노력했다. 먼저 어머니는 아이들이 학교에서 돌아오면 남매의 손을 잡고 도서관에 갔다. 인근에 어린이도서관이 있었기에 가능했다. 방학 때에는 아예 아침부터 남매와 함께 도서관에 가서 문을 닫을 때까지 있곤 했다. 남매가 초등학교에 다닐 때에는 학원에 보내지 않았고 학습지도 하지 않았다. 독서 습관 덕분인지 경수는 지난해 고교에서 '다독상'을 받았다.

최 씨 부부는 남매를 학원과 학습지를 하지 않는 대신 그 비용만큼 자녀와 함께 방학 때마다 여행을 다녔다. 경수가 초등 3학년, 예지가 초등 1학년 때부터였다. 국내뿐만 아니라 미국, 중국, 태국 등 해외여행도 다녀왔다. 경수가 중학교에 들어가자 공부에 대한 부담감 때문인지 여행을 가기 싫어했다. 이때부터 어머니는 딸 예지와 함께 방학 때마다 모녀 간의 여행을 떠났다. 최 씨는 엄마도 휴식이 필요한데 딸은 더 없는 여행 친구라면서 죽을 때까지 함께 여행하기로 딸과 다짐했다고 한다.

상하이 여행 중에 일행인 중년의 여성과 이야기할 기회가 있었다. 연세가 드신 어머니와 함께 여행을 왔는데 보기에도 엄마가 딸 교육을 멋지게 했을 것 같아 딸에게 다가가 궁금한 것을 물었다. "엄마가 학교 다닐 때 해준 것 가운데 고마운 게 무엇이죠?"라고 물었더니 "악기를 배우게 해준 것"이라는 대답을 들었다. "초등학생 때 어머니가 피아노를 연주하다 틀리면 그 부분에 압정을 놔두었어요. 틀린 건반을 무심코 치면 너무 아파 그때는 정말이지 피아노를 치기 싫었다"면서도 그 덕분에 지금은 피아노를 연주할 때가 제일 즐겁다는 이야기를 들려주었다.

"우리는 지겨워하면서도 일주일에 한 번씩 댄스 교습을 받으러 다녔죠. 그래서 춤을 잘 추게 되었어요. 또한 어머니는 우리들에게 수영, 테니스, 골프 교습도 시키셨어요. 모든 교습들은 계획표대로 실시되었어요. 짜증스러울 때도 있었지만 그 덕에 우리들은 이런 것들을 잘하게 되었고, 지금에 와서 이러한 능력들은 소중한 재산이 되었죠. 사실 잭(케네디 대통령의 애칭)이 어려서부터 수영 교습을 받지 않았던들 태평양에서 그가 탄 전함이 침몰했을 때 다른 사람을 구출하기는커녕 자신의 목숨도 건지지 못했을 겁니다. 어머님이 시키신 일들은 여러모로 유익한 것들이었어요."

이는 미국 존 F. 케네디 대통령의 여동생 유니스가 한 말이다. 유니스는 춤이 싫어도 어머니의 말을 따라 참고 계속 배웠고, 나중에는 춤을 잘 추게 되었다. 4남 5녀를 둔 케네디 어머니 로즈 여사는 아이들에게 독서와 신문 읽기, 운동 등을 골고루 하게 했다. 그 어머니는 남자아이들에게는 풋볼, 요트, 테니스, 수영, 골프를 배우게 했고 여자아이들에게는 댄스, 수영, 골프 등을 훈련하게 했다. 형제들이 많았지만 대부분 아이들은 어머니가 하라는 대로 연습을 했다. 어린 시절에는 부모님이 시키는 일들을 제대로 하는 아이가 많지 않다. 하기 싫어 반항도 하고, 하지 않고서 했다고 거짓말을 하기도 한다. 하지만 언젠가는 부모님의 말씀이 옳다는 것을 깨달을 때가 온다. 케네디가의 아이들은 부모님이 시키는 일을 대부분 잘 따랐고, 이것이 케네디가의 전통이 되었다.

최 씨는 여행지에서 이 이야기를 듣고 자신도 남매에게 악기 하나 정도는 연주할 수 있게 해야겠다고 다짐했다. 최 씨는 아이들에게 다른 과목은 학원에 보내지 않았지만, 악기를 가르치는 학원은 보냈다고 했다. 경수는 피아노와 바이올린을, 예지는 플루트를 연주할 수준은 된단다. 최 씨는 "여행을 하면 모두가 마음이 열려 있다. 그때 엄마로서 선배인 분들을 만나면 아이들 키우는 데 도움이 될 만한 이야기들을 묻고 조언을 얻으려고 노력했다"고 한다.

최 씨 부부의 또 다른 자녀교육 원칙은 "선한 역할은 아빠가 맡고 악역은 엄마가 맡는다"는 것이다. 남매가 아빠를 좋아하고 잘 따르는데 그 까닭이 여기에 있다고 한다. 대부분 가정에서는 아빠가 악역을 맡곤 한다. 그러다 보면 엄마가 자녀에게 대응하기 힘든 문제가 생길 때 해결책이 없다. 아빠에게 물어보라며 공을 아빠에게 넘기면 아빠는 자녀에게 잔소리를 하거나 '안 돼!'라는 말을 하기 십상이다. 이렇게 악역이 아빠 몫이 되면 자칫 부자관계나 부녀관계가 소원해질 수 있다.

최 씨는 또 남매를 키우면서 마치 기숙사의 '사감'과 같은 엄마의 역할을 하지 않기로 했다. 자녀교육에 열성적인 어머니일수록 대부분 자녀가 학교에서 돌아오면 학원이나 과외에 잘 다니고 있는지 일거수일투족을 챙기는 '사감' 역할을 자청하곤 한다. 승용차에 태워 학원에 보내고 또 끝나면 다른 공부를 하도록 한다. 그렇게 되면 자녀들은 어머니와 늘 긴장관계에 놓인다. 이 긴장관계가 너무 팽팽해지면 탈이 난다. 자녀가 탈이 나거나 또는 어머니가 탈이 난다. 자녀에게 지배적인 성향의 어머니라면 문제가 더욱 심각해질 수 있다. 최 씨는 어머니로서의 이 역할을 포기했다.

대신 최 씨는 동사무소에서 운영하는 그림 그리기 강좌를 수강하며 자신의 일을 찾았다. "동네 언니 한 분이 부지런하게 사는 모습이 보기 좋았어요. 그 분이 공예를 하셨는데 나이가 드니 하기 어렵다고 하셨어요. 그러고는 동사무소에서 그림 공부를 시작하시더라구요. 가보니 연세가 드신 분들도 그림을 그리는 데에는 문제가 없었어요. 그래서 나이가 들어도 할 수 있는 게 바로 이것이라고 생각했고, 그 이후 '화가 엄마'가 되었죠." 그림 그리기는 벌써 10년이 되었고 몇 년 전 미술대전에 출품해 입상을 했다.

최 씨는 동네 인근의 늘푸른나무 복지관에서 10년째 봉사활동도 하고 있다. "그림을 함께 그리던 어머니가 있었는데 복지관에서 봉사활동을 한 지 몇 년 된다고 했어요. 그래서 그 어머니 따라갔다 저도 봉사활동을 하게 되었지요." 지금은 하나의 모임을 만들어 봉사활동을 하고 있다. 어머니가 봉사활동을 하자 당시 초등 5학년생인 경수도 엄마를 따라 나섰다.

처음에 경수는 봉사활동 점수를 받기 위해 장애우 자활을 돕는 봉사를 했다. 지금은 봉사점수와 관계없이 방학 때마다 대학생들이 주도하는 장애우 봉사 프로그램에 자원봉사자로 참여한다. 어머니의 봉사활동이 아들에게 억지로 하는 점수 따기식 봉사가 아니라 자발적으로 참여하는 봉사의 선순환을 이끌어낸 셈이다. 어머니는 "무엇보다 아들이 장애우와 편견 없이 어울리고 있어 오히려 장애우들에게 고마운 심정"이라고 말한다.

우리나라 엄마들 대부분은 자기계발을 포기하다시피 하고 자녀교육에 전념한다. 그것이 자녀를 위해 엄마가 해야 할 일이라고 여긴다. 그러자면 엄마는 마치 기숙사의 '사감'과 같은 얼굴을 자녀에게 보이게 된다. 엄마와 자녀와의 관계는 늘 학생과 사감처럼 긴장관계에 놓일 수밖에 없다. 최현숙 씨의 사례는 다른 어머니들이 자녀교육의 역할 모델로 삼을 만하다. 자녀도 꿈을 키워주고 이끄는 역할 모델이 필요하지만, 어머니도 자녀교육의 역할 모델이 필요하다.

어쩌면 최 씨의 사례에서 우리 모두가 행복한 교육에 이르는 하나의 해결책이 담겨 있다. 그것은 바로 어머니가 자녀교육의 '사감' 역할을 하지 않는 것이다. 아이가 공부를 하지 않는다고 닦달하기보다 먼저 어머니가 스스로의 자기계발을 위해 취미활동을 하고 아울러 봉사활동을 하며 열심히 살아가는 모습을 보이면 그것이 바로 자녀에게 산 교훈을 주는 것이다. 어머니가 자녀교육으로 인해 '빈둥지증후군(중년의 주부가 자기 정체성 상실을 느끼는 심리적 현상)'이나 '자아상실'에 빠지기보다 '자아완성'을 위해 노력하다 보면 자기계발뿐만 아니라 자녀교육에도 성공할 수 있지 않을까!

신사임당은 4남 3녀를 키우면서 셋째인 율곡 이이를 대학자로 만들었다. 율곡은 열세 살 때 초시에 장원(수석)으로 합격하는 등 모두 아홉 번에 걸쳐 과거시험에 수석으로 합격했다. 뿐만 아니라 막내아들 옥산 이우와 큰딸 이매창은 자신의 재주를 계승한 예술가로 키웠다. 신사임당 또한 당시로는 드물게 빼어난 학식과 천재적인 화가의 삶을 살았다. 달리 말하면 어려운 환경에서도 자녀교육에 성공했고, 자신도 큰 발자취를 남기며 '자아실현형 어머니'의 길을 걸었다. 특히 사임당이라는 이름에는 중국 고대 주나라 문왕의 어머니로 뛰어난 부덕을 갖추었다는 '태임을 본받는다'는 뜻이 담겨 있다. 태임은 바로 신사임당의 역할 모델role model 이었다.

신사임당은 여성차별이 심했던 시절에 자아실현을 위해 역할 모델을 정하고 부단히 정진했고 자녀교육에 귀감이 되었다. 자신의 재능 계발에도 소홀히 하지 않은 이른바 '자아완성형 어머니'의 길을 걸으면서 아들을 대학자나 화가로 키워냈던 것이다. 자아실현형 어머니는 자녀들의 재능에 따라 각기 달리 지도하면서 자아를 실현하게 이끌었던 것이다.

자녀교육에서 강조되는 게 바로 역할 모델이다. 자신이 꿈꾸는 일을 이루기 위해 먼저 그 분야에서 큰 성취를 이룬 사람을 본보기로 삼아 정진하는 것이 필요하다. 그래서 부모는 자녀에게 역사상 위대한 인물이나 주변에서 본받을 만한 사람을 역할 모델로 정할 것을 강조하곤 한다. 하지만 역할 모델은 비단 자녀들에게만 필요한 존재가 아니다. 부모에게도 필요하다.

부모가 자녀교육을 제대로 하기 위해서는 이미 자녀교육에서 나름대로 성취를 이룬 부모를 역할 모델로 삼는다면 시행착오를 줄일 수 있다.

역할 모델이 흔들리는 마음을 바로잡아줄 수 있는 등대와 같은 역할을 해줄 수 있기 때문이다. 부모가 자녀교육의 역할 모델을 찾을 때에는 역사적 인물뿐만 아니라 자녀교육에 성공한 주변의 어머니들 사례에서도 찾을 수 있다.

05

명문대 아니면 어때요, 행복한 게 최고야

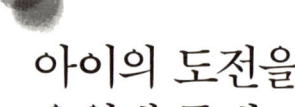

아이의 도전을
응원해 주세요

"정규 학교에 다니면서 자신의 꿈을 키워갔으면 더 좋았을 테지만 그 역시 부모의 욕망이다." 엄마가 자신의 욕망을 조절하는 것이 어쩌면 가장 어려울 것이다. 딸이 잘 되기를 바라는 마음이 엄마보다 더 강한 존재가 있을까. 자녀가 가고 싶어하는 길이 있다고 부모에게 말한다면 기꺼이 그 길을 응원해 주자. 그게 부모가 할 수 있는 최선의 길이다.

어릴 때부터 부모님과 함께 자주 가족여행을 다녔던 소년은 집에 돌아오면 누가 시키지도 않았지만 여행 중에 보았던 교통표지판(이정표)이나 가로등, 인터체인지 등을 스케치했다. 지도를 보고 다녀온 여행경로를 찾아 색연필로 표시했다. 길눈이 밝았던 아빠는 아이와 자주 여정을 상의했다. 내비게이션이 없던 시절이어서 그때마다 소년은 어떤 도로를 이용해 갈 수 있을지 생각했다. 소년은 지도를 보고 지난 여행에서 생각해 낸 고속도로를 색연필로 지도에 그려보곤 했다. 10년 전 가족과 춘천을 거쳐 속초 등지를 여행했는데 유난히 교통체증이 심한 경춘가도(46번 국도)를 가면서 왜 이곳에 고속도로가 건설되지 않았을까 생각했다. 집에 돌아온 소년은 이번에도 지도를 펴고 색연필로 경춘 고속도로를 그려 넣었다. 경춘 고속도로가 생기자 이번에는 서울에서 속초로 가는 고속도로 연결을 생각했다.

어느새 소년은 전국의 고속도로 구간을 모조리 기억창고에 저장하고 있었다. 부모님과 여행을 나서면 아빠는 지도를 펴지 않고 소년에게 물었다. "어떤 코스로 가는 게 가장 좋을까?" 질문을 받으면 소년은 신이 났다. 바로 그의 머릿속에 저장된 노선을 불러내 고속도로와 연결된 국도를 불러왔다. 소년의 머리에는 전국의 웬만한 국도 노선은 헤아릴 정도가 되었다. 소년이 초등학교를 마칠 즈음에는 전국의 지도와 교통망을 꿰찬 '교통박사'가 되어 있었다. 그는 2005년에 산 지도를 마치 보물처럼 소중하게 간직하고 있다. 그 지도에는 페이지마다 도로의 상황이 색연필로 업데이트 되어 있다. 새로운 고속도로가 생기면 점선으로 표시된 계획 구간을 실선으로 색칠했기 때문이다. 전국의 고속도로는 보지 않고도 다 그릴 수 있었다. 중부내륙 고속도로와 대진 고속도로 등 고속도로가 새로 생기면 가족여행은 신설 노선을 드라이브하는 것으로 시작하자고 아빠에게 제안했다.

소년은 훌쩍 자라 2013년 대학 입시를 치렀다. 그가 지망한 대학은 한국교통대학교이다. 이 대학 도시공학과에 합격한 강민준 군이 바로 그 소년이다. 그는 "어릴 적부터 교통에 관심이 많아 교통 분야의 특성화대학인 교통대를 선택했다"고 말했다. 그는 공부를 마치면 '교통기사'가 되고 싶다고 한다. 교통기사나 교통기술사 등으로 불리는 교통설계기술자는 교통시설 개발에 따른 교통의 흐름과 양 등을 예측하여 문제점을 해결하기 위한 제반활동을 수행한다. 그는 가족여행을 다니면서 늘 교통체증으로 여정에 차질이 빚어졌고 또 에너지 낭비도 무시할 수 없었다면서 도로공사 등 교통관련 회사에 취업해 교통체증이 심한 도로를 변경하는 일부터 하고 싶다고 장차 포부를 밝혔다. 교통에 대한 이야기가 나오면 민준이는 눈을 반짝인다. 그만큼 자신이 하고 싶은 분야의 일이기 때문일 게다.

그는 지난해 수행평가 과제물도 아닌데도 '고속도로 휴게소 현황'이라는 제목의 보고서를 만들었다. "우리나라는 휴게소와 휴게소 간 거리가 25킬로미터를 넘지 않아야 하는데 이런 규정은 거의 지켜지지 않고 있어요. 서해안 고속도로의 경우 하행구간의 첫 휴게소는 시점에서 무려 57킬로미터나 돼 2배를 초과하고 있는 실정이죠." 그는 휴게소는 고속도로 이용자들에게 아주 중요한 시설이고 심지어 교통사고에도 영향을 줄 수 있다면서 이용자들이 잘 모른다고 준수하지 않아서는 안 될 말이라고 강조했다.

그는 물론 수능시험 성적이 더 좋았다면 서울에 있는 대학교의 도시공학과에 응시했을 테지만 그래도 미련은 없다고 했다. "부모님은 재수를 하는 게 어떻겠느냐고 했지만 대학이 중요하다고 생각하지 않아요. 교통전문대학이라면 더 많은 정보가 있고 체계적으로 배울 수 있다고 생각해요." 그는 신학기가 시작되면 충주에 있는 대학교로 가서 기숙사 생활을 할 것이다.

아이와 부모 사이에는 '보이지 않는 강'이 흐른다. 때로 그 강은 아이와 부모 사이에 건널 수 없는 강이 되기도 한다. 아이와 부모는 그 강 위에 '가족의 배'를 띄우고 함께 가는 존재일 것이다. 가족의 배는 순항하기도 하고, 때로는 기우뚱하기도 하며, 때로는 격랑을 만나 위기에 처하기도 할 것이다. 아이의 욕망과 부모의 욕망이 비슷하다면 순항할 것이다. 반면 아이가 부모의 욕망을 채우지 못하거나 부모의 욕망을 아이에게 강요할 경우 기우뚱거리거나 격랑의 위기 속으로 빠져들 수 있다. 부모가 아이의 잠재능력이나 재능을 우선적으로 고려하기보다 부모의 욕망에 따라 아이의 잠재력이나 재능을 재단할 경우 특히 위험하다. 우리 사회에서 아이와 부모 사이에 벌어지는 불행의 대부분은 바로 여기서 비롯되었다고 해도 과언이 아니다.

다행히 강민준 군의 경우는 자신의 적성과 재능을 부모가 응원해 준 사례라고 할 수 있다. 어머니 이정선 씨는 "어릴 때부터 민준이에게 과학적 재능을 키워주기 위해 체계적인 공부를 시켜 과학 분야를 전공하기를 바라기도 했다"면서도 "부모로서 아쉬움은 있지만 아들이 자신만의 적성을 살려 대학에 진학해 오히려 잘 된 것 같다"고 말했다. 민준이의 부모도 자칫 부모의 욕망을 자녀에게 강조했다면 강에는 격랑이 일고 가족의 배는 위기에 빠져들었을 것이다.

어머니 이 씨는 지난해에 딸 때문에 또 한바탕 '홍역'을 치렀다고 한다. 중학교 2학년생인 딸 강진아 양이 신학기가 시작되자마자 자퇴를 하겠다고 통보를 했기 때문이다. "딸이 초등학교 고학년부터 학교에 가기 싫어했고 또래 아이들과 사귀기조차 거부했어요. 이런 스트레스로 인해 체중이 점점 불어났지요. 심지어 자신이 여성이라는 것을 혐오하기도 했고요. 아이는 결국 자퇴를 했어요." 진아는 어릴 때부터 책을 좋아했다. 이정선 씨는 남편 강성철 씨와 함께 출판사를 운영하고 있다. 작가가 되겠다는 딸의 다짐에 이들 부부도 흔쾌히 응원해 주었다. 딸은 중학교 1학년 교내 글짓기대회에서 대상을 탔다. 다음은 진아가 대상을 받은, '평등은 서로에게 가닿는 손끝'이라는 제목의 글의 일부다.

"평등이 불가능한 것은 아니다. 어렵겠지만 서로의 다름을 인정하는 건 어떨까. 그들의 모든 걸 이해하라는 게 아니다. 단지 자신의 기준을 조금 그들을 향해 휘어보는 건 어떨까. 진정한 평등은 배려라 생각되지 않을 만큼의 작은 배려로부터 시작된다고 생각한다."

학교에 다니면서 아이가 작가로서 재능을 키워나가기를 바랐던 이들 부부의 바람은 딸의 자퇴 선언에 낭패감을 맛보았다. 이때 이들 부부는 '자녀를 이길 수 없다. 자녀를 이기려고 해서도 안 된다'는 격언을 떠올렸다. 결국 자퇴를 받아들였다. 학교 부적응 스트레스 때문에 늘어났던 몸무게가 자퇴 후에 몇 개월간 코치에게 운동을 배워 무려 20킬로그램이나 줄었다. 진아는 검정고시를 거쳐 2014년 예고 문예창작과에 합격했다. 자신이 가고자 하는 길을 스스로 열어가고 있는 것이다.

진아는 틈틈이 습작도 열심히 한다. 지난겨울에는 청소년 사이버백일장에 도전해 보기도 했다. 이전에는 소설가가 꿈이었지만 요즘에는 게임 시나리오 작가가 꿈이다. 그의 역할 모델은 게임 '아키에이지'의 작가 전민희 씨라고 한다. 전 작가의 문체와 캐릭터를 좋아한단다. 그녀는 "게임은 소설과 달리 직접 플레이를 하면서 체험을 주고받을 수 있어 더 감동적인데, 게이머들과 그런 교감을 나누고 싶어 게임 시나리오 작가가 되고 싶다고 했다.

어머니는 "진아가 정규 학교에 다니면서 자신의 꿈을 키워갔으면 더 좋았을 테지만 그 역시 부모의 욕망"이라면서 "자퇴 후에 몸무게도 빠지고 스트레스에 시달리지 않고 더 건강하게 생활하고 있어 다행"이라고 말한다. 강민준, 강진아 남매를 보면 자녀들이 자신의 적성과 재능을 찾아가는 데 부모의 응원이 얼마나 중요한지 엿볼 수 있다. 강성철 씨 부부 역시 부모로서 자식에게 바라는 욕망이 분명 있었을 테지만 속으로 삼키고 강요하지 않았다. 이것이야말로 부모로서 가장 힘든 선택이자 누구나 할 수 없는 용기다. 부모의 욕망을 내려놓지 않으면 아이와 부모 사이에 흐르는 강은 석막이 흐르고 가족은 그 강의 둑길을 함께 산책할 수도 없다. 강 위에 가족의 배를 띄워 물놀이도 할 수 없다. 우리 모두가 행복한 교육을 만드는 것은 이처럼 의외로 간단하다. 그것은 바로 자녀에게 부모의 욕망을 강요하지 말고 부모의 욕망을 내려놓는 데서 시작한다. 그러면 자녀는 자신의 길을 찾아간다. 물론 때로 시행착오를 겪을 테지만 말이다.

나에게는
꿈이 있습니다

"엄마는 의사가 됐으면 좋겠다고 하지만 아빠는 '언제나 하고 싶은 거 하라'고 격려를 해주신 게 큰 힘이 되었어요." 자신의 꿈이라면 여성도 경찰대에 갈 수 있다. 자신의 꿈이라면 남자도 간호사가 될 수 있다. 자신만의 꿈을 꿀 수 있게 부모는 마음을 열어놓아야 한다. 꿈이 없는 아이, 뜻이 없는 아이가 가장 위험하다. 엄마가 혹시 아이의 꿈을 빼앗고 있지 않은지 '살짝' 한번 생각해 보자. 그리고 아이에게 변화와 봉사와 같은 꿈의 '상수'를 함께 정하고, 그 상수에 포함되는 변수들을 함께 이야기해 보자.

1남 2녀 중 막내인 전하영* 양은 어려서부터 또래 아이들보다 키가 컸다. 중학교 2학년인데 키가 170센티미터다. 운동도 잘하고 성격도 활달하다. 특이한 점은 보통 여자아이들과 달리 화장이나 미니스커트 입는 것에 관심이 전혀 없다는 것이다. 교복도 남학생들처럼 주로 바지를 입고 다닌다. 하영이의 꿈은 초등 4학년 때부터 변함없이 '경찰'이었다. 처음엔 TV에서 드라마를 보고 멋있다고 막연히 생각했었는데 시간이 갈수록 경찰이 되고 싶다는 꿈이 구체화되었다. 자신도 좀 놀랐다고 한다. 경찰이 되고 싶다는 생각이 들자 형사가 되어 현장에 나가서 잠입수사 하고 총 쏘고 하는 것이 너무 하고 싶어졌다. 경찰이 되겠다는 말에 아빠가 적극 찬성해 주었고 주변 사람들도 모두 "너한테 딱이다"라고 말했다. 또 지난해에 대전에 있는 간호사관학교에 입학한 언니를 보면서 더더욱 꿈을 굳혔다. 학비도 무료고 기숙사도 공짜고 옷과 신발에 매달 용돈까지 받는 걸 보면서 고생하시는 부모님께도 도움이 된다는 생각도 들었다. "경찰대가 의대 가는 것만큼 어렵다고 하지만 안 되면 재수를 해서라도 꼭 가고 싶어요. 정 안 되면 경찰공무원 시험이라도 봐서 꼭 경찰이 될 거예요."

꿈이 구체화되면서 요즘에는 공부도 열심히 하고 있다. 수학 성적이 크게 올랐고, 체육 실기는 거의 만점이다. 경찰관 꿈을 이루려면 공부를 정말 열심히 해야겠다는 생각이 들어서 요즘은 수업시간에 필기도 잘한다. 학습태도도 많이 좋아졌다고 교사들로부터 칭찬도 듣는다. 가끔 아무 생각 없이 지내다가도 자신의 꿈을 생각하면 "아, 내가 이러면 안 되는 건데……" 하면서 스스로를 추스르게 된단다. 엄마는 의사가 됐으면 좋겠다고 했지만, 아빠는 언제나 하고 싶은 것을 하라고 격려해 주셨는데, 그것이 큰 힘이 되었다고 한다. 엄마도 큰딸을 간호사관학교에 보내면서 경찰에 대한 생각도 많이 바뀌었다.

중학교 3학년생인 방혜주* 양은 한복 디자이너가 되는 것이 꿈이다. 혜주는 어릴 때부터 한복이 아주 잘 어울려 한복 입은 모습이 예쁘다는 말을 자주 들었다. 그래서인지 요즘 아이들이 별 관심을 가지지 않는 한복에 자기도 모르게 자꾸 관심이 갔다고 말한다. 그래서 설을 지나고 나면 한복 디자이너가 되고 싶다는 생각이 더 들었다. 요즘에는 시간만 나면 종이에다 새로운 퓨전 한복을 아름답게 그리곤 한다. 한복 드레스를 그리다 보면 시간 가는 줄 모른단다.

혜주는 외동딸이라 귀여움을 받고 자랐다. 요즘 아이들처럼 매사에 별로 의욕도 없었고 꿈도 없었고 어떤 일에도 별 관심이 없었다. 하지만 한복 디자이너가 돼야겠다는 꿈이 생기자 무엇이 필요한지를 생각하게 되었고 공부도 관련되는 분야를 찾아서 스스로 하게 됐다. 내가 하고 싶은 일이 있기에 공부나 다른 걸 잘하는 아이들을 봐도 부러운 마음이 생기지도 않는단다. 자신이 사랑스러운 느낌도 든단다.

나만의 꿈이 정해지자 그동안 소홀했던 내신 점수가 걱정이 됐다. 영어도 미술도 잘해야 하겠기에 엄마를 졸라서 학원에 보내달라고 했다. 처음에는 막연하게 디자인 전문 고등학교에 가야겠다고 생각했다. 요즘에는 여러 선생님과 상담을 해본 결과 그래도 대학에 진학하는 것이 더 낫다는 조언을 듣고 일반고로 가서 수능을 준비할 계획을 갖게 됐다. 방양은 진로를 선택하고 뚜렷한 목표가 있기에 매사에 망설임이 없고 집중이 잘 된다고 말한다. "목표가 정해졌기 때문에 더 이상 시간 낭비, 돈 낭비를 하지 않는 것이 좋아요. 미대에 진학하려면 수학 시험을 보지 않아도 돼서 미술과 영어에 전념할 수 있어요." 혜주는 또 힘들고 지칠 때 미래의 자신의 모습을 생각하면 즐겁고, 슬럼프에 빠졌다가도 남보다 회복이 빠른 것 같다고 말한다.

주변에서 보면 공부를 아무리 잘해도 꿈이 없는 아이들이 많다. 부모의 기대에 마지못해 막연하게 명문대 가야지 하는 아이들, 그런 아이들보다 혜주는 자기 자신이 훨씬 행복하다는 생각이 든다. 요즘은 재봉틀을 사다놓고 박음질 연습을 열심히 하며 즐거운 시간을 보내고 있다.

박하은* 양은 배정받은 중학교에 초등학교 친구가 한 명도 없었다. 공부도 잘하지 못했던 하은이는 피아노로 친구들을 놀라게 해주고 싶었다. 실은 초등 1학년 때부터 피아노를 쳤는데 피아노라면 자신이 있었다. 아이들 앞에서 피아노를 한번 쳤더니 '대박'이라고 소리쳤다. 자신도 그때까지는 피아노를 좋아하는지 몰랐다. 그런데 친구들의 환호와 박수소리에 피아노가 점점 좋아지기 시작했다. 자신감도 덩달아 더 생겼다. 이때 '피아노는 내 운명'이라는 생각이 들었다. 교회에 다니고 있었는데 중학생이 되면서 중·고등부 예배에서 피아노 반주도 맡게 되었다. 매주 오케스트라부와 함께 연습을 하고 반주를 하다 보니 무대에 서는 것이 어느새 자연스러워졌다. 피아노와 늘 함께 하고 싶은 하은이의 꿈은 결국 이루어졌다. 예고를 거쳐 명지대에 합격해 피아노를 전공하고 있다.

"시험 막판에 약한 체력 탓에 목표로 한 대학에는 아깝게 떨어졌어요. 원래 꿈이 유명한 대학의 음대에 가는 것이라기보다는 피아노를 치고 음악을 하는 거였기에 그리 속상하진 않았어요. 다만 학교가 멀어 다니기가 좀 불편할 뿐이죠." 하은이는 "요즘에는 클래식 음악 큐레이터가 되어야겠다는 꿈이 생겼다"면서 "그래서 간판 따기 위해 대충 다닌다는 생각 대신 피아노 연습도 더 열심히 하고 어학 공부도 열심히 하고 있다"고 말한다. 그는 클래식 음악 큐레이터로 꿈을 한 단계 구체화하면서 공부하는 것이 너무 행복하다고 말한다.

이들과 달리 요즘 많은 아이들은 꿈이 없다. 어떤 아이는 '그냥 살면 되지 꿈이 왜 필요하냐'고 반문하기도 한다. 이는 우리나라뿐만 아니라 글로벌 현상이라고 한다. 이는 풍요로운 시대의 산물이다. 사실 꿈을 찾기란 쉽지 않다. 필자의 경우 대학 졸업을 한 학기 남겨두고 부랴부랴 진로를 정했다. 그때 필자는 매일 '변화 있는 삶'을 살고 싶었다. 신문기자는 시대의 기록자이므로 늘 변화하는 삶을 엿볼 수 있고 또 그런 삶을 살 수 있을 것 같았다. 그런데 꿈은 변할 수 있다. 꿈이 바뀌는 것은 전혀 이상한 일이 아니다. 생각은 바뀔 수 있기 때문이다. 물론 너무 자주 바뀐다면 문제가 되겠지만 말이다. 필자는 신문기자를 하다 생각이 바뀌어 신문기자를 그만두었다.

꿈을 정하기 위해서는 먼저 자신의 성향에 맞춰 꿈의 '상수'를 정해 놓는 게 필요하다. 필자의 경우 꿈의 상수는 '변화'였다. 매일 똑같은 일이 아니라 매일 변화 있는 일을 하고 싶었다. 사회생활을 시작할 때 직업을 신문기자로 선택한 것은 매일 새로운 기사를 쓸 수 있다는 생각에서다. 꿈의 상수는 재능뿐만 아니라 자신의 성격을 고려해야 한다. 필자의 경우 '변화'였는데 이런 상수들에는 도전, 모험, 봉사, 헌신, 사랑, 명예, 권력, 실용, 평화 등등 수많은 키워드가 있다. 자신의 성향에 맞춰 하나 또는 두 개 정도 정하면 된다. 그리고 의사나 변호사, 엔지니어, 기자 등 자신이 하고 싶은 일, 즉 직업은 꿈의 '변수'에 해당한다. 하고 싶은 일은 상황에 따라 얼마든지 바뀔 수 있다. 그리고 '내가 어떤 재능이 있는가'는 곰곰이 생각해 보면 의외로 쉽게 발견할 수 있다. 그것은 바로 호기심에서 시작할 것이다. 유난히 관심이 가는 분야가 바로 자신의 재능이 있는 분야일 수 있다.

이때 부모나 형제자매, 친척 등에게 조언을 구하고 또 이들을 '역할 모델'로 삼거나 참고할 수도 있다. 전하영 양의 경우 언니의 조언을 듣고 또 언니를 역할 모델로 삼았다. 교사들은 학생들의 꿈이 자주 바뀌어도 무턱대고 나무라지 말아야 한다. 한번은 필자의 아들이 고등학교 1학년 때 꿈이 바뀌었다고 교사에게 핀잔을 들었다고 했다. 안타까웠다. 꿈은 정해지면 고정되는 것이 결코 아니다. 그리고 자신만의 꿈이 가장 멋진 꿈이다. 꿈 찾기는 삶이 다하는 날까지 계속될 수도 있다. 필자는 아직도 '변화'를 즐길 수 있는 새로운 일에 도전한다. 꿈은 하나가 아니라 여러 개여도 무방하다. 감당할 능력만 된다면 말이다.

원하는 것을
공부하고 싶어요

"공부에 흥미가 있든 없든 다들 대학 보내려고 인문계 고등학교에 보내는데 석준이는 공고에 가서 오히려 흥미를 찾고 공부도 더 하고 싶다고 한다." 필자도 석준이 사례를 접하고 정신이 번쩍 들었다. "좋은 대학에 가기 위한 공부, 대기업에 취직하기 위한 공부를 해서는 안 된다. 다만 네가 하고 싶은 일을 하기 위한 공부는 꼭 해야 한다"고 말해 주고 싶다. 이마저도 안 한다면 결코 홀로서기를 할 수 없기 때문이다.

특성화고교에 다니는 김석민 군의 부모는 고등학교가 최종 학력이다. 엄마는 미용실을 한다. 고등학교 졸업하고 미용기술을 배워서 일하다 결혼하고서도 지금까지 죽 미용실을 하고 있다. 직원도 두지 않고 혼자서 하기 때문에 경기가 안 좋아도 단골손님들이 있어 한 달에 300만 원 정도는 번다고 한다. 남편도 공고를 나와 대학에 가지 않았지만 기술자로 남부럽지 않게 살고 있다. 연년생으로 아들이 둘 있는데 둘 다 공부에는 영 재능을 보이지 않았다. 아이들이 초등학교 다닐 때에도 엄마는 미용 일을 하고 있었지만 아이 교육에 관심이 많았다. 학부모 모임도 들고, 아이들 좋다는 여러 가지 캠프도 보내고, 학원도 보내면서 시킬 것은 다시켰다. 그런데도 아이들은 공부에 관심도 없고 흥미도 없어했다. 두 아들 모두 마찬가지였다. 집이 있는 곳은 변두리여서 엄마는 미용실이 있는 도심 근처 초등학교에 입학을 시키며 아들들이 공부에 열중해 주기를 바랐다. 아침에 아이들 등교시키고 일하다가 아이들이 수업을 마치고 미용실로 찾아오면 간식도 먹이고, 미용실에 딸린 방에서 숙제도 하게 하고, 학습지도 시키고, 학원도 챙겨 보내면서 정성을 많이 쏟았다. 하지만 어느 순간 아이들이 공부에 영 흥미를 보이지 않고 재능도 없다는 생각이 들었다.

엄마는 자신을 생각하니 미용 기술 하나만 있어도 먹고 살수 있다는 생각이 들었다. 그래서 아이를 일반계 고교에 보내지 않고 영상과학고등학교(예전의 공고)에 입학시켰다. 주변 엄마들은 그래도 대학은 보내야 하지 않냐고 했지만 어차피 자기 남편이나 자기나 고등학교 나와서 기술만 있으면 사는 데 별 지장 없으니 상관없다고 생각했다. 그러면서도 대부분 엄마들이 자식교육에 전념하는 상황에서 이것이 옳은 선택인지에 대해 불안하기도 했다.

다행히도 석민이는 고등학교에 가서 로봇반에 들어가면서 학교 다니기가 재미있다고 했다. 친한 선배 형이 생겼는데 그 형은 로봇대회에도 나가고 자격증도 준비하는 성실한 형이었다. 그 형을 따라서 로봇도 만들고 하다 보니 로봇에 흥미도 느끼고 자신이 손재주도 있다는 것을 알게 되었다. 요즘은 시키지 않아도 학교에 자정이 다 되도록 남아서 로봇을 조립하고 공부하면서 대회에도 나갔다. 또 석민이는 전기 분야 자격증을 따려고 준비하고 있다고 한다.

　석민이는 마음도 편하고 지금 하고 있는 공부가 적성에 맞아 재미있다고 한다. 엄마는 공부 쪽에 흥미도 없고 재능도 없는 아이를 엄마가 억지로 공부시켜서 된다면야 시키겠지만, 그게 아니라면 상황과 형편에 맞게 방향을 트는 것도 좋다는 생각이 든다고 말했다. 공부에 흥미가 있든 없든 다들 대학 보내려고 인문계 고등학교에 보내는데 석민이는 공고에 가서 오히려 흥미를 찾고 공부도 더 하고 싶어한다.

　석민이가 재미있어 하는 공부는 대학을 가는 데 필요한 수능 공부가 아니라 자신의 재능과 적성을 살려주고 미래의 자신을 만들어줄 삶을 위한 공부인 셈이다. 석민이는 전에는 친구들이랑 어울려 다니며 노는 걸 좋아했는데 요즘은 로봇 만드는 것이 너무 재미있어 친구들과 노는 것이 시들해졌을 정도이다.

　그런데 최근 석민이는 걱정이 되는 소식을 들었다. 친한 선배 형이 취직을 하고서 놀러왔는데 막상 사회에 나가서 사회생활이라는 걸 해보니까 '고졸'에 대한 사람들의 편견이 온몸으로 느껴진다는 것이었다. 그러고서 우리 사회는 왜 모두가 대학에 목을 매는지 도무지 이해할 수 없다고 했다. 우리 사회가 안고 있는 가장 부끄러운 얼굴이다. 김석민 군이 대학을 가지 않는다면 우리 사회의 거대한 편견 앞에 수없이 좌절하는 일이 생길지도 모른다. 석민이 엄마는 아들이 특성화고에 진학하겠다고 했을 때 부부 모두 고교만 나왔기 때문에 아무런 편견 없이 받아들일 수 있었다. 다만 우리 사회가 '대학을 나와야 취직하거나 사람 구실을 할 수 있다'는 편견이 만연해 있어 그것이 마음에 걸린다고 했다. 그래서 지난해 둘째가 인문계 고교로 진학하겠다고 했을 때 이들 부부는 또한 그의 의견을 존중해 주었다. 다만 둘째 아들이 공부에 열의를 보여야 대학에 진학할 수 있을 텐데 치열한 대학 입시의 현실에서 어느 정도까지 따라붙을 수 있을지 내심 걱정하고 있을 뿐이라고 속내를 털어놓았다.

전문대 휴학 중인 이창섭 군의 부모도 모두 고졸 출신이다. 하지만 창섭이 부모는 김석민 군의 부모와는 아들을 대하는 방식이 전혀 달랐다. 창섭이의 엄마는 아들에게 정성을 다했고 기대를 많이 했다. 학원 수업이 끝나면 먼 거리인데도 꼭 택시를 타고 오라고 했다. 혹 학원 측에서 데려다주기라도 하는 날이면 따뜻한 음료를 들고 나와서 기다리던 엄마다. 사는 형편이 그렇게 넉넉하지도 않은데 영어 과외를 시키며 창섭이가 대학 가기만을 바랐다. 또 외로워하는 아들을 위해 중학교 3학년 때 늦둥이 동생도 낳아주었다. 하지만 창섭이는 공부가 정말 죽도록 하기 싫었다고 한다.

사실 창섭이의 꿈은 소박하다. 전자공장에 들어가 좋아하는 여자친구와 결혼하는 게 꿈이다. 하지만 엄마는 울면서 "엄마 아빠가 못나온 대학에 너만은 가야 한다"고 매달렸다. 창섭이는 하는 수 없이 인문계 고교에 들어갔다. 그런데 그 고등학교는 선행학습을 하지 않으면 안 되는 학교였다. 시험도 특목고처럼 어렵게 냈다. 그나마 엄마를 생각해서 공부를 해보려 했지만 너무 어려웠다. 기초실력이 부족하니 당연한 일이었다. 고등학교 3년 내내 학교에서 거의 꼴찌를 도맡다시피 하다가 겨우 전문대학에 들어갔다. 창섭이는 마트에 납품하는 아버지 덕에 거기서 아르바이트를 하고 여자친구와 재미있게 놀면서 대학생활을 했다. 어차피 공부 쪽에는 미련도 없었기에 나름 행복했다. 지금 의무경찰로 복무 중인데 곧 제대할 예정이다. 이창섭 군은 공고에 가서 LCD공장에 가고 싶던 자기 꿈이 있었는데 엄마의 기대 때문에 인생이 힘들어졌다고 생각한다.

"어차피 저는 공장에서 일을 하며 살아가고 싶어요. 그게 뭐 어때서요. 대기업에 취직해 사무직이나 연구직에 근무한다고 그게 더 근사하다고 생각하지 않거든요. 엄마의 기대처럼 더 좋은 대학에 들어가고 더 그럴 듯한 자리에서 일해야 할 이유를 모르겠어요." 본인의 기대치가 높아서 대학에 못 가면 힘들 수 있다. 하지만 창섭이처럼 남들이 볼 때에는 소박할지라도 처음부터 자신이 바라는 꿈을 실현하려고 하면 그 수준에서도 충분히 돈 벌면서 행복한 가정을 꾸리고 재미있게 살아갈 수 있을 것이다. 창섭이 같은 아이에게 굳이 부모의 욕망을 위해 대학을 강요하는 것은 잘못된 일이다.

우리나라는 고등교육이 과잉 상태에 있는데, 그것도 대학진학률에서 세계 1위를 기록하고 있다. 장하준 케임브리지대 교수는 고등교육이 필요한 일자리보다 너무 많은 대졸자들이 배출되고 있다고 문제점을 지적한다. 미국은 1960년대부터 대졸자가 40퍼센트 초반 수준에서 안정화되었지만 우리나라는 이미 1993~2002년에 대졸자가 57.9퍼센트를 기록하고 있다. 김민석 군과 이창섭 군의 선택에 어쩌면 우리나라 교육의 모순을 푸는 해결책이 들어 있다는 생각이 든다. 우리나라의 당면 과제는

'대졸자 줄이기'가 아닐까? 대학 졸업자가 가장 많은 우리나라가 자살률에서 세계 1위인 이유는 어쩌면 이 둘이 긴밀하게 연관되어 있는 게 아닐지…….

우리 아이는
어떤 재능을 가지고 있을까

"전 다른 것에는 별로 관심이 없어요. 공부할 때가 제일 기분이 좋고 즐겁고 행복해요." 이런 말을 하는 딸이 있다. 참 신기하다는 생각이 들 정도다. 그런데 대부분의 아이들은 공부가 싫다. 공부가 싫은 아이라면 먼저 어떤 재능이 있는지 가드너의 다중지능론을 생각하며 관찰해 보자. 누구나 그 아이만의 재능이 있다. 그래서 누구나 인재라는 말이 있다.

미국 하버드대학 교수인 하워드 가드너는 사람에게는 하나의 재능이 있는 것이 아니라 여러 가지 재능이 있다고 한다. 이를 '다중지능' 이론이라고 하는데, 인간의 지능을 언어·음악·논리수학·공간·신체운동·인간친화·자기성찰·자연친화·실존 등 9개의 지능으로 이루어져 있다고 설명한다. 여기서 모든 부모들이 갈망하는 공부 잘하는 지능은 언어와 논리수학, 공간이고 더 확장하면 자기성찰, 자연친화, 실존 지능도 포함될 것이다. 그런데 어떤 아이는 유독 운동 지능이 뛰어나는가 하면 어떤 아이는 음악이나 미술 등에서 두각을 보이기도 한다. 또는 사교성이 뛰어나 리더십에서 인정받는 아이도 있다. 예체능이나 사교성에 뛰어난 아이가 공부도 잘한다면 그야말로 우리 시대 모든 부모들이 바라는 자녀상일 것이다.

자녀를 키우다 보면 많은 부모들이 처음에는 자기 자녀가 천재라고 생각한다. 아이가 점점 자라 중·고등학교에 진학하면 이런 생각은 부모만의 바람이자 착각이라는 현실을 마주한다. 그런데 가드너의 다중지능 이론을 보면 '공부 잘하는 지능'은 따로 있는 것 같다. 즉 박태환 선수처럼 수영에 소질 있는 아이가 있는가 하면, 축구나 야구에 소질 있는 아이도 있을 것이다. 노래를 잘 부르는 아이, 피아노나 바이올린에 소질 있는 아이가 있는 것처럼 공부가 적성에 맞는 아이도 있을 것이다. 공부가 재미있고, 그래서 혼자서도 공부 잘하는 아이들도 있다는 것이다. 하지만 공부 잘하는 지능, 즉 영재성이 높아도 아이가 산만하면 공부지능을 제대로 발현할 수 없다. 영재라도 노력을 경주하지 않는다면 그 영재성은 무뎌지기 때문이다.

가드너의 다중지능 이론에 따르면 공부 잘하는 아이는 어떤 지능을 갖고 있는지 유추해 볼 수 있다. 언어와 논리수학 지능에 더해 자기성찰이나 실존 지능이 높을 경우 그야말로 '혼자서도 공부 잘하는 아이'로 성장할 수 있다는 설명이 가능하다. 공부를 잘하는 아이들은 대개 친화성이 부족한 경우가 많은데 여기에 인간친화 지능이 있다면 사회성도 좋아 리더십도 있다는 평가를 받을 것이다.

이여경 양을 보면 공부 잘하는 성향이 가드너의 다중지능과 관련되어 있다는 생각을 절로 들게 한다. 흔히 IQ가 높으면 공부를 잘할 것이라고 여기지만 꼭 그렇지만은 않기 때문이다. 여경이는 초등학교 6학년인데도 공부를 스스로 즐겨 하고, 의젓하면서 집중력 또한 남다르다. 공부할 땐 고교 3학년의 '포스'마저 풍긴다. 공부도 늘 최상위권이다. 초등학생인데도 영어는 고등학교 모의고사에서 1, 2등급이 나온다. 엄마가 특별과외라도 시킨 줄 알지만 전혀 그렇지 않다. 여경이가 학원에 너무 다니고 싶어해서 남들처럼 영어학원에 다니는 것이 전부다. 학원에서 단어 시험을 100개 보면, 평소에 나눠서 미리미리 외우고 혼자 네다섯번 테스트를 해보고 간다. 당연히 항상 100점이다. 학교나 학원에서 선생님들은 누구나 여경이를 보면 기특해하고 예뻐한다. 여경이는 공부하는 것이 너무 재미있다고 말한다. "전 다른 것은 별로 관심이 없어요. 공부할 때가 제일 기분이 좋고 즐겁고 행복해요." 그래서 시험이 다가오면 누가 시키지 않아도 3주 전부터 계획을 세워 반복 학습으로 시험 준비를 한다. 아직 초등학생인데 어쩜 그렇게 야무지게 준비하고 공부할까 생각이 들 정도다.

공부 잘하는 아이들에게 공통적으로 발견되듯이 여경이 엄마는 딸에게 공부하란 소리를 해본 적이 없다. 여경이는 학교에 갔다 오면 세 시간 정도 학교 숙제 등을 하며 공부하고 학원에 간다. 학원에 갔다 오면 이번에는 학원 숙제를 하고 밤 11시 30분이면 어김없이 잠자리에 들어 아침 7시 20분에 일어난다. 수면은 하루 여덟 시간씩 푹 잔다. 학교에서 임원을 맡고 있는 여경이는 반 아이들에게 인기도 많다. 착실하고 침착한 인성에다 유대감도 좋아 선생님들마다 칭찬이 자자하다. 어머니 김영희 씨는 "아이가 외동딸이라서 이것저것 다 해주면서 키우고 싶었는데 정작 여경이는 어릴 때 부모에게 별로 요구하는 것이 없었다"면서 "그래도 또래들과 잘 어울리고 특히 뭔가를 배우는 것을 좋아했다"고 말한다.

여경이는 TV를 전혀 보지 않는다. 엄마는 TV가 고장이 나서 새로 산다고 하자 '보지도 않는 걸 무엇 하러 사느냐'고 여경이가 말렸지만, 아빠가 너무 보고 싶어해서 샀단다. 김 씨는 딸이 집에 오면 TV를 보다가도 끈다고 한다. 아버지가 휴대전화 제조 회사에 다니지만 여경이는 스마트폰에도 관심이 없다. 당연히 연예인에게도 관심이 없다. 게임도 하지 않는다. 또래 아이들처럼 외모에도 별로 관심이 없다. 나중에 커서 판사가 되고 싶기에 공부하는 게 재미있을 뿐이란다. 부모 입장에서는 거저로 딸을 키운다고 할 정도로 참 특이한 소녀임에는 분명하다.

김 씨는 딸을 평범하게 키웠는데도 아이가 공부를 즐거워하고 스스로 계획을 짜고 알아서 공부를 해왔다고 말한다. 어릴 때부터 영어학원에 갔다 오면 학원에서 배운 영어 테이프를 스스로 반복해서 틀어보고 또 밥을 먹으면서도 책을 펴놓고 보았단다. 그래서 공부가 그렇게 재미있느냐고 물어보면 환하게 웃으며 그렇다고 대답했다는 것이다. 다른 사람들은 여경이 엄마가 아이를 엄청 들볶고 공부만 시킨다고 생각했는데 정작 엄마는 아이가 너무 공부만 해서 걱정했다. 다행히 지금은 여경이가 공부 자체를 좋아하고, 자기에게 주어진 것에 최선을 다하면서 행복해하는 아이라는 것을 알게 되어 마음이 놓인다고 한다. 어머니가 여경이를 키울 때 남다른 점이 있었다면 칭찬을 하지 않았다는 것이다. 아이가 시키지 않아도 공부를 너무 잘해 혹여 자만심에 빠질까봐 그랬다는 것이다.

그리고 뭐든지 딸이 스스로 선택하게 했고, 그 선택에 꼭 책임을 지게 했단다. 즉, 믿어주고 선택하게 하고 혹여 선택이 잘못되어 힘들어도 자신이 책임지고 극복하게 했다는 것이다. 어머니는 "상장을 받아도 집에 오면 잊어버리고 말을 안 해 나중에 제가 가방을 정리하다가 발견하곤 했다"면서 "여경이는 결과에 집착하지 않고 과정을 즐기는 아이인 것 같다"고 말한다.

가드너의 이론을 빌리자면 여경이는 언어 지능과 논리수학 지능에다 자기성찰 지능(자기 자신에 대해 객관적으로 이해하고, 잘 반성해 행동할 수 있는 능력)과 인간친화 지능이 높은 경우라고 추론할 수 있다. 다시 말하자면 요즘 우리나라 부모들이 가장 선망하는 지능의 소유자인 셈이다.

박승윤* 군은 초등학교 때는 학습지마저 풀기 싫어해 공부다운 공부를 해보지 않았다. 중학교 때는 반에서 중간 정도의 성적이었다. 고등학교 진학을 앞둔 겨울방학에 평소보다 집중해서 수학과 영어를 공부했다. 그랬더니 고등학교 첫 시험에서 전체 470명 중 120등, 반에서 30명 중 7, 8등을 했다. 겨울방학 동안 노력치고는 기대 이상의 성적이었다. 이때부터 승윤이는 공부에 대한 자신감이 생겼다. 고등학교 내내 한 번도 성적이 떨어진 적이 없었고 꾸준하게 상승세를 탔다. 1학년을 마칠 때에는 전교 40등에 반 2, 3등이었고 2학년에 올라가서도 상승세를 지속했다. 3학년 때는 전교 5등, 반 1등을 했다. 졸업할 때에는 전교 1등도 했다. 공군사관학교와 연세대학에 합격한 박승윤 군은 연세대학을 선택했다.

승윤이가 두 학교에 합격할 수 있었던 비결은 고등학교 내내 성적에 상승세가 거의 수직에 가까울 정도였다는 것과 1학년 때부터 주요 과목에서 1등급을 유지한 점을 꼽았다. 가드너의 다중지능 이론에 비춰보면 그는 언어와 논리수학 지능, 공간 지능(시각적·공간적 세계를 정확하게 지각하는 능력과 그런 지각을 통해 형태를 바꾸는 능력과 관계되는 지능)에서 남다른 소질을 드러냈다고 추론할 수 있다. 여기에 자기성찰 지능이 더해져 높은 집중력을 발휘할 수 있었을 것이다.

중학교 때까지는 두각을 나타내지 못하다 고등학교에서 일취월장한 승윤이를 보면 지능은 선천적으로 주어진 것이지만, 자신의 의지와 노력을 기울인다면 잠재적인 지능을 계발할 수 있음을 보여준다. 고등 1학년 9월에 개인택시를 하던 아버지가 암으로 세상을 떠나면서 형편상 과외를 받을 수 없는 상황이었지만, 3년 동안 야간 자율학습을 한 번도 빠지지 않고 학교생활 위주로 공부를 했다. 모르는 문제는 교사들에게 질문하며 해결했다. 평소 좋아하는 여자 선생님이 있으면 더 자주 가서 물었다고 한다. 승윤이의 경우를 보면 가정 형편이 어려워도 자신이 공부하겠다는 의지와 노력만 기울인다면 중위권에서 최상위권으로의 도약을 예측해 볼 수 있다. 결국 공부는 당사자의 의지에 달려 있는 셈이다. 이때 가드너의 다중지능 이론에 견주어보면 언어와 논리수학 지능, 자기성찰 지능 등을 갖추었다면 더 유리하다고 할 수 있을 것이다.

요즘 우리 사회에서 엄마들은 아이들 공부에 목숨을 건다. 하지만 엄마가 아무리 애를 써도 아이는 따라주지 않는 경우가 다반사다. 그래서 오늘도 한국의 많은 엄마들은 힘들다. '나는 너를 위해 이렇게 희생하고 신경 쓰는데 나한테 어쩜 이럴 수 있냐'며 상처받는다. 그런데 아이로 인해 상처받는 엄마라면 가드너의 다중지능 이론을 한번 살펴보고 다소 위안을 받을 수 있지 않을까? 나아가 아이가 어떤 지능을 가지고 있는지를 고려한다면 아이의 적성을 고려해서 자녀교육에 임할 수 있을 것이다.

필자의 아들은 어릴 때부터 유난히 돈에 관심이 많았다. 그래서인지 중학생 때부터 '돈벌이'를 척척 해냈다. 중고 사이트에서 휴대폰을 구입해 몇 가지 부품이나 케이스를 새것으로 바꾸어 되팔았는데 차익이 쏠쏠했다고 한다. 이런 아들에게 어울리는 지능을 이른바 '이재 지능'이라고 명명할 수 있지 않을까 싶다. 가드너의 다중지능 이론에서는 찾을 수 없는데, 10번째 지능으로 '이재 지능'을 추가하면 어떨까?

스스로 선택한 길,
절대 포기하지 않아요

"컴퓨터 프로그램 학원에서 좀 더 체계적으로 배워보고 싶어요!" 부모는 자녀의 입에서 이런 말이 나올 때까지 기다릴 줄 알아야 한다. 그러나 많은 부모들은 기다리지 않는다. 아이에게 필요한 것이 무엇일지 생각해 보고 그것을 하도록 강요한다. 억지로 하는 것이라 결과가 좋을 턱이 없다. 부모는 참고 또 참아야 하는 자리, 기다리고 또 기다려야 하는 자리이다. 참지 못하고 기다리지 못하면 지는 거다!

김동석 군은 엄마의 손에 이끌려 초등 5학년 때 처음 컴퓨터 프로그래밍을 접했다. 공부를 해나가면서 처음에는 재미있게 했지만 점점 어려워지는 문제에 맞닥뜨리자 그만 포기하게 되었다. 2년 후 다시 공부해 보겠다며 노트북을 안고 학원을 찾아온 동석이는 그때부터 책과 씨름하기 시작했다. 중학생이 된 동석이는 학교 내신도 신경 써야 하는 시기였지만 자신의 꿈을 찾아 컴퓨터 언어인 C언어를 열심히 파고들었다. C언어는 중학생이 쉽게 할 수 있는 공부가 아니었다. 다시 어려움에 직면하자 내신에 대한 염려도 겹치면서 동석이는 또 포기하고 프로그래머로서의 꿈도 접었다. 생각처럼 잘 풀려나가지 않는 상황에 봉착하면서 자신감을 갖기보다는 어렵다는 생각이 들었다. 문제를 잘 해결하고 알고리즘을 배우고 직접 작품들을 제작해 봤으면 하는 바람은 이루어보지도 못하고 도전을 멈추고 말았다. 그 이유는 바로 초등 5학년 때 프로그래밍 공부를 엄마 손에 이끌려 시작한 데 있었다. 아무런 동기부여도 없었고 이루고자 하는 꿈도 명확하지 않았다. 문제가 어려워지자 '왜 내가 이런 공부를 해야 하나?' 하는 생각이 들었다. 초등학생 나이에 프로그래밍 공부를 하려면 뭔가 나름대로 꿈이 있어야 하는데 동석이는 그렇지 못했던 것이다.

그로부터 다시 2년이 지나 고등학생이 된 동석이는 또 다시 도전에 나섰다. 지금 내신에 대한 압박감은 더 크고 공부 시간이 부족할 때이지만 프로그래밍에 대한 꿈이 다시 그를 불러냈다. 어려워서 포기하고 도전하고 또 포기하기를 반복하면서도 다시 도전에 나선 이유가 무엇일까? "학교에서 공부하면서 전에 해결하지 못한 문제가 생각났어요. 그 문제를 꼭 해결해 보고 싶었어요. 지금은 무척 재미도 있고 해결 능력도 생긴 것 같아요. 전보다 쉽게 문제를 풀고 있어요. 문제가 풀릴 때마다 행복해요."

동석이는 동네에서 쉽게 볼 수 있는 옆집의 평범한 학생이었다. 친구가 피시방에 같이 가자고 하면 가고, 운동장에서 놀자고 하면 놀다가 집으로 가곤 했다. 집에 가서도 부모님이 학원에 가서 공부하자고 하면 또 군말 없이 따랐다. 특별히 문제를 일으키지는 않았지만, 또 특별히 모범적이거나 열심히 하는 학생도 아니었다. 학원에 다니고 다른 아이들과 같이 앉아서 공부를 했지만 자신이 선택한 것이 아니었기 때문에 만족하지 못했다. 그래서인지 어려운 문제가 생기고 풀리지 않으면 그때마다 도망가려 했고 결국 포기하곤 했다. 동석이를 지켜보던 어머니는 아이가 포기를 반복하자 내심 걱정이었지만 어떻게 해줄 방법도 없었다. 뭔가 도와주고 싶기는 한데 무엇을 도와주어야 하는지 알 수가 없었다. 할 수 있는 것이라고는 지켜보는 것뿐이었다.

그런데 고등학교에 들어가고 언제부터인가 컴퓨터 언어에 관심을 보이는 모습을 보였다. 그때 엄마는 학원에 등록시켜주겠다고 말하고 싶었지만, 스스로 결정하기를 기다리며 먼저 말하지 않았다. 이 기다림의 시간은 당하지 않은 부모는 잘 모른다. 기다리는 것이 얼마나 어려운 일인지 말이다. 어느 날 동석이는 컴퓨터 프로그램 학원에서 좀 더 체계적으로 배워보고 싶다고 엄마에게 말했다. 마침내 동석이는 스스로 자신의 길을 찾고, 또 그 선택에 최선을 다하려는 모습을 처음으로 보였다. 다시 학원에 등록했다. 이번에는 엄마와 함께가 아니라 혼자 가서 등록했다. 자신이 스스로 선택하고 결정한 기회여서인지 그때부터 정말 즐겁게 공부하는 모습을 보여주었다.

컴퓨터 프로그램은 언어 규칙만 배우는 게 아니라 논리수학, 창의수학을 함께 해야 발전할 수 있는 분야다. 고등학생인 동석이는 비교적 수리분야는 쉽게 해결하고 게임 작품을 만드는 데도 무리가 없다. 아직 자신이 설계하고 있는 작품을 만들려면 더 배우고 훈련을 해야겠지만 언젠가 꼭 완성하고 말겠다고 다짐하곤 한다. 그의 다짐은 꿈을 반쯤 이룬 것과 다름없을 것이다. 최근 자신이 제작한 작품을 친구들에게 보여주면서 진솔한 평가를 부탁하기도 한다. 그러면서 그가 느끼는 뿌듯함과 자신감은 그 어떤 것과도 바꿀 수 없는 귀한 보물이 되어 그의 성장을 이끌고 있다. 이것이 인천에서 학원이 있는 일산까지 가깝지 않은 거리를 즐겁게 다니는 이유다. 이제 스스로 찾은 꿈이 있기에 하루하루가 즐겁고 그 꿈을 향하여 한 발 다가가고 있는 자신의 모습을 그리며 한 번도 수업에 빠져본 적이 없다. 동석이는 이미 자신의 삶을 훌륭히 프로그래밍하고 있는 것이다.

성공은 상대적인 개념이라 잘 된 사람이 있으면 그보다 못 된 사람이 있고, 못 된 사람은 알게 모르게 상처를 받는 거라고, 남의 불행을 딛고 만들어지는 것이 성공이라고 법륜스님은 말한다. 돈이든 권력이든 인기든 자기보다 많이 가진 사람은 그렇지 못한 사람에게 상처를 주고, 또 이미 갖고 있는 사람도 더 많이 가진 사람을 보면서 상처를 받는다는 말이다. 그런 의미에서 보면 등수를 매기는 공부는 성공을 하더라도 누군가에게는 상처를 주는 어쩔 수 없는 구조적인 모순을 갖고 있다. 하지만 행복한 공부는 내가 행복하다고 해서 남이 상처를 받는 것이 아니기 때문에 가장 이상적이라는 생각이 든다.

안정무* 군은 자신은 행복한 사람이라고 말을 한다. 스스로 자기 앞가림 정도는 하면서 하고 싶은 일, 잘하는 일, 좋아하는 일을 할 수 있어서 행복하단다. 요즘 같은 청년 실업시대에 듣기 어려운 말이다.

정무는 어릴 때 컴퓨터 프로게이머가 되는 게 꿈이었다. 이때부터 프로게이머가 되기 위한 길을 찾아 나섰다. 먼저 부모님을 졸라서 게임고등학교에 들어갔다. 그런데 공부하는 과목이나 진로 등이 생각과는 많이 달랐다. 게다가 등록금도 엄청 비싼 편이었다. 집안 사정도 좋지 않은 터라 고민 끝에 전학을 택했다. 일반고로 가면 공부를 따라갈 수 없을 것 같아 실업계 고교로 전학을 갔다. 스스로 선택한 것이어서 부모님이나 누구를 탓할 수도 없었다. 프로그래머의 꿈이 꺾였고 별 희망도 없어 보였지만 대학은 가야겠다는 생각을 했다. 그러다 고교 2학년 때 우연히 정보올림피아드를 준비하는 학원을 알게 됐다. 대회에서 상을 받으면 대학도 특별전형으로 갈수 있다고 했다. 3학년 때는 한 해 휴학까지 하면서 올림피아드 준비를 했다. 하지만 너무 늦게 시작했고 준비기간도 6개월밖에 되지 않아서 동상에 그쳐 좌절감을 맛봐야 했다. 그때 '이제 하고 싶은 걸 못하게 되니 내 인생은 불행하겠다'는 생각이 불현듯 들었다.

하지만 부모의 강요가 아니라 자신이 스스로 선택한 길이었기에 포기하고 싶지 않았다. 정보를 수집해 보니 '실업계 전형'이라는 것이 있었다. 수능 수학을 어느 정도 보면 컴퓨터공학과에 진학할 수 있다는 생각이 들었다. 실업계 학생들은 수능 수학을 볼 수 있는 학생들이 많지 않아서였는지 건국대 컴퓨터공학과에 합격할 수 있었다. 대학에 가보니 공부가 정말 재미있었고 다른 학생들보다 더 잘할 수 있었다. 또 IT 분야는 전문직으로의 길도 많아서 다른 문과생들과는 달리 취직이 잘 되는 분야였다.

좋아서 스스로 하는 공부라면 언젠가는 가고자 하는 길을 스스로 찾고 또 만들어나갈 수 있다. 김동석 군은 현재 고등학교에서 스스로 길 찾기에 열심이고 안정무 군은 대학에 진학해 스스로 행복하고 만족하는 공부를 하고 있다. 또래 친구들을 보면 공부를 잘해도 걱정이고 또 엄청난 스펙을 갖추고도 취업조차 힘든 현실이다. 자신이 하고 싶은 것을 하면 실패하더라도 후회는 없다. 하고 싶은 것을 하기에 모든 열정과 에너지를 쏟을 수 있기 때문이다. 우리 모두가 행복한 교육은 바로 자녀가 스스로 '자신이 하고 싶은 공부를 하겠다'고 할 때까지 끈기 있게 기다려주는 것에서 시작하는 것이 아닐까. 김동석 군은 부모의 손에 이끌려 시작한 프로그래머의 꿈을 자신의 열정을 충전시켜 다시 도전하고 있다면, 안정무 군은 스스로 일찍 프로그래머의 길로 나서 행복한 공부를 하고 있다. 두 학생 모두 부모의 기다림이 있었기에 가능했다. 만약 부모의 기다림이 부족했다면 여느 문제 있는 가정처럼 삐걱대고 정상 궤도에 진입조차 못했을지 모른다.

06

부모의 자격 :
뚝심 있는 부모가 되기를

절제된 사랑 :
어떻게 아이의 홀로서기를 도울까

"남편은 공부를 잘해 명문대를 나와 대기업에 취업했어요. 하지만 명문대를 나와 대기업에 다녀도 행복하지 않다고 말했어요." 명문대를 나온 사람은 대부분 대기업에 취직해 임원이 되는 코스를 밟아간다. 그러다 어느새 명예퇴직을 당한다. 나이 50세도 안 돼 할 일 없는 신세가 된다. 창업을 하지만 마음대로 안 된다. 그런데 그 부모들이 자식들에게도 같은 과정을 밟도록 키우고 있다. '명문대와 대기업' 타령이 그것이다.

풍요 속에서 키운 아이, 결핍 없이 자란 아이들이 위험하다고 한다. 교육 수준이 높아지고 생활수준은 풍요로워졌지만 점점 더 폭력적이고 남을 존중할 줄 모르는 아이들이 늘어가고 있다. 이른바 '좋은 부모 콤플렉스'에서 벗어나 아이를 사랑하는 만큼 지나친 허용과 통제를 적절하게 조절해야 할 필요가 있다. 흔히 좋은 부모, 착한 부모, 훌륭한 부모, 부유한 부모가 자녀를 훌륭한 인재로 키울 것이라고 생각하기 쉽다. 하지만 주변을 둘러보면 의외로 가정환경이 좋다고 해서 자녀가 공부를 잘하거나 사회적으로 성공하는 것은 아님을 엿볼 수 있다. 오히려 자녀로 하여금 좀 부족함을 느끼게 하는 것이 더 훌륭한 인재로 성장시킬 수 있다는 말이다.

우리나라에서 '좋은 부모 콤플렉스'는 자녀를 경제적으로 넉넉하게 지원해 주려는 것으로 나타나기도 한다. 자녀가 성장해도 언제나 끼고 돌려고 한다. 청소년 시절뿐만 아니라 대학을 졸업해도 자식을 끼고 돈다. 남매를 둔 어머니가 있는데, 아들에 대한 사랑이 늘 넘쳤다. 고액 과외를 하며 지극정성으로 키워 아들은 전문대학에 들어갔다. 결혼을 했지만 홀로서기를 할 수 없었다. 물론 결혼비용도 모두 어머니의 몫이었다. 결혼 후에는 승용차도 사주고 사업자금도 마련해 주었는데 지금도 툭하면 어머니에게 손을 벌렸다. 심지어 냉장고나 에어컨이 고장나도 다시 사달라고 할 지경이다. 아들은 오십을 앞두고 있지만 여전히 어머니에게 의존하며 어머니의 그늘에서 벗어나지 못하고 있다.

좋은 부모 콤플렉스는 대부분 모성 본능이 강하거나 지배욕이 강한 어머니에게 나타나곤 한다. 이런 어머니는 자녀가 결혼해도 떠나보내지 못한다. 그 끈을 경제적인 지원으로 이으려고 한다. 이런 어머니의 과잉 자녀사랑은 결국 자녀를 사회적 무능력자로 만들곤 한다. 특히 경제적 지원은 자녀의 홀로서기에 치명적인 독이 된다는 사실은 동서고금의 사례에서 증명하고도 남는다.

세계적인 경제위기로 인해 어느 때보다 청년 실업자들이 넘쳐난다. 그래서 고등학교를 졸업하면 가정을 벗어나 독립하는 문화가 정착된 미국 등 서구에서도 대학을 졸업하고 여전히 부모의 지원을 받는 청년들이 증가하고 있다고 한다.

전미금융교육재단이 미국의 18세에서 39세 사이 성인 남녀 1천 100명을 대상으로 실시한 조사에서는 조사 대상자의 59퍼센트가 부모로부터 재정적 지원을 받고 있다고 응답해, 미국 젊은이의 절반 이상이 부모에게 경제적으로 의존하고 있는 것으로 드러났다. 2007년 미시간대학 사회조사연구소의 연구에 따르면 미국의 18~34세 성인의 34퍼센트가 부모로부터 경제적 도움을 받고 있는 것으로 나타났다. 5년 새 무려 25퍼센트포인트 증가한 것이다.

우리나라는 대학을 졸업하고 부모에게 경제적으로 의존하고 있는 자녀들이 더 많을 것으로 예상된다. 자칫 부모의 노후생활을 위협하고 오히려 자녀에게 부메랑이 될 수 있다.

마이클 다이아몬드가 쓴 『사랑한다 아들아』에는 아들의 홀로서기를 돕는 아버지의 모습이 깊은 감동을 자아낸다. 웨스에게는 대학을 갓 졸업한 아들 엘리가 있다. 엘리는 졸업 후 시내에 아파트를 하나 얻어 요리사로 돈을 벌면서 공과 대학원 진학을 준비 중이었다. 엘리는 함께 월세를 내기로 했던 친구가 해외에 직장을 얻는 바람에 어렵게 다른 룸메이트를 구했다. 그런데 또 일하기로 되어 있던 음식점이 개장 일주일 만에 파산하고 말았다. 물론 엘리도 해고되었다. 그렇다고 다른 그럴 듯한 직업을 구하기도 어려운 상황이었다.

엘리는 아버지에게 도움을 요청했다. "아빠, 집으로 돌아갈까 해요. 이곳에서 사는 건 이제 지긋지긋해요. 함께 사는 녀석들은 문을 잠그지 않고 집을 드나들어요. 쓰레기도 제때 버리지 않아요. 여자친구를 데려와 소파에서 시시덕거리는 날이면 저는 제 방에 꼼짝없이 갇힌 신세가 되고 말아요. 직장도 잘 구해지지 않고요." 아들의 고충을 십분 이해한 웨스는 이렇게 말하고 싶었다. "그래, 아들아, 집으로 돌아오렴. 이곳에서도 직장을 구할 수 있을 게다. 우리가 너를 돌봐주마." 우리나라 부모라면 대부분 이렇게 말했을 것이다. 그러나 웨스는 이것이 장기적으로 아들에게 도움이 되지 않는다고 생각했다.

웨스는 크게 심호흡을 한 다음 이렇게 말했다. "아버지는 네가 지금 그곳에 계속 머무르는 편이 좋다고 생각한다. 계속 알아보면 거기서도 직장을 구할 수 있을 거야. 룸메이트에게는 좀 더 책임 있게 행동하지 않으면 다른 룸메이트를 찾을 수밖에 없다고 따끔하게 충고를 주렴. 쉬운 일이 아니겠지만 아빠는 너를 믿는다." 귀한 자식일수록 때로 '냉정한 부성애'가 필요하다. 살갑게 대해 주지 못한 것이 후회가 되기도 하지만 그것은 오히려 자녀의 홀로서기에는 약이 되기 때문이다. 우리나라에서는 자녀를 결혼도 하기 전에 독립시킨다고 하면 부모의 사랑이 부족하다고 오해를 살 수도 있다. 그러나 진정한 자녀 사랑은 자녀의 홀로서기를 돕고 주체적으로 행복한 인생을 살도록 이끄는 것이다.

자녀가 어릴 때부터 홀로서기 계획을 세우고 치밀하게 준비하는 가족이 있다. 의류사업을 하는 배경환*, 이영미* 부부가 바로 그 주인공들로, 슬하에 리안*, 시운* 남매를 두고 있다. 이들 부부는 남매에게 고등학교를 졸업하고 20세가 되면 독립해야 한다고 말한다. 또한 공부를 잘해야 한다고 강요하지도 않는다. "남편은 공부를 잘해 명문대를 나와 대기업에 취업을 했어요. 공부 잘하고 명문대를 나와 대기업에 다녀봤지만 행복하지 않다고 남편은 말했어요. 저는 공부를 싫어해서 잘하지도 못했고 명문대를 나오지는 못했지만 제가 하고 싶은 디자인 일을 하면서 즐겁게 살았어요. 공부를 잘한 남편보다 오히려 제가 더 즐겁게 살았던 것 같아요." 이런 생각을 아이들과도 나누었다. 그때마다 하는 이야기의 요지는 이랬다. "고등학교까지는 미성년자이니까 기본적으로 돌보겠지만 대학은 가기 싫으면 억지로 안 가도 돼. 공부도 하고 싶으면 하고, 하고 싶지 않으면 안 해도 된다. 대신 너희들이 하고 싶은 일을 즐겁게 하렴. 그리고 스무 살이 되면 집에서 독립해야 한다." 아직 부모의 깊은 마음을 헤아리지 못하는 남매는 "쫓아내는 게 아니냐"며 서운해하기도 했단다.

이들 부부의 자녀사랑은 극진할 정도다. 배 씨는 '딸 바보'이기도 하다. 가족 분위기도 유별날 정도로 화기애애하다. 하지만 이들 부부는 자녀들이 20세가 되면 독립시키겠다는 생각에 변함이 없다. 길게 보면 그게 아이들을 더 행복하게 할 수 있을 거라는 생각에서다.

이영미 씨는 친정 오빠에게서 유대인은 성인식 때 부조금을 받는데, 그 자금을 성인이 된 자녀에게 주면서 독립을 이끈다는 말을 들었다. 이것이 자녀를 독립시켜야겠다고 생각한 계기가 되었다고 한다. 막내 시운은 유아 때 모델로 활동한 적이 있다. 이때 아이가 번 돈을 모두 저축했는데 2천만 원 정도 되었다. 이 돈을 할아버지가 관리하고 있는데 독립자금으로 줄 계획이다. 이 씨는 자녀를 독립시킬 때 최소한의 자금 정도는 지원할 생각이라며 아이들의 독립을 위해 돌잔치 때 받은 반지와 세뱃돈 등을 모두 저축해 오고 있다고 했다. 이들 부부는 남매의 독립을 위해 자금계획까지 치밀하게 세우고 실행해 오고 있다.

배 씨 부부는 결혼을 하면서 부모에게 본보기를 배울 수 있었다. 배 씨의 부친은 광주학생운동 때 일제에 저항한 독립운동가 배종국* 옹으로 해방 후에는 교사를 지냈다. 또 이 씨의 부친은 목사로 활동하면서 어려운 이웃을 돌보아 집에는 늘 돈이 없었고 일찍부터 홀로서기를 해야 했다. 그런데 배 옹은 이들 부부가 결혼할 때 이렇게 말했다. "너희들이 가져오는 돈만큼 전세금을 지원해 주겠다." 이들 부부가 마련한 전세금은 대출금 3천만 원을 포함해 4천만 원이었다. 부친은 4천만 원을 지원해

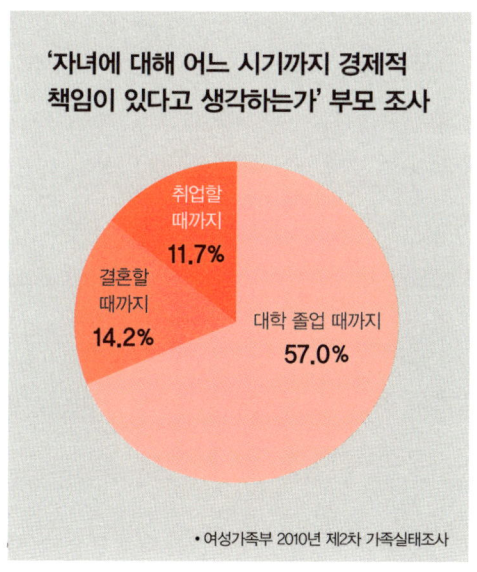
• 여성가족부 2010년 제2차 가족실태조사

주었고, 부부는 이를 합쳐 8천만 원의 전셋집을 얻어 신접살림을 시작했다. 배 씨는 앞으로 남매를 키우고 독립을 시킬 때나 결혼을 시킬 때도 아버지가 한 방식에 준해 지원할 생각이라고 말했다. 또 유명 대학을 나와 대기업에 다녔지만 꿈다운 꿈도 없었기에 제대로 꿈을 이루지 못했다면서 자녀에게는 공부나 대학보다 하고 싶은 일을 하면서 꿈을 이룰 수 있도록 돕는 역할을 하고 싶다고 말했다. 그것이 진정으로 홀로서기를 돕는 부모의 역할이라고 했다.

우리 모두가 행복한 교육 생태계를 만들고 그 주인공이 되려면 배 씨 부부와 같은 '선택'이 필요하다. 물론 이들 부부도 앞으로 자녀가 독립하고 경제적으로 홀로서기를 하기까지 많은 난관이 있을 테지만, 그 과정을 지켜보고 제대로 가도록 이끌어주는 것이 부모로서의 괴로움이자 즐거움일 것이다. 앞서 '절제된 부성애'를 보여준 웨스처럼 말이다.

경제적인 독립 :
귀한 자식일수록 부족하게 키워라

아버지는 입버릇처럼 "공부 잘해서 잘 사는 사람 하나도 못 봤다"면서 아들에게 "나중에 주유소 하나 차려줄 테니 공부할 필요 없다"고 말한다. 반면 어머니는 못 배운 게 한이다. 아무리 돈이 많아 돈 있는 척하려고 해도 배운 것 없는 주제에 잘난 척한다고 할까봐 많이 배운 사람 앞에서는 늘 주눅이 든다고 말한다. 이들 부부는 둘 다 문제가 있는 것 같은데, 우리 가정은 어떤지 한번 생각해 보자.

나폴레온 힐이 쓴 『성공의 법칙 The Law Of Success in Sixteen Lesson』에는 부자 아빠를 둔 두 형제의 이야기가 있다. 힐이 대기업 대표의 비서로 일할 때 경험담이라고 한다. 기업 대표인 부자 아빠는 두 아들이 대학에 다닐 때 매달 100달러씩 수표를 발행해 보내주었다. 그것이 비서였던 힐의 임무 중 하나였다. 100여 년 전에 100달러면 엄청난 액수이다. 그는 수표를 부칠 때마다 부자 아들이 부러웠다고 한다. 그러나 졸업장을 들고 집에 돌아왔을 때 두 아들은 졸업증서에 덧붙여 다른 것도 함께 가져왔다고 한다. 바로 '음주 실력'이었다. 또 매달 받았던 수표로 인해 그들은 치열하게 살 필요가 없었고 씀씀이가 컸다. 결국 아버지는 파산을 했고 호화저택은 매물로 나왔다. 아들 중 한 명은 알코올 중독으로 사망했고 다른 아들은 정신병원에 들어갔다. 100여 년 전에 있었던 일이지만 '지금 여기서' 여전히 현재 진행형으로 반복되고 있다고 하면 지나친 말일까?

서울의 부촌에 사는 김상택 씨는 1997년 외환위기 때 사놓은 주식으로 대박이 터져 부자가 되었다. 김 씨는 대학에서 사회학을 전공하고 증권사에 취직했다. 넉넉하지 못한 집안 출신이어서 결혼할 때에는 처가에서도 별로 반기지 않는 신랑감이었다. 그런데 외환위기 와중에 투자한 주식이 엄청난 수익을 안겨주었다. 갑자기 부자가 된 김 씨는 인생관마저 바뀌었다. 집에서도 늘 돈을 내세우는 등 그는 전혀 다른 사람으로 변해 갔다.

김 씨는 아들 셋을 두고 있는데 초등학교에 다닐 때에는 꽤 똑똑하다는 소리를 들었다. 부자가 된 아빠는 아이들을 초등학교 5학년 때 미국으로 조기유학을 보냈다. 최고급 골프장 안에 있는 3층짜리 주택을 10억 원 정도에 사서 살았다. 호수와 분수대까지 있는 호화저택이었다. 물론 부인도 함께 따라갔다. 파출부를 두고 아이들의 뒷바라지를 해주었다. 아이들을 최고급 승용차로 학교까지 데려다주면서 키웠다. 자녀들은 유학생이었지만 마치 귀족처럼 살았다.

그러나 아이들은 미국에서 적응하지 못했다. 결국 부인과 아이들은 귀국했다. 한국에 돌아와서도 문제가 생겼다. 부촌의 치맛바람이 거센 중학교에 들어갔는데, 아이들도 엄마도 적응하지 못했다. 아이들은 모두 그

룹과외를 했지만 아무리 거액을 들여 공부를 시켜도 성적은 오르지 않았다. 다시 미국에 보내려고 해도 아이들은 조기유학으로 인해 마음고생이 심했던 탓인지 가려고 하지 않았다. 고등학교에 진학해서는 더 적응을 못 했고 아예 공부를 포기하다시피 했다.

큰아이는 결국 대학 입시에서 떨어졌다. 현재 고액과외를 하며 재수 중인데 '인 서울'은 희망조차 보이지 않는다고 한다. 동생들도 아예 공부와는 담을 쌓고 있다. 엄마는 그래도 미련을 버리지 못해 자녀들을 들볶는 편이다. 반면 남편 김 씨는 "주유소나 하나 차려주면 된다"고 입버릇처럼 말한다. 그러다 보니 자녀들은 더더욱 공부를 안 한다. 뿐만 아니라 아빠와 자녀 사이도 말이 아니다. 김 씨는 툭하면 다 큰 아들을 때리고 심지어 욕도 서슴지 않는다. 그동안 투자한 돈이 얼마인데 아빠에게 고분고분하지 않는다고 목소리를 높인다. 부인은 "남편이 자식들에게 모든 것을 돈으로 해결하려고 하니 사이가 더욱 나빠지는 것 같다"고 하소연한다.

고광진 군은 '돈이면 다 된다'는 아버지 덕분에 공부를 안 해도 된다고 생각한다. 아버지 고상현 씨는 대학을 나오지 않았는데 생선 장사부터 시작해서 고물상을 거쳐 폐기물 사업을 하면서 부자가 되었다. 자수성가형 부자인 셈이다. 그런데 아버지 고 씨는 입버릇처럼 "공부 잘해서 잘사는 사람 하나도 못 봤다"면서 아들에게 "나중에 아빠 사업 물려줄 테니 공부할 필요가 없다"고 말한다. 반면 어머니는 못 배운 게 한이다. "아무리 돈이 많아 돈 있는 척하려고 해도 배운 것 없는 주제에 잘난 척한다고 할까봐 많이 배운 사람 앞에서는 늘 주눅이 든다"고 말한다. 이들 부부가 부부싸움을 하는 것은 바로 교육관의 차이 때문이다. 남편은 공부 안 해도 된다고 주장하고, 아내는 공부 안 하면 돈을 많이 벌어봤자 기가 죽어 오히려 마음의 병이 된다고 응수한다. 그러다 부부 사이마저 안 좋아져 급기야 이혼까지 했다. 결국 엄마와 함께 사는 아들 광진이는 아빠의 입버릇에 영향을 받아서인지 공부와는 담을 쌓고 지낸다. 여자친구와 사귀는 재미로 학교에 다닌다. 엄마는 실망이 이만저만이 아니다. 아들 초등학교 때부터 엄마는 학교에서 어머니회 임원과 운영위원회 회장을 도맡아가며 신경을 썼고, 학교에 기부금도 냈다. 공부를 못해 혹시나 아들이 교사와 친구들에게 무시당하고 기가 죽을까봐 늘 그것이 걱정이었다. 하지만 광진이는 학원에 보내도 한 달에 서너 번 갈 정도다. 아들은 이제 대놓고 엄마에게 말한다. "아빠가 말했듯이 공부할 필요 없어. 돈이면 다 돼. 나중에 아빠 사업 물려받으면 되는데 뭐 하러 공부해서 취직해"라고 말하며 늘 노는 아이들이랑 어울리고 성적은 거의 꼴등이다. 엄마는 모든 것이 남편 탓이라고 생각하지만, 이제는 그런 생각마저 별 의미가 없다고 느낀다. 아들에 대해 자포자기 심정이다.

외식 체인 전문점을 운영하는 또 다른 사례의 어머니가 있다. 남편 형제간에 우애가 남달라 서울에서 사업을 크게 하는 형이 동생인 남편에게 사업자금을 대주었다. 남편이 받은 이 돈에다 대출을 받아서 근사하게 가게를 시작했다. 다행히 손님도 많아 그럭저럭 대출금도 갚아나가고 있다. 그런데 고교 2학년생 아들이 그동안 공부를 잘하다 최근 공부를 안 하겠다고 선언했단다. 그 이유가 엄마가 하는 외식 체인 전문점을 물려받아 하면 되는데 뭣 하러 공부하느냐는 것이다. 엄마는 기가 막혀 말이 안 나온다고 하소연을 해왔다.

"아빠, 생일 선물로 학원들이 많이 들어서 있는 4층 건물을 내 앞으로 등기 이전해 줘!" 건물 임대업을 하는 임성한 씨의 중학교 2학년 딸이 생일날 이런 말을 했다고 한다. 그는 딸의 당돌한 요구를 듣고 요즘 살맛이 안 난다고 한다. "전 아빠 회사를 물려받을 테니까 공부 못해도 상관없어요. 국어는 말만 잘하면 되니까 성적 안 나와도 되고 영어도 회화만 잘하면 돼요!" 이것은 중소업체를 운영하는 아빠를 둔 중학교 3학년생 딸이 한 말이다. 자기 언니는 아빠 사업에 관심이 없으니까 자기가 아빠 사업을 물려받으면 된다고 말한단다. 이 말을 전해들은 아빠는 "회사가 나중에 잘 될지 어떨지 모르는데 어떻게 그런 말을 하는지 모르겠다"며 혀를 찼다. 돈에 의지하여 공부를 안 하겠다는 아이들의 사례가 의외로 많다.

이들 사례들에서 알 수 있듯이 부모의 말 한마디가 자녀에게 크나큰 영향을 줄 수 있다. '돈이면 다 된다'거나 '주유소 하나 차려주면 되니까 공부 안 해도 된다'라는 식의 말은 부메랑이 되어 언젠가 부모의 가슴을 조일 수도 있다. 물론 공부가 전부도 아니고 대학 진학에 목맬 이유는 없다. 그러나 부모가 '돈이면 다 된다'는 식의 황금만능적인 사고를 하고, 그런 생각을 자녀들에게 말한다면 결국 그 자녀를 배금주의자로 만들 수 있다. 부모가 자녀에게 주유소를 차려준다고 그 자녀가 주유소를 성공적인 미래로 가는 지렛대로 삼을까? 아마도 대부분 주유소를 차려준 부모에게 고맙다고 생각하기는커녕 툭 하면 더 큰 사업을 하겠다며 부모를 접박할 게 뻔하다. 또한 아버지의 사업체를 물려준다고 감지덕지하면서 그 사업체를 더 큰 기업으로 성장시키기 위해 혼신의 힘을 다하며 살까? 자신이 피땀을 흘려 번 돈이 아니면 결코 그 돈의 소중함을 알지 못한다. 결국 흥청망청 돈을 쓰다 이내 빈털터리가 되고 말 것이다. 이것이 인류의 역사가 주는 교훈이다.

그렇잖아도 우리나라 청소년들은 돈이면 다 된다고 생각하는 경향이 심해지고 있다. 특히 고학년으로 올라갈수록 심하다. 2012년 교육과학기술부 조사에 따르면 '인생에서 추구하고 싶은 것이 무엇이냐'는 질문

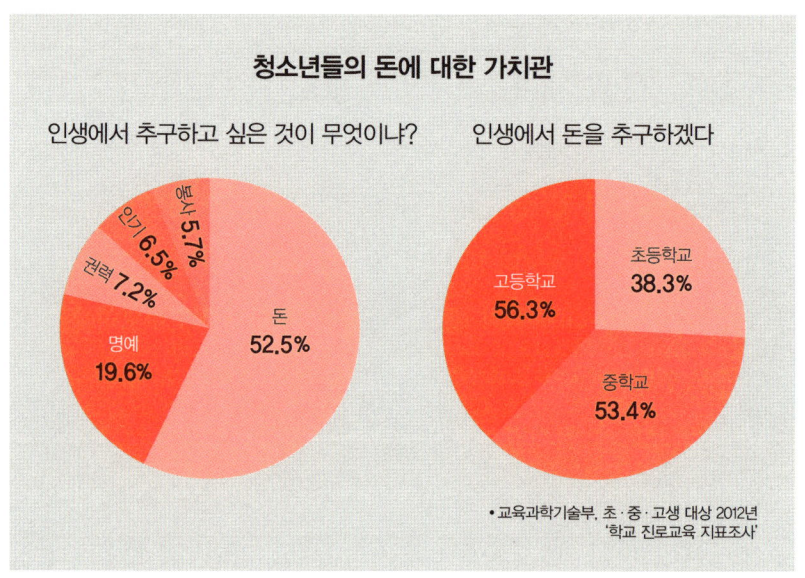

에 학생들의 52.5퍼센트가 돈을 선택했다. 그래서인지 요즘 아이들이 부모와 대화를 하는 이유는 대부분 용돈이 필요할 때뿐이라고 서슴없이 말한다. 부모가 용돈을 넉넉히 주면 좋은 부모이고 용돈을 안 주면 나쁜 부모라고 생각한다. 자녀를 키우고 행복하게 사는 데 돈이 필요하다. 그러나 자녀에게 '좋은 부모'는 결코 돈이 많은 부모는 아닐 것이다. 대학에 갈 필요가 없다고 생각하는 부모라면 자식에게 굳이 대학을 강요할 필요는 없다. 하지만 돈이 중요하다고 생각한다고 해서 이를 굳이 자식들에게 주입할 필요까지는 없다. 특히 '돈이면 다 된다'고 말한다면 위험한 부모라고 해도 지나치지 않을 것이다. 돈 때문에 부부관계뿐만 아니라 부모와 자녀 관계도 나빠진다면 너무 잃는 것이 많지 않을까?

욕심 버리기 :
기다리고 또 기다리며 부모가 된다

"아빠가 서울대, 엄마가 연세대나 고려대 나오면 그 자식은 가장 재수가 없다"라는 우스갯소리가 있다. 부모가 모두 내로라하는 명문대를 나왔으니 자식도 명문대를 가야 한다고 잔소리를 하기 때문이란다. 학벌 콤플렉스도 문제지만 그 반대도 문제다. 해법은 단 한 가지, 아이들 인생은 아이에게 맡겨보는 것이 아닐까. 그게 참 쉽지 않겠지만 말이다.

서구에서 레오나르도 다 빈치를 잇는 다재다능한 '르네상스형 인재'로 요한 볼프강 폰 괴테가 꼽힌다. 괴테는 38세에 이탈리아 여행을 떠나 2년 만에 귀국해 나이 41세에 크리스티아네 불피우스와의 사이에서 아들 아우구스트를 얻었다. 괴테는 아들의 학습, 대학진학, 취직, 여행, 군 입대 문제까지 직접 챙겼다. 심지어 전쟁 기간에는 상부에 청탁해 아들을 전투에서 빼돌리고 대신 후방에서 군수품을 공급하는 일을 맡도록 했다.

늦게 외아들을 얻은 괴테는 아우구스트를 과잉보호했는데 괴테의 부성애에도 불구하고 아들은 알코올 중독으로 병들어가고 있었다. 그런 아들의 재탄생을 위해 아버지는 아들에게 이탈리아 여행을 권했다. 아버지의 『이탈리아 기행』과 다른 작품들을 길잡이 삼아 아들은 도착지마다 아버지에게 편지를 쓰면서 충실하게 이탈리아를 여행했다. 하지만 로마에 도착해서 그만 알코올 중독의 후유증으로 죽고 말았다. 동서고금을 막론하고 성공한 인물이 자녀를 위해서도 균형 잡힌 아버지가 되기가 얼마나 어려운 일인지, 당대의 현자로 알려졌던 괴테의 예에서도 분명하게 볼 수 있다. 하물며 평범한 사람들은 오죽할까.

병원장인 표성태 씨와 이영현 씨 부부는 지난 8년 동안 아들로 인해 어깨조차 펴지 못하고 마치 죄인처럼 지냈다. 친척이나 친구, 교회 사람들이 자식자랑이라도 하면 매번 낭패감에 사로잡혔다. 특히 표 씨는 우리나라 최고 의대 출신의 병원장인데 공부 안 하는 아들 때문에 늘 주눅이 들었다. 딸은 알아서 스스로 공부했다. 과학고에 이어 대학을 졸업하고 장학금을 받고 미국 유학길에 올랐다. 딸은 항상 제 갈 길을 찾아가는데 아들은 그렇지 않았다.

누나와 다섯 살이나 차이가 나는 아들은 중학교에 들어가자 공부에서 멀어지기 시작했다. 초등학교 때까지는 공부를 잘했는데 사춘기가 오면서부터는 여자 친구를 집에 데리고 와서 놀고, 심지어 담배도 많이 피워 끊으라는 말은 차마 못하고 줄이라고 했단다. 엄마가 학원 시간에 맞춰서 데려다주면 뒷문으로 빠져나가 피시방으로 직행했다. 학원에 데려다주고 오는 길에 학원으로부터 왜 아이가 결석했느냐는 전화를 받기 일쑤였다. 아들은 부모를 속이고 놀기 바빴다. 대학에 떨어지는 건 당연했다. 표 원장은 공부 못하는 아들이 부끄러워 몇 년 동안 각종 모임에 나가지 않았다. 명문대 의대 출신의 병원장 체면이 말이 아니라고 생각한 것이다.

  어머니 이 씨는 요즘 주부와 달리 김치며 온갖 것들을 다 만들 줄 안다. 아이들에게 먹이기 위해서였다. 일본에 잠시 살았을 때 생선초밥 등 일본요리를 배운 덕에 요리 솜씨도 수준급이다. 외모나 살림 솜씨, 남편에 대한 자부심으로 자신감이 넘치고 패션 감각도 모델 급이다. 자녀 공부를 뒷바라지하기 위해 파출부를 하거나 옷도 사 입지 않고 몸매 등 자신을 돌볼 겨를이 없는 엄마들과는 달랐다. 세상 부러운 것 없이 살았는데 그만 공부 안 하는 아들로 인해 행복한 인생에 좌초를 만난 것이다. 그래서 시작한 것이 비즈 공예다. 학원에서 일주일에 한 번씩 비즈 공예를 배운다. 집안의 소파나 장식장 위에 그가 만든 각양각색의 비즈 작품들이 가득하다. 이 씨는 "그 많은 비즈 작품들을 만들면서 '탕자 같은' 아들이 마음을 다잡고 공부하기를 기다리고 또 기다리며 인고의 세월을 건너왔다"고 말한다.

  결국 아들은 삼수 끝에 그나마 성적을 올려 대학에 들어갔다. 부모로서 겨우 불명예를 면할 수 있는 학교 정도라고 한다. 우리나라 부모들은 자녀가 어느 대학을 들어갔느냐에 따라 '부모 성적표'가 결정된다고 생각한다. 친척이나 친구들에게 입에 올릴 수 없는 대학에 들어가면 부모 스스로 부끄러워한다. 이들 부부는 삼수 끝에 아들이 대학에 들어간 것만으로도 큰절을 하고 싶은 심정이었다. 물론 그 학교가 성에 차는 것은 아니었지만 그 정도로 만족하기로 마음을 바꾼 것이다.

"부모로서 자식 자랑을 못하고 주눅 들 때가 괴롭지만 그게 또 따지고 보면 중요한 것도 아닙니다. 명문대에 들어가기를 바라는 것은 어디까지나 부모의 욕심일 따름이죠. 자식이 명문대 진학을 중요하게 생각하지 않으면 더 이상 의미가 없는 것 같아요." 표 원장은 이런 생각이 들자 그때부터 아들에게 더 이상 명문대를 강요하지 않았다. 언론을 통해 접한 것처럼 요즘 대학교의 졸업생들을 보더라도 명문대 간판이 취업 때 큰 혜택이 없는 등 이제는 별 구실을 못한다는 것을 실감하기 때문이다. 거꾸로 대기업에서는 지방대생 채용 비율 가이드라인까지 정해 놓고 있다. 앞으로는 명문대보다 지방대 출신이 오히려 취업에 유리할 수 있다는 말이다.

사실 아들이 공부를 놓게 된 배경에 부인 이 씨의 잘못된 교육관도 자리하고 있었다. 이 씨는 부잣집에서 커서 대학 때도 명품으로 휘감고 다닐 정도였다. 언제나 풍족한 생활 속에서 자랐고, 결혼해서도 여유가 있어서 지금도 드레스룸을 명품으로 가득 채울 정도이다. 아들에게도 그랬다. 무엇을 하나 사줘도 항상 최고 비싼 것으로만 사줬다. 100만 원이 넘는 파카도 주저 없이 흔쾌히 사주었고, 바지도 명품이 아니면 사주지 않았다. 언제나 부족한 것이 없게 키웠다. 무엇을 사달라고 하기 전에 먼저 사주고 채워주었다. 지나고 보니 이렇게 최고급으로 키운 것이 후회가 되었다. 항상 비싼 것으로만 키웠더니 아들이 고생하는 것 자체를 싫어하기 때문이다. 아들이 공부를 안 하게 된 것도 너무 좋은 환경 때문이라는 생각이 들었다. 이 씨는 "아이를 키우면서 정말 마음고생을 많이 했고 그 덕에 인생 공부도 하게 됐어요. 제가 조금만 현명했으면, 조금만 부족하게 키웠다면 아들이 공부했을 것 같아요"라고 말한다.

이들 부부는 "남들 시선이 중요한 게 아니라 우리 아이가 어떻게 해야 행복할까를 생각하면서 마음의 짐도 덜고 집안에 평화가 찾아오기 시작어요. 그랬더니 아들도 공부를 하고 삼수 끝에 대학에 간 것 같아요"라며 웃는다.

하지만 이들 부부가 자녀로 인한 근심걱정이 완전히 사라진 것은 아니다. 아들이 대학에 들어가서 한시름을 놓는가 했더니 최근 프랑스로 유학 간 딸에게서 좋지 않은 소식이 들려왔다. 딸은 남자 친구와 함께 프랑스로 유학을 갔다. 결혼식을 올리지 않고 유학을 보내는 것이 좀 찜찜했지만 딸을 믿기로 했다. 예감은 늘 나쁜 경우에 먼저 적중된다더니 얼마 전 딸로부터 남자친구와 헤어졌다는 소식을 들었다. 남자 측에서 딸에게 "공부를 포기하고 남자를 뒷바라지 하라"고 강요했다는 것이다. 누구보다 공부에 대한 열정이 강한 딸은 남자친구의 제안을 거절했지만 아직도 충격 속에 빠져 있다고 한다. 딸의 소식을 접한 부부는 혹시 딸이 공부와 일에 대한 열정으로 결혼을 하지 못하면 어쩌나 또 다시 걱정이다. 유학을 갔다 혼기를 놓쳐 결혼을 못한 여성들을 심심찮게 주변에서 보고 듣기 때문이다.

우리 사회에서 명문대를 나온 부모일수록 자녀를 명문대에 보내기 위해 심혈을 기울인다. 솔직하게 말하면 공부만 잘하면 모든 것을 다 들어준다는 부모도 의외로 많다. 또 부모가 명문대를 나왔으니 자녀가 명문대를 쉽게 들어갈 수 있다고 아주 당연하게 생각한다. 하지만 이는 부모의 '착각'일 뿐이다. 자녀교육은 과학의 법칙처럼 이루어지지 않는다. 더욱이 자녀교육 열정이 과잉상태가 되면 자칫 괴테의 전철을 밟을 수도 있다. 괴테는 자녀교육에서 과잉보호의 우를 범하고 말았다. 괴테의 자녀교육 사례는 우리 시대의 부모 모습과 닮아 있다. 괴테의 자녀교육과도 닮은 표 씨 부부의 사례는 또한 어쩌면 바로 우리 자신의 모습일 수도 있을 것이다. 부모가 된다는 것은 끊임없는 인내와 기다림의 연속이라고 한다. 달리 말하자면 인내하고 기다림을 잘하는 부모가 훌륭한 부모가 될 수 있다는 말이 아닐까.

단호함 :
절제된 부성애가 필요하다

"아이들이 겉으로는 부모들에게 잘 할지 몰라도 부모들과 많은 시간을 함께하지 않는다. 밤새 저희들끼리 파티를 즐기거나 데이트 하는 것을 더 좋아한다. 어릴 때 아이들에게 투자했던 것들이 다 사라지는 것 같다." 이는 '딸 바보'로 유명한 미국 버락 오바마 대통령이 연설에서도 한 말이다. 대통령인 오바마조차 딸들이 사춘기에 접어들자 어쩌지 못하고 그저 서운해하고 있는 것이다.

"세상의 모든 아빠들은 대부분 딸에게 약하다." "아버지는 언제나 딸의 든든한 지원군이다." 아마 딸이 있는 부모라면 이 말에 고개를 끄덕끄덕 할 것이다. 그리스 신화에 나오는 아가멤논의 딸 엘렉트라가 있는데 여기서 '엘렉트라 콤플렉스'가 유래되었다. 딸이 아버지에게 애정을 품고 어머니를 경쟁자로 인식하여 반감을 갖는 경향을 가리키는 정신분석학 용어다. 오이디푸스 콤플렉스와 반대되는 개념이다. 엘렉트라 콤플렉스로 보면 아빠들이 딸에게 약한 이유를 어렴풋이 짐작할 수 있다.

서울 부촌에 살고 있는 황세현 씨도 딸 바보의 전형을 보여준다. 오노레 드 발자크의 『고리오 영감』처럼 딸을 둘 둔 황 씨는 딸들이 있어 행복하다며 딸들이 아빠 볼에 뽀뽀를 해주는 것으로 만족한다고 말한다. 그런데 부인은 딸 바보 남편으로 인해 딸들의 인성이 심각한 상태이고 부부관계마저 악화되고 있다고 토로한다. 명문대를 나온 황 씨는 대기업 전산실에서 일하는데 주식이나 부동산 등 재테크 능력이 뛰어나다. 결혼생활을 1천만 원 전셋방으로 시작했는데 지금은 아파트와 토지, 주택 등 부동산만 수십억 원대에 달한다. 주식투자 또한 전문가보다 더한 수익률을 올리고 있다.

그는 딸들을 최고급 환경에서 키워왔다. 딸들이 태어날 때마다 고급 외제 승용차를 샀다. 가족을 위해서 고급 승용차를 사주는 것이 자신의 역할인 것처럼 말이다. 딸들이 태어난 이후 BMW, 벤츠, 렉서스에 이어 최근 아우디 SUV에 이르기까지 최신형 차를 2년마다 한 번씩 새로 구입했다. 또 여름과 겨울 방학 때면 아내가 딸들을 데리고 인도를 비롯해 북유럽과 러시아 등지로 호화 여행을 떠났다. 딸들이 초등학교에 다닐 때에는 영어 조기유학을 시킨다며 부인이 딸 둘을 데리고 말레이시아에 2년 동안 다녀왔다. 아이들은 아주 어릴 때부터 최고급 수입차를 타고, 하고 싶은 것과 원하는 것을 모두 가지면서 컸다. 고교 2학년 큰딸이 국내에서 고등학교를 다니기 싫다고 하자 황 씨는 동분서주하며 유학원을 알아보고 고액의 영어 개인교습을 받아 캐나다로 유학을 보냈다. 3학년 진학을 앞두고 캐나다로 유학을 가서 1학년부터 새로 다녔다. 최근 캐나다에서 학교에 적응하지 못한 딸이 귀국하겠다고 하자 딸의 요구대로 귀국시켰다. 딸들의 뒤치다꺼리는 언제나 그의 몫이다.

담배를 안 피우는 황 씨의 유일한 낙은 집에서 혼자 소주를 마시는 것이다. 그것도 주말이면 소주 한 병을 마시는데 이때 인터넷을 검색하며 아내와 딸들이 원하는 것을 주문한다. 또 '얼리버드'여서 새로 나온 신상품 중에서 갖고 싶은 물건은 반드시 구입한다. 에어컨이든 소파든 커피머신이든 핸드폰이든 늘 새롭고 값비싼 상품을 사서 아내와 딸들에게 선물한다. 그것이 황 씨의 즐거움이다. 아내와 아이들이 여행을 가고 싶다고 하면 며칠을 검색해서 최고의 호텔과 여정으로 예약한다. 정작 자신은 한국에 남아 있지만, 여행을 가는 당사자들보다 더 행복해한다. 여행지에서 있었던 이야기를 듣고 사진을 보는 것만으로도 충분히 만족한다. 그는 지금까지 딸들과 한 번도 해외여행을 간 적이 없다.

황 씨는 딸들이 하고 싶은 것을 해주고 싶을 뿐 그 이상 바라는 것이 없다면서 딸들이 풍족하게 자라는 것을 보는 게 인생 최고의 낙이라고 입버릇처럼 말한다. 더욱이 그는 딸들에게 지금까지 큰소리로 말하거나 화를 낸 적이 한 번도 없다. 아빠가 딸들을 너무 예뻐하다 보니 야단 한 번 못 친다. 그래서 늦둥이 딸까지 포함하여 딸 셋 모두 아빠 말을 귓등으로 듣고 코웃음을 친다. 그런 모습조차 사랑스러웠다.

아빠의 이런 태도는 딸들이 사춘기에 접어들면서 문제가 되기 시작했다. 딸들은 자기 마음대로 하지 못하게 하면 고함을 지르고 물건을 내던졌다. 한 번은 큰 딸이 손님이 왔는데도 책을 바깥으로 다 집어던져 낭패를 본 적이 있다. 자기 말을 들어주지 않으면 툭하면 집을 나가겠다고 부모를 협박한다. 그럴 때면 아빠는 무릎을 꿇고 제발 그러지 말라고 딸에게 빈다. 막내는 기분이 나쁘면 아빠의 머리카락을 잡아 흔들면서 화를 푼다. 아빠가 딸에게 싫은 소리라도 하면 아빠한테 소리를 지르고 난리가 난다. 딸들이 사춘기에 접어든 이후에 황 씨는 딸들과의 스킨십을 극도로 꺼린다. 아내가 딸들과 함께 소파에 앉아 이야기를 하면 남편 전 씨는 거실 귀퉁이에서 그들이 나누는 대화를 경청하기만 한다.

아내는 남편이 아빠 역할을 제대로 못 한다며 늘 불만이다. "아이들이 초등학생 때까지는 아빠가 제대로 역할을 못해도 별 문제가 없었지만 사춘기에 접어들면서 달라졌어요. 응석 부리는 것을 마냥 받아주기만 하면 안 되는데 남편은 무조건 들어주었어요. 아빠가 외제차나 사주고 명품을 사주는 역할이 전부가 아닌데 남편은 그걸로 위안을 삼은 것 같아요." 아내의 불만은 결국 아빠가 아빠답지 못해 아이들이 다 엉망이 되었다는 것이다.

부모와 자녀의 관계는 초등학교 저학년 때까지는 별 문제가 되지 않는다. 자녀가 어릴 때에는 누구나 예쁘고 사랑스럽다. 그러다 사춘기가 시작되면 자녀는 부모를 멀리하려고 한다. 이때 부모가 제 역할을 하지 못하면 가정이 위기에 빠진다. 부모의 자식 사랑은 자녀가 사춘기에 접어들 때 진면목을 드러낸다.

"아이들이 겉으로는 부모들에게 잘할지 몰라도 부모들과 많은 시간을 함께하지 않는다. 밤새 저희들끼리 파티를 즐기거나 데이트하는 것을 더 좋아한다. 어릴 때 아이들에게 투자했던 것들이 다 사라지는 것 같다." 이는 '딸 바보'로 유명한 미국 버락 오바마 대통령이 연설에서 한 말이다.

대통령인 오바마조차 딸들이 사춘기에 접어들자 어쩌지 못하고 그저 서운해하고 있는 것이다. 하지만 최근 두 딸이 문신을 하겠다고 하자 오바마는 "너희가 하면 나도 한다"면서 두 딸에게 문신 금지령을 내렸다. 때로 이렇게 아빠는 자녀에게 단호해야 한다.

과유불급이라는 말이 있듯이 지나침은 모자람만 못하다. 황 씨의 딸 사랑은 지나친 감이 있다. 딸들에 대한 지나친 사랑이 부모 자신뿐만 아니라 딸들의 인생을 엉망진창으로 만들 수도 있다. 황 씨가 어쩌면 과유불급의 교훈을 보여주는 딸 바보에 해당할지도 모른다.

사춘기 자녀를 둔 부모들은 이때 영화와 소설 등 텍스트를 활용하여 부모 역할을 배운다면 과유불급에 대한 교훈적인 내용을 얻을 수 있다. 지나친 '딸 바보' 아빠라면 오노레 드 발자크의 『고리오 영감』이 제격이다. 바로 황 씨가 꼭 봐야 할 책인 셈이다. 이 소설은 아나스타지와 델핀이라는 두 딸을 애지중지하다 자신의 인생이 파멸되는 아버지 고리오의 이야기다. 또한 셰익스피어의 『리어왕』이나 일본 영화 「행복의 스위치」도 딸을 셋 둔 아버지의 이야기를 그리고 있다. 또한 박경리의 『김약국의 딸들』은 딸을 둔 엄마가 읽을 만한 소설이다. 부모가 딸들과 함께 영화와 소설을 읽거나 보고 이야기를 나눠본다면 그것이 바로 우리 모두가 행복해지는 교육일 것이다.

냉정함 :
더 큰 사랑으로 감싸는 모성

"엄마가 편안하게 해줄게." 아이가 커가면 엄마는 이런 마음을 가져서는 안 된다. 아이는 더 넓은 세상으로 나가야 한다. 대신 아이와 함께 지내는 시간에는 아이에게 맛있는 음식도 해주면서 '엄마표 냄새'와 '엄마표 음식' 등 엄마의 기억을 많이 만들어주어야 한다. 그래야 연어가 강 내음을 기억하며 모천으로 회귀하는 것처럼 엄마를 기억하며 행복한 가슴으로 세상을 살아갈 것이다. 엄마가 죽어서도 씩씩하게 살아갈 수 있을 것이다.

잊을 만하면 '기러기 아빠'가 자살했다는 참담한 보도를 접하곤 한다. 50세 치과의사 기러기 아빠가 10년 만에 자살로 생을 마감했다고 한다. 엄마는 모성 본능으로 인해 늘 자녀 곁을 지켜주려고 한다. 자녀를 위해서 남편은 후순위로 밀려난다. 아들딸이 조기유학을 가면 엄마는 이들을 따라가야 한다고 생각한다. 왜 자녀가 공부하러 떠나는데 엄마가 당연히 따라가야 한다고 생각하는 걸까? 그건 바로 한국 어머니들만의 유별난 모성 본능 때문이다.

인도의 전설에 의하면 엄마는 아이를 기쁜 마음으로 안고 이렇게 이야기한다. "엄마가 편안하게 해줄게." 그러나 아버지는 아이를 산 정상으로 데려가 진지하게 이야기한다. "보아라, 이것이 바로 세상이다. 네게 세상을 보여주겠다." 오늘날에는 엄마들이 적극적으로 아이들의 양육을 주도하는데, 인도의 전설에서처럼 엄마는 기본적으로 아이를 '편안하게' 해주려는 모성 본능을 지니고 있다. 이 모성 본능은 자녀양육에 그대로 반영된다. 그러나 모성 본능은 자녀교육에서 때로는 '독'으로 작용할 수 있는 동전의 양면 같은 것임을 직시해야 한다. 모성 본능을 앞세워 자녀가 어디를 가든 따라가서 뒷바라지해 주려고 한다면 그 자녀는 학교에서나 사회에서나 홀로서기를 하는 데 시련을 겪을 확률이 높다.

요즘에는 엄마들이 자녀들의 교육을 코칭하는 역할을 하면서 자녀를 더 넓은 세상으로 이끌기 위해 애쓰는 경우가 많다. 이때 엄마는 모성 본능을 억눌러야 하기에 자칫 마음의 병을 얻을 수도 있다. 늘 마음이 통했던 딸을 미국으로 유학 보낸 고진숙* 씨가 바로 그랬다. 고 씨는 중3인 딸을 캐나다로 유학 보내고 한동안 극심한 우울증에 시달려야 했다. 딸과 새벽까지 이야기를 주고받던 모녀지간이었는데 그런 딸을 훌쩍 먼 외국으로 보냈으니 마음의 병이 찾아온 것이다. 고 씨는 말했다. "딸은 늘 저와 잘 통했어요. 이야기를 하면 새벽 두세 시까지 할 정도였어요."

고 씨의 딸 한수림* 양은 중학교 3학년 초에 캐나다로 유학을 갔다. 학교생활에 늘 적극적인 학생이었다. 학생회장에도 나가 당선되기도 했다. 그런데 어린 시절부터 이상할 정도로 외국을 동경했다. 수림이는 이미 여섯 살에 쓴 그림일기에서 영어를 잘해 미국으로 가고 싶다고 썼다. 여섯 살이면 겨우 사물에 대한 인식이 형성될 나이인데 그 나이에 벌써 영어 공부를 잘해서 미국으로 가고 싶다고 쓴 것이다. 어머니는 딸 수림이가 어릴 때부터 유별났다고 한다. 당시 서울 성산동에 살았는데 영어를 배우고 싶다고 해서 서대문에 있는 영어유치원을 겨우 찾아 보냈다고 한다. 초등 4학년 때에는 책상 밑에 들어가 그 좁은 공간에서 책을 쌓아 놓고 읽었다. 책을 읽으면서 수림이는 자신의 꿈을 만들어가기 시작했다. "중학교 때 사춘기를 겪으면서 UN과 같은 국제지구에서 일하고 싶다고 하더군요. 어려운 사람들을 돕는 일을 우리나라가 아니라 국제사회에서 하고 싶다는 거예요."

수림이는 부모에게 알리지 않고 차근차근 유학을 준비하고 있었다. 중학교에 들어가서는 학생회장 선거에 나가 당선되었는데 이 역시 유학을 갈 때 필요하다고 생각해서였다. 하지만 1남 1녀를 둔 부모는 딸을 유학 보내고 싶지 않았다. 가능하면 부모와 함께 학창시절을 보내기 바랐다. 하지만 수림이는 국제기구에서 일하고 싶은 꿈을 포기하지 않았고 결국 중학교 3학년이 시작되자마자 유학을 보내달라고 폭탄선언을 했다. 엄마는 딸이 다섯 살 때부터 영어공부를 좋아했고 또 세계를 무대로 봉사하고 싶다는 꿈을 알기에 고집을 꺾고 싶지 않았다. 딸은 캐나다로 유학을 떠났고 1년 후에 미국 해리스버그 아카데미에서 고등학교 생활을 시작했다. "수림이가 한국에서도 학교생활에 적극적이었지만 미국에서는 더 적극적으로 생활했어요. 한국에서는 스포츠는 아예 안 했는데 미국 학교의 경우 스포츠가 필수적이니 안 할 수가 없었겠죠. 축구부와 농구부의 주장으로 공로상을 타기도 했어요. 키가 159센티미터밖에 안 되는 딸이 농구 주장을 하고 축구 주장으로 상을 탔다는 게 신기할 정도였어요."

수림이는 곧 대학생이 된다. 국제기구에서 활동하는 꿈을 이루기 위해 최적의 대학교를 찾고 있다. 이미 여러 대학교에서 장학금을 받는 조건으로 합격하기도 했다. 수림이는 전화를 할 때마다 미국에서 공부하게 해주어서 고맙고, 정말 행복하다는 말을 잊지 않는다. 어머니는 어릴 적 꿈을 이루고 살아가기를 늘 기도한다.

한수림 양의 조기유학 생활을 보면 엄마가 굳이 자녀를 따라 외국에 갈 필요가 있는지 의문을 갖지 않을 수 없다. 남편을 기러기 아빠로 남겨 두고 엄마가 자녀를 따라 외국으로 간다면 자녀의 학업이나 홀로서기를 돕기보다 방해할 수 있고 부부관계도 어려워질 수 있다. 자녀의 경우도 초등학생 시절에는 엄마와의 '격리 공포'로 엄마의 보살핌이 필요하지만 초등학교 5, 6학년부터는 그렇지 않다. 자녀를 굳이 해외로 조기유학을 보내고자 한다면 이들 모녀처럼 해보면 어떨까? 누구든 나름의 성과를 얻을 수 있지 않을까? 이때 어머니에게 필요한 것이 바로 자녀를 보살피고 싶다는 '모성 본능을 누르는 것'이다.

TV에서 13세 때 프랑스에 유학을 가서 지금은 유럽 무대를 누비고 있는 피아니스트 임현정을 소개한 프로그램을 본 적이 있다. 초등학교를 졸업할 나이에 혼자 피아노를 배우겠다며 프랑스에 유학을 갔고 세계적인 피아니스트로 성공했다는 내용이었다. 요즘 부모들은 아이가 외국으로 조기유학을 가면 엄마가 따라가서 뒷바라지를 해주는 것이 일반적인

데, 임현정과 그 부모는 그렇게 하지 않았다. 혼자 프랑스에 가서 학교도 혼자서 알아보고 일상생활과 공부 모두를 혼자 힘으로 해결했다. 임현정은 16세에 파리 국립음악원에 최연소로 합격하고 한국인 최초로 퀸엘리자베스 국립음악원의 최고 연주자 과정에 합격한 데 이어, 벨기에 국가 장학생으로 선발됐다. 지금은 세계적인 음반회사인 EMI와 전속계약을 맺었고 베토벤 소나타 전곡집을 녹음해 화제가 되기도 했다. 13세 앳된 소녀가 프랑스에서 향수병과 온갖 어려움을 이겨내고 세계적인 피아니스트로 우뚝 설 수 있었던 것은 바로 엄마의 보살핌 없이 홀로 프랑스 생활을 이겨낸 데 있지 않을까? 두 소녀의 사례를 보더라도 자녀를 조기 유학 보내려면 절대로 엄마가 따라나서지 않는 게 자녀를 위하는 길임을 알 수 있다.

때로는 '냉정한 모성'이 필요하다. TV에서 아마존 여인들의 생활을 보고 큰 충격을 받은 적이 있다. KBS 2TV에서 방영한 아마존 2부작(2009년 12월 2일 9일 방영)으로, 여자들끼리만 살아가는 마지막 여인 부족인 야루보족에 대한 내용이었다. 필자가 인상 깊게 본 부분은 아들을 낳고 다른 부족에게 아들을 맡긴 로샤와 까샤라는 여성이 각기 딸을 키우며 생활하는 모습이었다. 충격을 받은 것은 그들의 생활상이 아니라 원주민 여인들의 자녀교육 방식이 우리나라 교육 선진국들보다 지혜롭고 교훈적이라는 점이었다.

야루보족에게는 '인내 훈련'이라는 것이 있었다. 이 프로그램에서 로사와 까샤는 두 딸과 함께 인내 훈련 시간을 가지는 장면이 나오는데, 이

시간에는 반드시 지난 며칠 동안 자신이 한 잘못을 모두 고백해야 한다. 만약 스스로 자신의 잘못과 죄를 고백하지 않으면 엄중한 징벌이 가해졌다.

공동생활을 하는 이들 여성 부족에게는 먹을 것을 철저하게 나누어 먹는다는 원칙이 있다. 먹을거리가 있으면 혼자 먹어서는 안 되고 반드시 함께 먹어야 한다. 혼자 먹을 경우 혹독한 대가를 치러야 했다.

프로그램에서 딸 하나가 개미 알을 혼자서 먹는 것을 엄마들이 보았다. 그런데 개미 알을 혼자 먹은 딸은 '인내 훈련' 시간에 자신의 죄를 고백하지 않았다. 그러자 두 엄마는 딸을 데리고 개미 알을 먹은 개미굴이 있는 나무 아래로 갔다. 딸을 나무 아래에 세우더니 나무를 사정없이 흔들었다. 개미가 그 딸의 머리와 얼굴, 온몸에 떨어지게 했다. 그 딸은 개미세례를 받고 온몸이 물어뜯기는 고통 속에서 울부짖으며 어쩔 줄을 몰라했다. 엄마는 단체생활의 규율을 어긴 딸에게 가혹한 벌을 내린 것이다. 그야말로 '냉정한 모성'이 아닐 수 없다.

그리고 두 엄마는 딸을 데리고 강으로 가서 개미가 달라붙어 있는 몸을 씻어주었고 이어 개미가 물은 독이 퍼지지 않게 나무에서 나오는 수액으로 해독할 수 있도록 나무껍질을 빨아먹게 했다. 그러고는 딸을 따뜻하게 안아주었다. 말하자면 '병 주고 약 주는' 식이었다. 엄마가 잘못을 저지른 딸에게 가혹한 벌을 내렸지만 그 후에는 사랑으로 딸을 치유해 주었던 것이다. 딸은 어머니의 품에 안겨 울먹였다. 참으로 인상적이고 감동적인 장면이었다.

야루보족 여성들이 이러한 인내 훈련 시간을 가지며 자신의 잘못을 고백하게 하는 것은 공동체의 유지를 위해서다. 공동체의 가장 큰 적은 이기심이다. 맛있는 먹거리를 자신만 먹고 배를 채우려고 한다면 공동체는 이내 무너지기 때문이다. 더욱이 야루보족은 남자가 없는 여자만의 부족이다. 즉 야루보족 여성은 우리 사회에서 남자인 아버지가 하는 역할을 여성인 어머니가 대신한다. 엄마가 딸에게 생존에 필요한 기술, 즉 사냥술이나 먹거리를 찾는 기술, 나무껍질에서 나오는 수액 등으로 상처를 치유하는 법을 전수받는다. 세상살이에 필요한 모든 생존의 기술을 엄마로부터 배우는 것이다.

요즘 우리 사회는 어머니가 자녀교육을 전담하면서 어머니로 인한 자녀문제가 사회적인 문제로까지 이어지고 있다. 이전에는 아버지로 인해 아이들이 큰 상처를 입었는데 요즘에는 어머니로 인해 상처를 입는 자녀들이 늘어나고 있다. 엄마도 아이도 우울증을 호소하고 있다. 야루보족 여성의 사례는 '지금-여기'를 살아가는 우리 사회의 엄마들에게 교훈적인 메시지를 전하기에 충분하다. 특히 자녀가 잘못을 저지르면 야루보족 여인처럼 엄하게 질책하고 다시는 그런 잘못을 하지 않게 이끌어야 한다. 때로 어머니는 자녀의 작은 허물을 껴안아주어야 하지만 사회적 규범의 범위를 넘어서면 질책할 줄도 알아야 한다. 또한 질책한 후에는 반드시 감싸 상처가 덧나지 않게 위로의 말도 아끼지 말아야 한다. 때로 냉정한 모성으로 자녀를 키우는 것이야말로 자녀를 아끼는 어머니의 진정한 사랑일 것이다.

긍정 마인드 :
꿈조차 가난할 수는 없다

"요리강습을 받고 있다고 하면 어머니들은 대뜸 '요리를 왜 배워요?' 라고 말해요. 요리를 배우면 구식 여성이고 배우지 못한 여성, 할 일 없는 여성이라고 생각하는 것 같아요. 어떤 여자들은 손에 물을 묻히지 않고 사는 것이 꿈이라고 해요." 무엇이든 잘해서 손해 보는 것은 없다. 요리 잘해서 불행한 여성보다 요리를 못 해서 불행한 여성이 더 많지 않을까?

"요리강습을 받고 있다고 하면 어머니들은 대뜸 '요리를 왜 배워요?'라고 말해요. 요리를 배우면 구식 여성이고 배우지 못한 여성, 할 일 없는 여성이라고 생각하는 것 같아요. 어떤 여자들은 손에 물을 묻히지 않고 사는 것이 꿈이라고 해요." 요리강습을 다니던 아내가 한 번은 이런 이야기를 들려주었다. 여성들 사이에서 명문대를 나와 요리학원에서 요리를 배우는 것은 배운 여자가 할 일이 아니라는 생각이 지배적인가보다. 남자의 속 좁은 생각일지 모르겠지만, 여자들은 '물 안 묻히고 사는 것'을 마치 '귀부인'이 되는 것으로 받아들이는 것 같다. 여기에는 '잘나지 못한 여성'이라는 모종의 열등감과 집안일을 전담해온 전통적인 여성상에 대한 저항이나 반기도 내포되었을 것이라고 조심스레 생각해본다.

요즘 딸 가진 부모들은 대놓고 "나처럼 손에 물 묻히며 궁상맞게 살지 말고 재벌이나 부자한테 시집가라"고 말한다. 우리나라 드라마에서 '재벌남'이 주인공으로 등장하면 유독 인기가 있는데 이 또한 여성에게 '물 묻히고 살고 싶지 않다'는 '욕망의 판타지'를 대리만족 시켜주기 때문은 아닐까? 그래서인지 중·고등학교 여학생조차 "나는 결혼하면 결코 물을 묻히지 않고 살겠다"거나 "외제차 정도는 타야 한다"고 공공연히 말하는 분위기다. 이런 분위기가 여성의 지위 향상을 반영하는 사회문화적 현상일 수 있지만 드라마 등 영상매체와 부모의 말버릇의 영향일 수도 있다. 이런 분위기는 '육체의 경시'로 이어지고 '노동 경시' 풍조를 사회적으로 만연시킬 수 있다. 국제노동기구 ILO는 최근 우리나라 청년(15~29세) 5명 중 1명이 학교에 다니지 않으면서 일도 하지 않고, 일할 의지도 없는 '니트 NEET'족이라고 밝힌 바 있다.

백화점에서 중국인 고객 담당요원으로 근무하는 조하나* 씨는 오히려 손에 '물'을 묻히고 노동을 통해 꿈을 이루는 길을 택했다. 조 씨는 초등학교까지 35평 아파트에서 부모와 조부모, 여동생 둘과 화목하고 단란하게 살았다. 부자는 아니었지만 큰 어려움은 없었다. 엄마는 전업주부였고 아빠는 사업을 했다. 하지만 맏딸인 조 씨가 초등학교 6학년 무렵부터 아버지 사업이 기울기 시작하더니 급기야 부도가 나고 말았다. 그 바람에 도시 외곽으로 밀려나 단칸방에서 무려 일곱 식구가 모여 살게 되었다. 사춘기 딸들은 말할 수 없이 불편했지만 크게 내색하지 않았다. 딸들은 집에 오면 부엌일을 도맡아 했다.

어머니는 식당일을 나갔다. 하루 '한 탕'으로는 모자라서 '두 탕'을 뛰었다. 하루에 네 시간도 잠을 못 잤다. 아버지는 캄보디아로 돈을 벌기 위해 갔다. 그런데 아버지가 그만 간염이 악화돼 6개월 만에 귀국했다. 몸이 많이 안 좋아져 단칸방 집에 늘 누워 있어야 했다. 누가 봐도 처참한 가정 상황이었다. 위기에 처하면 이를 회피하려는 이들이 있다. 손을 놓고 급기야 집을 나가는 아버지가 있는가 하면 남편의 무능을 탓하며 이혼을 선택하는 어머니도 있다. 하지만 조 씨의 어머니는 강한 생활력을 발휘했다. 힘든 와중에도 늘 유머를 잃지 않고 활기찼다. 그래서인지 딸들도 늘 밝고 낙천적이었다. 어떤 위기가 와도 네 탓을 하지 않고 서로 응원하고 부축하는 가정이 있는데 바로 조 씨 가족이 그랬다.

조 씨는 초등학교 때는 집안 사정이 좋아 영어과외도 했지만 아빠 사업이 부도난 중학교 이후로는 학원 한번 가지 못했다. 가정 형편이 좋을 경우 도리어 자녀들이 놀기만 일삼으며 공부를 멀리하고 명품 옷이나 신발 타령을 하면서 부모 속을 썩인다. 반면 가정이 위기에 처하거나 형편이 좋지 않을 경우 자녀들이 일찍 철이 들곤 한다. 그럴수록 자녀들은 자신의 꿈을 찾아 그 꿈을 향해 매진해 나간다.

조 씨는 물론 다른 꿈이 있었지만 실용적인 선택을 했다. 특색 없는 대학교의 학과를 전공하기보다 중국어를 전공해 취업하기로 결심했다. 엄마는 딸의 그런 마음 씀씀이가 안쓰럽고 미안하기도 했지만 달리 내색을 할 수 없었다. 엄마는 맏딸이 고등학교 3학년이 되었을 때 '영어는 해야 한다'며 5개월 동안 딸을 영어학원에 보내주었다. 조 씨는 악착같이 공부해서 학교 성적을 90점대로 높일 수 있었다. 방학 때는 틈틈이 아르바이트를 했다. 동생들 간식거리를 사주기 위해서다. 그녀는 음식을 먹다가도 동생들에게 갖다주려고 챙겨 주위에서 요즘 여학생 같지 않다는 말도 곧잘 들었다. 한 번은 두 동생에게 줄 만두를 가져왔기에 물어보니 학원에서 강사가 학생들에게 만두를 사주었는데 동생에게 주고 싶어 가져왔다는 것이다. 천 원짜리 만두지만 자신이 먹고 싶은데도 참고 동생을 챙긴 것이다. 마시멜로 이야기의 주인공처럼 먹고 싶은 마시멜로를 먹지 않고 참은 것이다. 젊은이일수록 마시멜로를 앞에 두고 참기가 힘든 법이다. 그런 조 씨의 인내가 자신의 길을 당당하게 개척해 나가는 근원일 것이다.

조 씨는 수능에서 영어가 2등급이 나왔지만 당초 목표대로 내신 성적만 반영되는 전문대 중국어과에 합격했다. 대학에 들어가서는 학업 스트레스 때문인지 살도 많이 쪄서 취업에 불리할 것 같았지만, 성적도 좋고 중국어 실력도 월등해 졸업하기 전에 백화점 중국인 고객 담당자로 취직이 됐다.

여동생은 아예 초등학교부터 헤어디자이너가 꿈이었다. 고등학교를 미용학과가 있는 특성화고교를 가서 지금 미용실에서 일을 배우고 있다. 막내 동생은 어려서부터 한국무용을 좋아했다. 공부는 정말 하기 싫어해 가족회의 끝에 무용을 배우게 했다. 한 달에 레슨비가 40만 원씩 계속 들어갔지만 가족들은 불평하지 않았다. 부모는 부모의 입장에서, 딸들은 딸의 입장에서 각자의 길을 걸으며 최선을 다하자고 했다. 막내는 예고에 전액 장학금으로 합격했고 대학도 장학금을 받으면서 간다는 목표다.

집이 가난하다고 해서 꿈까지 가난할 수는 없다. 조 씨는 늘 친구들에게 '넌 조선시대 딸이냐'는 편잔을 듣곤 하는데 그 말이 싫지 않았다. 그 말에는 부러움과 질투심이 묻어 있다는 걸 알기 때문이다. 친구들이 그럴 때면 '질투하면 지는 거다'라는 말을 떠올리면서 씩 웃곤 한단다. 돈이 많아서 오히려 부족한 것 없이 컸지만 만족할 줄 모르는 아이들 때문

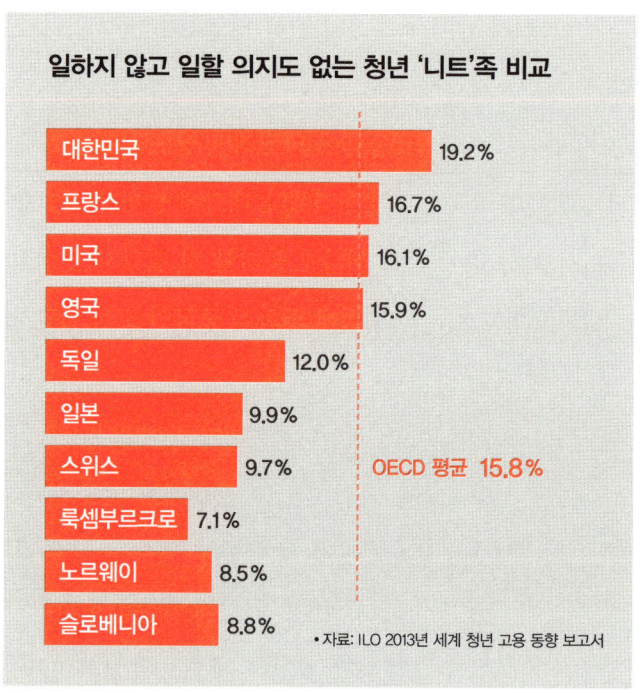

에 부모들의 속이 타들어가는 세상이다. 그런 현실에서 조 씨와 그 자매들, 그리고 그 가족들은 필자가 보기에도 요즘 가족 같지 않은 느낌이 들 정도다. 조하나 씨 가족을 보면 부모의 긍정적이고 낙천적인 생활태도는 위기 때 빛을 발하고 가족 구성원 모두가 난관을 헤쳐나가 꿈을 이루게 하는 힘의 원천임을 알 수 있다. 또한 꿈이 거창하다고 자녀들에게 행복한 미래를 기약하는 것은 아닐 것이다. 때로는 자신이 처한 상황에서 최선을 다할 때 꿈은 이루어지고 단계적으로 더 높은 꿈을 꾸고 실현할 수 있을 것이다.

인생의 길은 하나만 있는 것이 아니다. 로버트 프로스트의 「가지 않은 길」이라는 시처럼 수많은 길들이 있다. 대학교와 대기업만이 가야 할 길의 전부는 아니다. 또한 남자도 부엌에서 물을 묻히며 살아가야 하는 세상이다. 부모가 딸에게 손에 물을 묻히며 궁상맞게 살지 말라'고 말하는 것은 자녀에게도 부모에게도 결코 도움이 되지 않는다.

결핍과 끈기가
꿈을 이루게 한다

"자신이 처한 상황에서 자신만의 '결핍'을 알고 스스로 채워나갔던 학창시절은 저에게 '성장'이 주는 기쁨을 알게 해주었던 소중한 시간이 되었습니다." 이 학생의 말처럼 흔히 아버지가 일찍 세상을 떠나면 그 자식은 일찍 철이 들고 성공하는 경우가 많다. 여기서 배울 수 있는 것은 바로 '부재와 절박함'일 것이다. 아버지가 계시지 않기에 더 열심히 살지 않으면 아무것도 얻을 수 없다는 절박함. 그런 마음이 있으면 공부도 하고 자기 앞가림을 하기 위한 노력도 한다는 것이다.

우리나라 교육에서 가장 문제가 되는 것을 하나 꼽으라면 '과잉'의 문제가 아닐까? 과잉 육아, 과잉보호, 과잉 교육이 결국 아이를 힘들게 하고 부모를 지치게 하고 가족과 사회를 멍들게 한다. 자녀가 사춘기에 접어든 어느 날 부모, 특히 엄마는 자녀에게 과잉보호가 약이 아니라 독이 되어 자신에게 되돌아옴을 깨닫고 망연자실하게 된다. 자녀도 우울증에 걸리고 엄마도 우울증에 걸린다. 그러다 심지어 자살이라는 극단적 선택으로 이어지기도 한다. 자녀 스트레스에 시달리던 어떤 엄마는 끔찍이도 싫어하던 애완견을 기르고 억눌린 모성 본능을 애완견에 쏟기도 한다. 그러지 않으면 살 수가 없기 때문이다. 또 어떤 엄마는 종교를 찾아 자녀

스트레스를 달랜다. 자녀에게 다치고 배반당한 마음을 이제 자신이 스스로 치유에 나선 것이다. 자식에게 바라던 모든 정성을 마음으로 접자니 너무나도 힘겹다. 체념 중에서 자녀에 대한 체념만큼 비참한 것이 또 있을까. 우리 사회의 교육은 모두가 지는 게임을 하고 있다. 국가의 교육제도가 이를 부채질한다. 부모도 아이도 모두 끙끙 앓다 패자가 된다. 이는 사회 전체, 국가적으로 엄청난 손실을 가져다준다. 물질적 손실뿐만 아니라 우울증과 자살, 이혼과 가정 해체 등 정신적으로 더 큰 손실을 안기고 있다.

필자는 여러 상담자들을 만나면서 자녀문제로 인한 그늘이 예상보다 우리 사회에 깊게 드리우고 있다는 것을 알 수 있었다. 부모들의 마음 한편에 '자식의 그늘'이 드리워져 마음을 꽁꽁 동여매고 있었다. 그 누구에게도 말할 수 없는 혼자만의 비밀이 있었다. 흔히 말하는 '더티 리틀 시크릿dirty little secret'이다. 알리고 싶지 않은 비밀을 누구나 한두 개쯤 가지고 있다는 말이다. 꼭꼭 숨겨두고 싶은 불명예스러운 일이 있다. 이는 내로라하는 당대의 리더나 명사들의 경우도 예외가 아니다. 대부분 '자식의 그늘'이 있지만 창피스러워 드러내지 못하고 있다. 그래서 우리나라 부유층이나 고위 공직자, 유명인사들의 자녀들이 해외로 유학을 가는 것이다. 그렇게라도 하지 않으면 아버지의 체면, 엄마의 체면이 서지 않기 때문이다. 보이지 않는 곳으로 유학을 보내지만 그것은 '유배'나 다름없다. 말하자면 우리나라 교육이 일그러진 배경에는 오랜 '체면 문화'가 작동하고 있다는 말이다.

다른 한편으로는 가정 형편상 부모로부터 '과잉 교육'을 받지 못하는 이들은 오히려 그 '결핍'으로 인해 더 야무지게 자신의 꿈을 만들어가기도 한다. 현재 로스쿨에 다니고 있는 이현진 군이 그랬다. 그는 어려움을 뚫고 자신의 꿈을 이룬 수기 공모에서 대상을 받기도 했다. 그의 수기가 전하는 메시지는 다름 아닌 '결핍'이었다. 그는 필자가 연세대학에서 강의를 할 때 수강생이었다. 가끔 안부를 전해 오고 고민을 상의해 오면 멘토링을 해주기도 했다. 그가 전하는 '결핍이 이끌어온 특별한 꿈 이야기'는 어쩌면 우리 모두가 행복한 교육의 마지막 결론 같은 메시지로 다가왔다. 따지고 보면 어린 시절 시골에서 자란 필자를 키운 것도 '결핍'이었기 때문이다.

이현진 군은 어렸을 때부터 '꿈'을 생각해 보기도 힘든 환경에서 살았다. 아버지가 일찍 세상을 떠나 어머니 혼자서 남매를 키워야만 했고, 어머니의 건강은 늘 좋지 않았다. 여러 병원에서 치료를 받으면서 반복된 수술로 힘들어하는 어머니의 모습을 가까이서 보면서 꿈을 크게 꾸고 큰 미래를 상상하라는 말은 자신에게는 사치라는 생각이 들었다. 친구들과 다른 가정환경이 원망스러웠고, 특별히 잘하는 것도 없는 자신의 평범함이 너무도 싫었다. 그가 가진 것이라고는 다른 사람들과 비교해서 가지지 못한 '결핍'뿐이었다. 중·고교 시절에는 학원이나 과외를 받을 수 있는 형편이 아니었기 때문에 학교 교사들에게 도움을 청하고 친구들에게 항상 '도와달라'는 말을 입에 달고 살았다. 자존심에 상처받기 쉬운 청소년기에 감당하기 힘들 수도 있지만 주눅 들지 않고 이겨냈다. 무엇이든 주눅 들면 지는 것이다.

그는 방학이면 과외를 하며 학비도 직접 벌어야 했다. 하루에 네 시간에서 다섯 시간은 기본이었고 때로는 열 시간 이상 과외를 하러 이집 저집을 옮겨 다녔다. 방학 때마다 배낭여행을 다녀오고 어학연수도 다녀오는 친구들이 너무도 부러웠다. "하루는 아침부터 시작된 과외를 마치고 새벽 1시가 다 되어 집에 오는데 다른 날 보이지 않았던 새벽을 시작하는 사람들이 눈에 들어왔습니다. 남들이 자는 새벽에도 폐지를 주우러 다니시는 할머니, 도로 청소를 시작하시는 환경미화원, 아침에 있을 우유배달을 준비하는 차량까지 각자가 다른 색깔과 모습으로 삶을 살아가고 있었습니다." 이때 현진이는 문득 자신에게 주어진, 남들과는 조금은 특별한 환경이 결국 자신만의 독특한 삶의 스토리가 될 것이고 소중한 경험이 될 것이라고 생각하며 스스로를 위로하며 힘을 냈다고 한다.

그는 자신이 가진 강점이 바로 '내 속에 있는 결핍을 찾아내는 능력'에 있음을 깨달았다. 그는 자신이 갖지 못한 결핍들로 인해 시작은 언제나 좌절의 연속이었다. 하지만 결국 이 결핍이 법조인의 꿈을 갖게 한 원동력이 되었다. "제가 처한 상황에서 자신만의 '결핍'을 알고 스스로 채워나갔던 학창시절은 저에게 '성장'이 주는 기쁨을 알게 해주었던 소중한 시간이었습니다. 내가 극복해야 할 상대는 늘 '어제의 나 자신'이었고, 어제보다 오늘 조금이라도 더 성장한 나를 보며 기쁨을 느꼈다"고 말한다. 이렇게 늘 자신에게 집중하고 스스로 대화를 나누면서 비로소 나라는 사람이 진정 원하는 꿈이 무엇인지, 일생을 두고 이루어야 할 가치는 어디에 있는지 고민하기 시작했다. 이때 자신이 갖지 못한 다양한 능력의 결핍, 기회의 결핍들이 오히려 그를 더 능동적인 사람이 되게끔 이끌어 주는 원동력이 되었다고 한다.

"어느 날 읽은 양육원 시설에 대한 신문 기사가 제 마음을 움직여서 다른 친구들이 학원을 가는 주말에 양육원에 가서 아이들의 학습을 돕는 보조교사로 2년간 봉사활동을 하기도 했습니다. 다양한 경험을 통해 가슴을 뛰게 하는 분야를 느낄 수 있었는데, 바로 '우리 사회 문제'와 '다른 사람을 돕는 것'이었어요." 그는 이런 경험을 하면서 인권의 사각지대에 놓인, 국가의 보호에서 소외된 사람들을 법과 제도로 도와줄 수 있는 법조인이라는 꿈을 명확하게 설정하게 되었다. 그가 어려운 환경에서도 로스쿨에 진학한 이유가 바로 여기에 있었던 것이다. "이제 저의 꿈은 사회를 위해 일하는 공익행정 관련 법조인이 되는 것입니다. 기업이나 로펌에서 일한다면 돈은 벌 수 있겠지만 그건 제가 추구하는 가치가 아니예요. 그보다도 국가기관이나 언론기관에서 소외된 이들을 위한 정책과 법률의 발전을 위해 법조인으로서 힘을 보태고 싶어요."

우리 사회는 부모나 자녀 등 너나없이 교육 당국과 교육 자본가들이 부추기는 '과잉 교육'으로 멍들어 상처투성이라고 해도 과언이 아니다. 하지만 이현진 군은 바로 우리 사회의 수많은 부모들이 자녀에게 주지 않으려는 바로 그 결핍 덕분에 오히려 어렵고 힘든 환경에서도 자신의 꿈을 향해 달려가고 있는 것이다. 이처럼 어려운 역경을 이겨내고 자신만의 꿈을 이루는 '드림 워커'들이 많을수록 세상은 더 밝고 환해질 것이다. '진리가 그대를 자유롭게 하리라'는 성경의 구절을 빌면 이런 말도 가능하지 않을까? 결핍과 역경이 그대를 자유롭게 하리라!

글을 맺으며

사윗감이나 며느릿감 고를 때를
생각하며 자식을 키우자

고대 그리스를 페르시아와의 전쟁에서 승리로 이끈 사람이 테미스토클레스입니다. 우리나라로 보자면 임진왜란에서 조선을 구한 이순신과 같은 사람이라고 할까요? 그가 한번은 이런 조언을 해달라는 부탁을 받았다고 합니다. "만약 선하지만 가난한 사람과 선하지는 않지만 부유한 사람 중 누구와 딸을 결혼시켜야 할지 조언해 주세요!" 이때 그는 이렇게 말했답니다. "돈 있는 악한 사람보다는 돈은 없지만 사람다운 사람을 택하겠소!"라고 말이죠.

이것을 현실에 대입하면 이런 이야기가 가능할 것입니다. 즉 명문대를 나온 인재이지만 이기적인 욕망에 사로잡혀 있는 사람과 명문대를 나오지 못했지만 배려와 베풂의 삶을 사는 인간성이 좋은 사람 중에서 과연 누구를 사윗감으로 고를 것인가? 죽어도 '명문대 사위'가 낫다고요? 결혼을 한 후에 처가에 와서 돈 내놓으라고 본색을 드러내는 사위에게 한 번 당해 보면 그런 생각을 결코 하지 않겠지요. 박경리 선생의 『김약국의 딸들』에서 처가의 재산을 노리고 외도를 일삼는 사위가 나오는데 바로 강택진이라는 인물입니다. 그런 사위를 만나면 우환 덩어리입니다. 만약 장차 사위나 며느릿감을 생각하고 자녀를 키운다면 어떻게 키워야 할지 정답이 나옵니다. 그러나 우리 모두는 그 반대로 자녀를 키우고 있습니다. 인간성이 좀 나빠도, 이기적이어도 공부만 잘하는 명문대생 만들기에 '올인' 합니다.

저는 그동안 수많은 명문가의 자녀교육을 연구해 왔는데 인재의 비결은 결국 '재승덕'이 아니라 '덕승재'에 있었습니다. 재능이 덕을 이기는 게 아니라 덕이 재능을 이긴다는 것이죠. 결국 명문대가 절대 중요한 가치가 아니라는 말입니다. 우리 부부는 아들에게 재승덕이 아니라 덕승재 교육을 해왔다고 자부합니다. 그런데 중학교에 진학하면서 '덕승재'를 강조하다 보면 바보가 된다는 것을 알았습니다. 우리나라 모든 학교는 '재승덕'만 강조하고 그런 인재를 키워내고 있습니다. 마치 강택진 같은 사윗감을 키워내고 있는 것이죠. 인간성이 나쁘고 교우관계가 좋지 못해도 성적이 뛰어나고 명문대에 진학하면 모든 것이 용서되는 세상입니다. 참으로 서글픈 현실이 아닐 수 없습니다. 그런 사위, 그런 며느리를 맞는다고 생각하면 기분이 오싹할 것입니다. 그런데 슬프게도 우리 모두는 이기적인 사위, 부모나 처가의 돈을 탐내는 그런 자식들을 키워내고 있습니다. 너나없이 말이지요.

"배우자를 잘 만나는 게 공부를 잘하고 좋은 직장을 갖는 것보다 백배나 더 중요하다. 네 엄마만한 아내를 만나면 그보다 더 큰 복이 없다." 저는 아들에게 이런 잔소리를 곧잘 합니다. 사위나 며느리를 잘못 삼으면 당사자의 인생뿐만 아니라 양가의 가정도 큰 위기에 빠지게 됩니다.

이제 우리는 아이들에게 '꿈'을 꾸게 해주어야 합니다. 그래야 가정도, 사회도, 교육도 살 수 있습니다. 어쩌면 그 꿈은 부모가 자녀에게 바라는 꿈을 깨는 데서 시작해야 할지도 모릅니다. 솔직히 말하자면 이제는 명문대를 나와도 대기업 서류전형에서 탈락하곤 합니다. 연세대학에서 강의를 할 때 「연세춘추」(대학신문) 편집국장 학생이 MBC 방송국 서류전형에도 통과하지 못하는 것을 보았습니다. 대기업에 들어간다고 해도 45세면 명예퇴직을 해서 퇴직금으로 겨우 치킨가게를 차리는 게 현실입니다. 그러다 쫄딱 망하기도 합니다. 명예퇴직해서 치킨가게를 차릴 바에야 처음부터 하면 45세가 될 즈음에는 치킨회사 사장이 되어 있지 않을까요? 시대가 바뀌었습니다. 명문대 나오고 대기업에 들어가는 꿈은 이제 더 이상 행복에 이르는 길이 아닙니다. 자녀가 행복하기를 바란다면 이제는 '명문대-대기업' 코스와는 다른 꿈을 꾸게 해주어야 합니다. 꿈은 의외로 하나의 작은 계기나 관심에서 시작될 수 있습니다. 우리 아이가 UCC로 수행평가 과제물을 만들어 발표할 때 UCC에서 자신의 재능을 찾고 UCC로 성공하는 꿈을 꾸는 것처럼 말입니다. UCC가 아이에게는 미래의 꿈으로 이어주는 '시간의 점'이 될 수 있기 때문이지요.

우리 부부가 아들에게 곧잘 말해 주는 것이 세 가지 있습니다. 하나는 앞서 말한 대로 "공부를 잘하고 명문대에 진학하는 것도 좋지만 그보다 '심성이 착한' 배우자를 만나라"는 것입니다. 인생에서 가장 중요한 것은 마음이 통하고 아울러 따뜻한 심성을 지닌 착한 배우자를 만나는 일입니다. 물론 쓸데없는 이야기라고 생각할 수도 있습니다. 하지만 살다보면 가장 좋은 복은 부모 복도 아니고 형제 복도 아니고 '배우자 복'이라는 것을 알게 됩니다. 두 번째는 "친구에게 밥을 많이 사주어라"라는 것입니다. 마치 돈을 저축하는 것처럼 밥을 사준 만큼 나중에 친구가 네게 도움이 될 것이라고 말해 줍니다. 그런데 아들은 아직 돈이 아까워서인지 친구들에게 잘 쏘지 않습니다. 마지막으로 "마지막에 웃는 사람이 되어라"라고 말해 줍니다. 처음보다 마지막에 웃어야 실패하지 않는다고 말입니다.

한 지인은 딸이 고등학교를 자퇴해서 고민이 많다고 했습니다. 자녀교육에 열성적이었던 지인은 딸만 생각하면 우울해지곤 한답니다. 지인은 참고 또 참아야 하는 것이 부모인 것 같다고 했습니다. 저는 기다리고 또 기다려야 하는 것이 부모인 것 같다고 답해 주었습니다. 고향의 노부모는 자식이 찾아주지 않아도 내색하지 않고 그저 묵묵히 기다립니다.

자식 다 키운 부모들은 자식을 키울 때가 가장 행복했다고 말합니다. 자식을 다 키우고 나면 그때는 쓸쓸하고 사는 재미가 없다고 합니다. 그러고 보니 저도 자식을 키울 시기도 얼마 남지 않았습니다. 아들과 도보여행을 함께 갈 날도 얼마 남지 않았습니다. 이 모두가 언젠가는 지나갈 것입니다. 그러니 지금 애면글면 하고 있다고 해도 너무 상심하지 마시기 바랍니다. 자식은 또 자식의 삶을 씩씩하게 살아갈 것입니다. 어쩌면 우리 부모 세대보다 더 행복하고 멋진 인생을 말입니다!

자식 없고 재산이 많아 사회적으로 이름이 난 노부인의 인생 회고

"저는 백만장자와 결혼했어요. 재산이 넉넉해서 유족한 생활을 하며 한 껏 살았지요. 사나이들과 놀아나기도 하고 골려주기도 했습니다. 이젠 나이 80이 된 몸, 슬하에 자식 하나 없이 지금 늘그막에 생각해보니 모든 것이 다 무엇 때문이었는지 모르겠어요. 사실 저의 인생이 실패이었음을 자인하지 않을 수 없습니다."

불구의 자식을 가진 한 어머니의 인생 회고

"저는 어린애를 갖고 싶어했습니다. 결국 소망이 이루어진 셈. 그러나 한 아이는 죽었어요. 나머지 한 아이는 불구자여서 만약 그애의 뒷바라지를 내가 맡지 않았다면 그 애는 요양소에 보내졌을 것. 비록 불구이고 남의 도움이 없이는 못 사는 아이지만 그래도 내 자식입니다." 이 순간 그 어머니는 와락 눈물을 쏟았다. 울면서 말을 이었다. "지나온 저의 인생을 담담하게 돌이켜 보면 저의 인생은 충분한 의의가 있습니다. 저는 그 의의를 실현하고자 온힘을 기울여 왔으니까요. 저는 힘껏 노력했습니다. 저의 자식을 위해서요. 저의 인생은 조금도 실패가 아니었습니다."

- 스캇 펙의 『아직도 가야 할 길』 중에서

부모의 자격

초판 1쇄 발행 2014년 2월 20일 | 초판 2쇄 발행 2014년 2월 25일

지은이 최효찬 이미미 | 펴낸이 김영진

본부장 조은희 | 사업실장 김경수
편집장 백지선 | 책임편집 박은식
디자인 팀장 신유리 | 디자인 김가민
영업 이용복, 윤설형, 방성훈, 정유

펴낸곳 (주)미래엔 | 등록 1950년 11월 1일(제16-67호)
주소 137-905 서울특별시 서초구 신반포로 321
미래엔 고객센터 1800-8890
팩스 (02)541-8248 | 이메일 bookfolio@mirae-n.com
홈페이지 www.wiseberry.com

ⓒ 최효찬, 이미미

ISBN 978-89-378-3448-6 13590

* 와이즈베리는 ㈜미래엔의 성인단행본 브랜드입니다.
* 책값은 뒤표지에 있습니다.
* 파본은 구입처에서 교환해 드리며, 관련 법령에 따라 환불해 드립니다.
  다만, 제품 훼손 시에는 환불이 불가능합니다.

와이즈베리는 참신한 시각, 독창적인 아이디어를 환영합니다.
기획 취지와 개요, 연락처를 bookfolio@mirae-n.com으로 보내주십시오.
와이즈베리와 함께 새로운 문화를 창조할 여러분의 많은 투고를 기다립니다.

「이 도서의 국립중앙도서관 출판시도서목록(CIP)은 서지정보유통지원시스템 홈페이지(http://seoji.nl.go.kr)와
국가자료공동목록시스템(http://www.nl.go.kr/kolisnet)에서 이용하실 수 있습니다.
(CIP제어번호: CIP2014002679)」

부모가 따듯한 마음으로 기다려준다면
아이들은 스스로 생각하는 법을 배우게 될 것이다.

기다리는 부모가
아이를 꿈꾸게 한다

이영미 지음 | 384쪽 | 값 14,000원 | 와이즈베리

이 시대의 부모에게 필요한 기다림의 자세!

두 아이의 엄마이자 베스트셀러 작가로, 현직교사로 고군분투해 온 저자 이영미가 화제의 블로그 '모성애결핍증 환자의 아이 키우기'를 통해 이 시대 수많은 부모와 고민을 나누면서 깨달은 기다림의 지혜를 한 권의 책으로 펴냈다. 유치원생, 초등학생이던 자녀가 중학생, 대학생이 되기까지, 두 아이의 어머니로서 깨달은 아이와 함께 사는 법, 그리고 20여 년간 교단에서 수많은 아이들을 가르치며 깨우친 기다림의 지혜가 담겨있다. 저자는 아이가 지금 행복해야, 그리고 행복이 무엇인지 알아야 앞으로의 인생도 행복하고 싶다는 열망을 가지게 될 것이라 이야기하며, 아이를 따듯한 마음으로 기다려준다면 아이들이 스스로 생각하는 법을 배우게 된다는 것을 일깨워준다. 더불어 아이의 일기 쓰기, 독후감 쓰기를 도와주는 방법, 영어 공부를 시키는 방법 등 다양한 교육법을 소개해 부모들이 자녀를 교육하는데 도움을 준다.

"아기의 모든 행동에는 다 이유가 있다!"
전 세계 15개국에 번역, 100만 부 팔린 선진육아법의 바이블

0~20개월까지, 꼬마 아인슈타인을 위한 두뇌육아법

엄마, 나는 자라고 있어요

해티 판 더 레이트, 프란스 X. 프로에이 지음 | 김수연(아기발달전문가) 감수
유영미 옮김 | 360쪽 | 값 18,500원 | 북폴리오

아기의 조그만 머리에선 어떤 일이 일어나고 있을까?

아기는 태어나서 20개월 동안 10단계에 걸친 큰 변화와 성장을 거친다. 갑자기 쑤욱 자라나는 아기들은 이때 신체적으로뿐 아니라 정신적으로도 급속한 발달을 겪는다. 각 단계별로 나타나는 아기의 성장 신호와 발달 과정을 알아본다. 단계마다 행동, 시각, 청각, 언어발달, 신체발달, 인지능력, 이해도 등을 주제로 영역별 체크리스트를 제시하고, 아이가 얻게 되는 새로운 지각능력과 학습능력에 대해 다뤘다. 또 부모가 아이의 발달을 도와줄 놀이와 활동, 방법을 상세하게 담았다.

- 아기는 세계를 어떻게 배워가는가?
- 생후 첫 3년 중요한 시기, 아기에게 무슨 일이 일어나는가?
- 발달을 위해 도약할 때, 아기의 행동은 어떤 식으로 표현되는가?
- 어렵고 힘들어하는 시기에 아기를 어떻게 도와줄 것인가?
- 부모들의 생생한 체험담, 몸과 두뇌발달을 위한 수많은 체크리스트들

"큰 줄기만 정하고 세부적인 것은 자녀에게 맡겨두는 재즈식 양육.
원하는 것은 적극적으로 밀어주고 격려하라." _조선일보

엘리트 삼형제를 키워 낸 자녀교육 리얼 스토리

유대인의 형제 교육법

에제키엘 이매뉴얼 지음 | 김정희 옮김 | 460쪽 | 값 16,800원 | 와이즈베리

백악관이 주목하는 엘리트를 셋이나 키운
평범한 유대인 부모의 특별한 자녀교육 비결

생명윤리학계 석학 에제키엘, 백악관 비서실장 출신의 람, 할리우드 에이전트 대표 아리. 강한 형제애로 똘똘 뭉친 이매뉴얼 삼형제는 현재 미국에서 가장 주목받고 있는 핫 아이콘이다. 이 책은 이매뉴얼 형제를 키운 유대인 부모의 독특하고 강력한 자녀교육 방법에 대한 날카로운 통찰이 돋보이는 흥미진진한 이야기다.

• 부모의 무한한 신뢰와 격려
도전을 가르쳐준 아버지와 저항정신을 알려준 어머니!
• 가정에서 시작하는 유대인 교육
논리적인 표현력을 기른 가족회의와 다양한 문화를 배운 세계 여행,
그리고 인생을 계획하는 성인식 바르미츠바

그동안 알고 있던 아이에 관한 상식을 뒤집는 놀라운 발견!
EBS 다큐프라임의 양육 혁명 보고서

완벽한 아이를 위한 결정적 조건

퍼펙트 베이비

EBS 〈퍼펙트 베이비〉 제작팀 지음 | 372쪽 | 값 16,800원 | 와이즈베리

아이의 삶을 결정짓는 뿌리를 찾아 태아기부터 파고든 성장 탐구 대기획

280일의 기억
임신 중 영양 부족이 아이의 비만과 성인병 위험을 높인다!
아이의 기질은 유전자만으로 결정되지 않는다!
부모로부터 물려받은 유전자로 엄마의 뱃속 환경에 따라 기능이 바뀔 수 있다!

아이의 행복을 키우기
감정조절 능력_분노를 다스리고, 좌절을 딛고 일어서며, 때론 기다릴 수 있는 지혜!
공감 능력, 인간관계의 뿌리_원만한 대인관계, 성공과 리더십의 키워드!
동기, 배움의 씨앗_배움을 향한 열정, 성장하면서 차이가 생기는 이유는 무엇일까?

- 방송 내내 언론의 뜨거운 관심과 엄마들의 열렬한 찬사!
- 미국, 캐나다, 네덜란드, 독일을 누비며 취재한 방대한 최신 연구 성과!
- 갓난아기부터 대학생까지 다양한 연령층이 참여한 생생한 실험!